国家社科基金后期资助项目（项目号：17FZZ013）结项成果

法国政府与政治
——现代化治理体系构建研究

武贤芳　著

南开大学出版社

天津

图书在版编目(CIP)数据

法国政府与政治：现代化治理体系构建研究 / 武贤芳著. —天津：南开大学出版社，2023.4
ISBN 978-7-310-06414-4

Ⅰ.①法… Ⅱ.①武… Ⅲ.①国家－行政管理－现代化管理－研究－法国 Ⅳ.①D756.531

中国国家版本馆 CIP 数据核字(2023)第 013410 号

法国政府与政治——现代化治理体系构建研究
FAGUO ZHENGFU YU ZHENGZHI——XIANDAIHUA ZHILI TIXI GOUJIAN YANJIU

南开大学出版社出版发行
出版人：陈　敬
地址：天津市南开区卫津路 94 号　　邮政编码：300071
营销部电话：(022)23508339　营销部传真：(022)23508542
https://nkup.nankai.edu.cn

河北文曲印刷有限公司印刷　全国各地新华书店经销
2023 年 4 月第 1 版　　2023 年 4 月第 1 次印刷
238×165 毫米　16 开本　15 印张　2 插页　261 千字
定价：75.00 元

如遇图书印装质量问题,请与本社营销部联系调换,电话：(022)23508339

国家社科基金后期资助项目出版说明

后期资助项目是国家社科基金设立的一类重要项目，旨在鼓励广大社科研究者潜心治学，支持基础研究多出优秀成果。它是经过严格评审，从接近完成的科研成果中遴选立项的。为扩大后期资助项目的影响，更好地推动学术发展，促进成果转化，全国哲学社会科学工作办公室按照"统一设计、统一标识、统一版式、形成系列"的总体要求，组织出版国家社科基金后期资助项目成果。

全国哲学社会科学工作办公室

目　录

第一章 法国：多元化现代性中的一极

第一节 选题缘起与现代化含义

一、选择研究法国的缘起

选定法国为研究方向是 2010 年博士论文选题时的事，彼时的关注点放在地方分权改革与法国府际关系的变迁上，旨在通过研究法国的地方改革，为不愿走联邦制道路，坚持单一制但又想处理好府际关系和地方治理的国家寻求改革路径。法国作为较早迈入现代化进程的国家，具有现代化国家的共有属性：市场经济相对完善，代议制相对发达，民主参与程度较高。但法国又以"法兰西例外"区别于欧美各国：中央集权与行政双头制，公务法人与发达的行政法体系。这些具有鲜明特征的法兰西个性，笔者当时仅以为是现代性内部的多元化特征，未能意识到这是多元化现代性的差异，也未能意识到法国是多元化现代性的模式之一。

2015 年博士论文完成，但笔者在法国研究中的困惑反而更重。以 20 世纪 80 年代的分权改革为起点研究法国，只看到了当代法国的时代截面图，未能从全局透彻理解法国的社会和制度。当代法国各方面都深受历史法国的影响，左翼社会党的地方改革是对中央行政集权的纠偏，而行政集权又是对第四共和国议会至上的矫枉过正。因此，当代法国的政治运行逻辑中，第五共和国宪法和地方分权改革是创设制度的政治大事，议会至上带来的政治不稳定是社会背景，大革命时期的集权是其历史根源，而卢梭的主权在民是理论基础。所有这些都是法国成为现代的法国的促成因素，也是法国成为多元化现代性一极的根源。

2017 年以博士论文修改稿申请后期资助项目时，笔者将第五共和国的制度设置作为重要内容加入进来，但依然没能作为单独的章节出现，而是与行政双头的中央政府混在一起。虽然申请题目为"法国国家现代化治理体系构建研究",但研究内容还是偏向静态的理论和制度,缺乏对动态社会治理问题的关注。随着近年来法国社会中各种变数的出现,法国社会治理中的各种问题一再暴露。先是前进运动以"非左非右"的立场登上政治舞台,打破法国以"两翼两党"为主的政党模式,带来法国政党以及社会多极化的发展趋势;接着燃油税上涨引发持续半年之久的街头"黄马甲"运动,虽然马克龙倡议的全民大辩论暂时平息民意怒潮,但街头运动和全民辩论暗含的民粹主义,严重冲击着代议制政治的根基。2020年新冠肺炎疫情暴发以来法国政府应对的不合时宜,以及由此带来的经济低迷,又一次拉低了民意的支持率。

国家治理现代化是治理理念、治理制度与治理过程的全方位现代化。现代化的治理理念建立在社会分工基础上,随着各领域专业化程度的推进,国家的统治权出现"统权"与"治权"的逐渐分离,国家退守核心职责领域,同时向市场和市民社会放开非核心领域,出现公共产品和服务提供职责与生产职责的分离。分离后的统权依然掌握在国家或中央政府手里,但治权被分散开来掌握在不同治理主体手中。现代化理念在制度上表现为逐渐消解政府对治理的垄断地位,将其他治理机构置于与政府同样的治理主体地位的过程,社会治理主体的扩展使得政府机构、政党社团、社会组织等各种利益主体皆参与到现代化治理中来。传统"单一权威中心"的线性结构,转变为复杂"多权威中心"的网状结构,①这是治理主体与权威中心从单一性向多样性转变的过程。

法国国家现代化治理体系的构建是个复杂又矛盾的过程。言其复杂是因为这至少涉及三个层面的问题。第一个层面是现代性和现代化问题,这涉及现代性的本质问题,亦即现代化模式只有一种,还是存在多元化的现代模式。在"多元化的现代性"与"现代性的多元化特征"之间,法国究竟是多元化现代性的模式之一,还是即便具有法兰西特征但仍然没脱离现代性的单一模式?

第二个层面是现代国家的构建问题,国家构建受多重因素影响,包括地理位置、人口与辖域在内的国家体量是最基本的影响要素,各国在现代化进程中的相对位置带来的先发或后发劣势是直接因素,而各国累积起来的民族认知与心理是深层因素。法国经历了从民族国家、宪政国家到民主国家的发展,国家构建相对稳定和完善,这是其能较早开始现代化并成为

---

① Robert Elgie: Political Institutions in Contemporary France, Oxford University Press, 2003, p.241.

发达宪政国家的根源。与此同时，欧洲复杂动荡的政治局势，现代化进程中法国相对英国的后发劣势，国内意识形态分化带来的多党制，都制约着法国国家构建的发展。

第三个层面是现代化治理体系的发展，法国向有中央集权的传统，即便已经进行地方分权与权力下放，但中央行政集权下的地方自治，具有"强政治弱功能且地方规模小"的特征，比起德国地方"强政治强功能且地方规模大"特征，法国地方自治仍然弱得多。[①]更重要的是，法国虽以新公共管理下的市场化改革，逐渐开启从科层政府到合同政府的转变，但参与主体依然是政府机构及公务法人，市场和市民社会因素不足，以效率效益为主的改革带来的竞争，造成政府部门内部的碎片化，迈向协同政府的道路依然漫长。

言其矛盾是因为法国现代化治理过程伴随着各种矛盾，本研究将这些矛盾置于参与者（actors）、活动（actions）、互动（interactions）以及相互关系（relations）的完整体系中分析。

在参与者维度，本研究以多元性和自主性为衡量指标，分析发现虽然改革扩大了参与者的范围，在多元性方面有所进步，但依然只见森林不见树木，社会治理中的活跃者要么是政党成员，要么是长期在位的地方精英人物，政治参与者的固化导致民众依然仅是民主参与的分母，公共产品生产与供给职责的一体化导致缺乏市场因素的深度参与，多党竞争表面多元化下掩盖的是少数政治精英的主导地位。在自主性方面，三级地方层级作为地方治理的主体，虽然已从地方行政机构被提升为自治政府，但驻地方国家代表体系的存在，与国家在财政资助方面的自主性，使地方处在中央全方位监督下，自治依然是唯中央马首是瞻的自治，地方既缺乏自治的意愿又缺乏自治的能力。

在参与者活动维度，以职责配置恰当与否为衡量标准，涉及资源与能力两方面。中央政府处于治理活动的中心地位，掌握政府的核心职责，通过地方分权和权力下放将部分职责下放地方，这本是地方改革的题中应有之义。但职责的下放应考虑地方承担能力，职责下放也应配备相应资源的下放，然而地方基础设施与建设在集权时期长足发展，却在地方改革后停滞不前，这对比表明央地职责配置不当，影响各级参与者的活动。市镇数目庞杂与规模不一的现实，致使同一层级的市镇政府难以应对统一的职责

---

① 赫尔穆特·沃尔曼：《德国地方政府》，陈伟、段德敏译，北京大学出版社，2005 年第一版，第171 页。

与政策，不是"小脚穿大鞋"就是"大脚穿小鞋"。

在参与者互动维度，以互动是否促进体系的良好运转为衡量标准。地方三级政府作为各自独立的自治政府，可以在自己的辖域内决定地方发展政策。但是，地方三级政府却在辖域上相互重叠，如何在同一地方确保三个层级的自治成为问题。法国的做法是按照事项的性质和属性在三级政府间进行配置，这在一些领域促进了各层级的分工合作，但也在地方各层级政府间形成紧张关系。

在参与者关系方面，地方三层有层级之分却无等级之别，不存在上下级隶属关系，这是分权化单一制区别于单一制的地方。三层级间的争执由中央政府来裁决，他们各自在辖域内实行自治，形成既合作又竞争的关系。中央政府在地方层级职责设定中侧重点不同，市镇的基层身份以及体量偏小，更多地被赋予自治职责；省级作为中央在地方的耳目和手臂，更多地被赋予代表中央监督地方统治职责；大区的设置出于区域规划和经济发展的需要，更多地被赋予治理职责。中央与省级的统治，辅之以市镇的自治与大区的治理，加上包括各种市镇联合体在内的各种公务法人的辅助，共同构成法国现代化治理网络。

面对这既复杂又矛盾的法国现代化治理过程，本研究将在梳理现有研究文献的基础上，既借助已有研究又从中寻找研究空白，搭建自己的研究框架展开分析。

二、现代化：单一性与多样性

现代化是从不同类型的前现代社会向现代社会转化的过程。现代化最早开始于17世纪的西欧，后传至北美和其他欧洲国家，并在19世纪和20世纪传入南美、亚洲和非洲大陆。欧美国家进入现代化进程较早，享受早发优势带来的各种便利，其国力的强盛成为后发国家追逐的目标，其现代化模式一度被认为是关于现代化的唯一模式，获得向欧美外世界推广的霸权属性。随着欧美模式的推广，其他国家不管意愿如何，也不管国力强弱，都主动或被动地迈入现代化进程。因此，现代化和对现代化的追求，或许是当代最普遍和最显著的特征。

现代化进程涉及社会各层面，是个从技术、制度再到理念逐渐深化的过程。17世纪随着珍妮纺纱机和蒸汽机等技术的发展，英国率先开启资本主义生产模式。先进技术的应用大大扩展了生产规模和提高了生产能力，小规模的生产单位如家庭商行、小工厂转变为集中和庞大的生产单位，有限的地方市场向全国性市场发展，并且随着英国海外殖民活动向世界性市场转变。生产、交换和消费日益专门化，产品、劳动力和金融市场也日益扩大和复杂化。这既造成各单位内部的劳动分工日益多样化，又造成整个市场结构不断复杂化。原有的乡村小农—地主经济向城市大工业生产转变，大工厂中流水线上机器逐渐代替手工，程序化的规章制度和模式化的生产方式逐渐出现，这些成为经济领域现代化的标志。

经济领域的现代化促进了政治领域的现代化。从小农经济到工业化经济的发展，资产阶级取代地主阶级成为社会的财富阶级，但这财富阶级政治上没有太大权利，经济地位与政治权力的错位，使得"无代表，不纳税"成为新兴资产阶级的主张，这种对政治权力的主张随着现代化发展扩展开来。现代化促进了社会主要领域的高度社会分化，被分化后的各群体，不论是地方性单位、身份群体还是传统的职业群体，都被纳入一个共同的制度与组织框架之中。社会参与尤其是政治参与活跃起来，利益集团、社会运动、舆论机构，尤其是政党成为现代社会民意表达的形式。[①] 多元利益表达下代议制成为政治领域现代化的标志。

现代技术与生产方式也促进了文化领域的现代化，世俗教育普及与识字率提高，促进乡村人口向城市的流动，带动新产业与新职业群体的出现，也促使新工会组织以及新劳工关系的形成，这些发展同沟通媒介的扩展，将民众拉入联系日益紧密的社会网络中。启蒙运动与宗教改革促使宗教、哲学、科学等领域分化开来，宗教的"祛魅化"真正促使世俗与宗教分离开来，主要文化及价值体系日趋多元化，现代大学等高等教育体系创立起来。

社会各领域的现代化最后促进理念以及民众认知上的现代化。社会分化带来了社会动员，原本分散在各群体中的人，通过市场经济下的分工合作和民族国家的公民身份被联系在一起。由于各类群体被纳入统一的社会中心制度，平等不再是一种抽象的理想，而成为一种最强烈的要求。在现代化的传统解释者那里，马克思、涂尔干和韦伯等人强调，现代社会中市场带来劳动社会分工的重建，在社会制度的每个维度都产生了不确定性，关于信任、权力调节、意义和合法性的认知有别于传统社会。

马克斯·韦伯提出了合法性的三种类型，不同于传统社会的以个人魅力型和传统型为主，现代化转型中这两者的合法性逐渐向法理型转变。按照艾森斯塔特的分析，那种凭借血缘、地缘或等级群体中的"既定地位"的先赋性分配和调节逐渐减少，而凭借作为团体代表或拥有专门资产或特

---

① 艾森斯塔特：《现代化与抗拒》，张旅平等译，中国人民大学出版社，1988年版，第13页。

定知识专长的非先赋性分配机制不断发展。在这种秩序中，所有公民不论血缘、身份或地缘，均参与并共享同一中心制度体系，在现代这表现为民族国家。

不同于传统的熟人社会对血缘和文化的依赖，民族国家是偏重规则与程序的陌生人社会，其建立在辖域与主权基础上。教育普及与社会分工将陌生人联系在一起，规则与程序使陌生人可以共事，价值多元增强了陌生人的共情能力，这些是工业社会下陌生人之间打交道的前提。但现代化也疏远与淡漠了传统熟人社会的亲情，传统大家庭向核心小家庭转变。无论是显性的权责义务体系，还是隐性的社会行为规则体系，都逐渐让位于新的社会化模式和行为模式。艾森斯塔特认为，现代性应当被视作一种独特文明，具有独特的制度和文化特征，是对世界的一种或几种解释图景，开放性和不确定性是其核心。①

不难看出，市场经济与社会分工，代议制政治与法理型合法性，教育普及与新产业新阶层出现，这些作为现代性的内核性要素，构成现代化的"经典"理论。这种现代化"经典"理论假定，尽管是含蓄的假定，在欧洲发展起来的现代性文化方案和基本制度，最终将为所有现代化社会照单全收，随着现代化的扩张，它将在全世界流行起来。这种假定认为现代性的文化方案，也就是西方现代性的基本文化前提，是内在的、必然的与制度相互交织的。因此，现代化向世界各地的传播与扩张过程，必然是西方文化与制度的扩张过程，各国现代化将以西方为模板出现趋同现象。这种认知将西方文化与制度抬高到拥有唯一性的程度，里面的霸权属性昭然若揭。

然而，现代化在当代的发展并没有证实"趋同"假设，而是呈现出多样性。虽然最初西方规划的现代化的不同维度，确实构成了整个世界不同社会发展进程的重要出发点和持续参照点，但这些社会的发展已远超出现代性最初文化方案的同质化维度和霸权维度。在经济的、政治的以及家庭领域，各国的社会实践持续出现相对自主的制度。现代性确实蔓延到世界大部分地区，但却没有产生一个单一文明或单一制度模式，而是出现几种文明和制度的并行。这些文明与制度具有共同特征，但依然产生尽管同源但迥异的意识形态与制度。最重要的是，即使在西方文明的大框架内，围绕现代化产生的也不只是一种方案和模式，而是多种文化方案和制度模式。②

---

① 艾森斯塔特：《反思现代性》，旷新年等译，生活·读书·新知三联书店，2006年版，第7页。
② 艾森斯塔特：《反思现代性》，旷新年等译，生活·读书·新知三联书店，2006年版，第6-7页。

　　此处引发的问题是，这多种文化方案和制度模式展示出的，究竟是现代性的多元化特征，还是存在多元化的现代性。争论的本质是现代性只有一种，还是有多种。除了艾森斯塔特对单一现代性的质疑外，德国当代著名思想史家于尔根·格布哈特（Jurgen Gebhardt）也倾向于认为有多元化而非单一的现代性，这与启蒙及其所昭示的现代性与不同历史和文化的语境有关。尽管现代性存在一些共同的特点，现代工业与农业等，但不同的文明或文化实现现代性的背景不一样，它们各以不同的方式"适应"现代性。面对质疑，格布哈特进一步区分了"多元化的现代性"和"现代性的多元化特征"，他强调之所以认为存在多元化的现代性，是因为现代性内在的特征要比外在特征深刻得多。具体制度和法律等要受到一些主要思想的指导，而这些思想又深深内化于不同的文化传统中。现代化过程中一些关键词的具体含义，在不同文化中有不同意思，包括公民和国家等概念。[①]

　　概括来说，在迈向现代化的不同阶段会产生不同问题，迈向现代化的不同国家和地区也会产生不同问题，为解决不同时期和不同地区的问题，会出现不同的组织结构以及不同的程序规则。无论是问题的出现，还是组织机构的设立，以及程序规则的选择，既是客观条件促使的结果，也是人主观选择的结果。不同文明和文化下的人，以各自的方式适应着现代性。即使最早一批迈向现代化的英美法等不同国家，也会由于国情不同和民意差别，在现代化上表现出很大差异，甚至可以说选择了不同的现代化模式。正是在这意义上，本研究将法国定性为现代化模式之一，认定为多样现代化中的一极。

　　法国从各方面展现出作为多元化现代性重要一极的特征，这多元化特征决定了法国的现代化治理体系和治理过程别具一格。法国的独特性揭示了现代化模式的多样性，打破了原有现代性单一性模式在世界的霸权地位，这给不同国家按照自己模式发展现代化提供了榜样。同时，法国作为现代化程度较高的国家，在具有独特性的同时，其本身更具有的作为现代化国家的"核心"属性和因素，这给后发展国家的现代化治理以重要经验与启示，尤其是法国的地方分权改革，给同为单一制的国家，在集权与分权之间趟出另一条道路，在联邦制和单一制间摸索出分权化单一制的新国家结构形式。这些因素使得法国现代化的进程和现代化治理体系的构建具有标本意义。

---

① 陈伟、段德敏关于于尔根格布哈特的访谈，载于《北大秩序与历史论坛》，2014 年 10 月 25 日。

第二节 法国研究现状与文献综述

20 世纪 80 年代，法国通过权力下放和地方分权改革，国家结构形式从单一制转变为分权化的单一制，在以革命著称的法国这是难得的比较成功的改革，也是第五共和国政治制度和政治发展中的大事，引起法国学者和政治活动家的热烈讨论。按理说，法国改革突破了原有的国家结构形式，为单一制国家改革蹚出一条路，这理应引起国际社会的广泛关注，应有大量分析评价法国改革的文献面世，特别是在同属发达宪政国家的欧美各国。

实际情况却与之相反。在笔者以法国地方分权改革为题准备博士论文时，英文资料的收集并没有预期的广泛。英语文献的不足曾困扰笔者很久，直到发现克里斯托夫·波利特（Christopher Pollitt）为唐·凡·德·艾登（Ton van der Eyden）的著作写的序言才明白。在《社会公共管理：在欧洲语境中重新发现法国的制度引擎》一书序言中，克里斯托夫·波利特写道：

《社会公共管理》是本大胆而不同寻常的书，同时也是对盎格鲁-撒克逊世界长久以来所忽视的主题——法国制度研究的一大贡献。在过去的三十年里，英美学术界的研究中有一股公共行政和公共管理研究复兴的潮流，但这种研究极少聚焦法国的情况。母语是英语的公共管理学生很少研究法国，很少阅读法国公共行政的文献。然而，就如母语为英语的研究者模糊意识到，也是该书作者所清晰阐述的那样——法国在这一领域作出了巨大贡献，无论是在理论层面还是实践层面。喜欢也好讨厌也罢，法国一直是而且将持续是该领域法律、传统、能力和实践的无与伦比的集合体。更重要的是，法国已经深刻地影响了许多其他国家，近来更是在很大程度上型塑着欧盟的各种制度。然而在三十公里以外的英国，我们却一直忽略了这丰厚的遗产，或者更糟糕的是，为削弱它的影响我们讽刺它，把它当作陈规陋习。即使在欧洲大陆的一些国家也是如此，比如丹麦（其本身与法国有着历史联系）和日耳曼国家。看起来似乎是盎格鲁—美国和澳大利亚的材料在研究中占据主导地位，而法国只有极少数人研究尝试。①

波利特的书评清晰地阐明了两点，一是法国传统、制度和改革对西方各国和欧盟很重要；二是西方各国对法国研究的忽视部分源于语言问题。

---

① Ton van der Eyden: Public Management of Society: Rediscovering French Institutional Engineering in the European Context IOS Press, 2003, P. V.

波利特认为法国学术著作大多数用法语这一事实，为欧美人忽略法国研究提供了借口。其实，问题不仅仅是英美忽视法国，法国自身的封闭亦是原因。约翰·洛林认为改革前的法国在某种程度上是个封闭的实体，绝大多数法国公民很少甚至根本不与法国之外的世界联系。就连法国的精英们也认为法国的公共行政系统应被当作学习的模板，直到地方改革后他们才愿意关注外面的其他模式。[①] 内部封闭外部忽视，法国改革和法国模式在英语世界没有强烈反响也就不令人惊奇。

鉴于法语在法国研究中的重要性，笔者也从头开始学习法语，书稿修改中添加的"黄马甲"运动和全民大辩论数据，以及法国 2017 年总统选举的材料与数据，皆来源于法国官方网站和权威民意调查机构，是根据一手法语材料整理而来。但在具体文本分析中受法语水平所限，笔者还是习惯采用英文文献。好在一些英文文献的作者是法国人，一些文献一版再版经住时间考验，因此本文在描述法国事实方面不会有大的出入。尽管如此，后续研究中主要采用法语文献，仍是笔者进一步研究的着力点。

一、国外研究现状与文献综述

英文文献包括英美学者研究法国的成果，也包括法国学者以英语撰写的文献。在英文数据库 Proquest 中检索发现，不少相关主题的论文发表在《西欧政治研究》（*Western European Politics*）和《近现代法国》（*Modern & Contemporary France*）上，还有文章一些散落在其他期刊上。书籍方面大多是研究法国政治体制、地方改革以及民主化程度的专著，关于地方政府与地方治理的研究大多以国别形式出现。本文将按照问题意识和研究主题，从中央集权、地方改革、地方政府，以及法国政党四方面进行梳理。

（一）关于中央集权

研究法国中央行政集权是绕不开的问题。中央集权是法国近现代以来政治体制的显著特点，几乎所有分析法国体制的著作都要从中央集权谈起。按照关键词来划分，中央行政集权涉及三层面的问题：一是中央与地方关系；二是行政集权与立法集权；三是集权与分权的目的与手段之争。

改革前法国中央与地方的关系，在相当长的时间里普遍存在的认知是法国存在高度中央行政集权。面对 1982 年的分权改革，法国学界和民众都期待通过分权改革消解中央集权，促进地方自治发展。但薇薇安·施密特（Vivien A. Schmidt）的研究却颠覆了这种普遍认知，他从显性规则（formal

---

① John Loughlin: Subnational Government—The French Experience, Palgrave Macmillan, 2007, p.77.

rules）和隐性规则（informal rules）的角度出发，认为外界高估了法国的集权程度，其实早在 1982—1986 年的地方分权改革前，执行权、行政功能以及资源已开始从中央政府向地方政府的转移。法国在地方自治和地方权力方面取得的进步，远超出当时法律制度所允许和公众所认知的程度。[①]

罗伯特·艾尔吉（Robert elgie）用两原则和三模式来分析法国的央地关系。两原则一是中央掌控地方；二是领土之上公民须被平等对待。[②] 第一原则源于担心地方自治会威胁国家统一，至少是国家领土稳定，中央集权是对领土分裂和国内安全威胁的应激反应。第二原则基于以国家为中心的决策机制代表公共福祉和国家利益，因此以国家或中央集权的方式确保每一公民须被平等对待。法国央地关系存在三种模式，一是蜂窝状的"相互依赖"（interdependence）模式，二是"相互交织"（interlocking）模式，三是"相互博弈"（interactions）模式。[③] 集权不是中央政府的独有特征，地方也可能形成集权。法国通过分权改革将地方从中央控制中解放出来，法国地方呈现出"外自治、内集权"的特征。

在行政集权与立法集权方面，普遍的认知忽略了一个基本事实，无所不包的立法权才是现代各国行政集权的根源。现代政府的权力来源于民众让渡的权利，政府权力应止步于民众的保留权利。但现行法律的合法性大都强调法律制定时要符合多数人意志，往往忽略了制定法律的范围应限制在政府权限内。立法范围的无限与立法能力的有限，迫使立法部门赋予行政部门大量自由裁量权，形成行政部门的委托立法权。法国中央行政集权源于立法集权的扩展，限制立法集权才是彻底根除行政集权的手段。不难看出，议会集权与立法集权是两个概念，议会只是立法集权的实施者之一，只限制议会集权不限制立法集权，立法集权可以寻找另外的实施者比如行政部门，来确保自己的集权。

安德鲁·纳普（Andrew Knapp）和文森特·赖特（Vincent Wright）从法国政治传统的变迁入手，分析行政双头制中的总统与总理职权，探讨法国行政集权的根基、谜团和现实。笔者注意到立法机关在行政挤压下的衰落与复苏，注意到左右翼政党围绕政权在议会和总统选举中的博弈。这其中展示出来的议会集权到行政集权一脉相承，其实是立法集权在法国不同

---

① Vivien A. Schmidt: Democratizing France —The Political and Administrative History of Decentralization, Cambridge University Press, 1990, p.181.

② Robert Elgie: Political Institutions in Contemporary France, Oxford University Press, 2003, p.212.

③ Robert Elgie: Political Institutions in Contemporary France, Oxford University Press, 2003, p.235.

时期的表现。①

1986 年出版的《当代法国地方分权与变革》中，迈克尔·基廷（Michael Keating）和保罗·海因斯基斯（Paul Hainsworth）已经开始探讨法国地方分权改革。②

在集权与分权的问题上，存在着目的与手段之争，存在着目的与手段的混淆。历史上集权的恶名使其在当代背负沉重的历史包袱，这使得本该作为治理手段的集权与分权，变成了治理追求的目的之一。但集权下法国地方基础设施的长足发展，与分权后地方基础设施建设停滞不前，将两者之争拉回到手段层面。伊夫·梅尼（Yves Meny）对法国分权前后期的分析拓展了对集权与分权的认知，两者都是现代化治理的手段，服务于现代化治理过程的不同阶段和不同任务。③

（二）关于地方改革成效与问题

关于 20 世纪 80 年代的地方改革成效，不同的研究者在肯定改革带来的变化的同时，大都认为改革并没有达到预期的成效。

本·克里夫特（Ben Clift）对改革的批评最为尖锐，他认为地方分权改革对改变法国政体的多层次收效甚微，改革不是对权力的理性化配置，而是增加新政治实体，引发进一步的职权重叠与交叉。地方政府职权边界未理性化数目未减少，此种治理将是代价昂贵的实践。④ 克里夫特还揭露了存在于法国共和传统尤其是平等领域中的诸多伪善、不协调和不合时宜之事。法国"不可分割"的共和国，其实是"表面统一与内里多元的叠加"，其在日益增加的大量不平等与表面的平等间自相矛盾。⑤

约翰·洛林（John Loughlin）对 1982—2006 年的法国分权改革作了翔实且深刻的分析。他认为大众对政策决策与实施的认定有夸大之嫌，现实远比米歇尔·克罗齐尔（Michel Crozier）认为的僵化体制复杂得多。洛林认为改革未能完成所有的预期目标，改革的主要受益者是地方尤其是大城

① Andrew Knapp, Vincent Wright: The Government and Politics of France, London and New York, 2001, the fourth edition, p.341.

② Michael Keating, Paul Hainsworth: Decentralisation and Change in Contemporary France, Paradigm Print, 1986.

③ Yves Meny: The Construction and Reconstruction of the Center(1945-86), Western European Politics, Vol.22.

④ Ben Clift: The Fifth Republic at Fifty: the Changing Face of French Politics and Political Economy, Modem & Contemporary France, 2008, 16(4): p.395.

⑤ Ben Clift: The Fifth Republic at Fifty: the Changing Face of French Politics and Political Economy, Modem & Contemporary France, 2008, 16(4): p.393.

市的精英,改革并没有增加普通民众的参与感,民众并没有更接近政府,也没有更大程度上参与到政策的制定中去。地方分权不但没有完成体制的简化和现代化,普通民众对体制的认知反而更加复杂和模糊不清。① 面对地方治理中出现的新特征,以及伴随体系出现的其他变化,洛林怀疑法国是否已经发展为第六共和国。②

施密特认为对法国地方分权改革的评价,在行政调整与政治革命两端形成一个谱系。行政法学家评价最为乐观,认为这些新改革措施和法律的实行具有革命性。政治社会学家的评价最悲观,认为地方体系只有简单的调整,未有本质的改变。大多数学者普遍认可地方改革将地方由行政机构升级为自治政府,抱怨主要集中在改革未能使地方政府结构理性化,未能重组地方社会服务组织,未能彻底检修地方税收组织,未能促进地方的民主参与程度,有人甚至认为所有改革措施无非是增加了地方贵族和传统精英的权力。③

纳普和赖特也对法国地方分权改革的成效持保守态度,他们认为1982年以前的法国体制没有宣称的那么中央集权,地方分权改革的作用也没有宣称的那么大。纳普和赖特介绍了后雅各宾主义国家中的巴黎与地方的关系,认为在属地化、合理化和民主化(subsidiarity, rationalization, democratization)的分权改革目标下,地方制度和政治活动参与者(the institutions and the actors)是有了变化,但分权改革并没能给地方预留太多的自由。④

1992 年分权改革十周年之际,法国学术界举办了一场改革专题研讨会,这是法国国内第一次对分权改革成效进行系统的分析与反思。⑤ 与会学者分析大区未来的发展趋势,讨论了大区改革的成效与不足,认为1982年的改革法仅勾画出大区未来轮廓以及改革的总体方向,遗留众多问题悬而未决。中央政府和立法者竭力缩小改革范围,而新成立的大区当局竭力扩大改革范围,大区晋升为一级地方政府的过程并不平顺。⑥ 地方分权改革中存在下述问题,一是未合理化地方层级,存在大量地域性公务法人;

---

① John Loughlin: Subnational Government—The French Experience, Palgrave Macmillan, 2007.

② John Loughlin: Subnational Government—The French Experience, Palgrave Macmillan, 2007.

③ Vivien A. Schmidt: Democratizing France—The Political and Administrative History of Decentralization, Cambridge University Press, 1990. 181.

④ Andrew Knapp, Vincent Wright: the Government and Politics of France, London and New York, 2001, the fourth edition, p.341.

⑤ John Loughlin, Richard Balm: The End of the French Unitary state? Frank Cass, 1995.

⑥ John Loughlin, Richard Balm: The End of the French Unitary state? Frank Cass, 1995, p.12.

二是未促进地方民主化，政党与精英垄断选举事务和职务；三是未促进地方自治，地方存在自治意愿足但自治能力弱的问题。

（三）关于地方政府的类型与功能

地方政府是现代化治理的重要参与者，围绕地方政府的分析与争论主要集中在静态制度和动态治理。静态制度包含三个维度，一是从类型上分析，地方政府的类型及区分不同类型的要素；二是从功能上分析，地方政府是单一功能还是多重功能；三是从理论上分析，涉及地方政府的特性与含义。动态治理包括两个维度，一是政策的制定过程以及各参与者的互动与博弈，二是新公共管理下公共产品与服务生产与提供的分离。

赫西（Hesse）和夏普（Sharpe）将政治和功能作为划定地方政府类型的两项主要指标，[1] 赫尔穆特·沃尔曼（Wollmann Hellmut）在此基础上将包括人口和辖域在内的地区因素也作为衡量指标，这样围绕政治能力、治理能力、地方政府辖域大小，以及民主化程度等区分了三种类型的地方政府。一是中北欧类群，强政治强功能，地方政府数目有限但辖域规模大。二是法兰西类群，强政治弱治理，地方政府数目庞大且辖域规模小。三是盎格鲁类群，弱政治弱治理弱民主程度。[2] 在此基础上沃尔曼和吉尔特·博卡特（Geert Bouckaert）一起，通过对德国和法国组织设置规则的比较，探讨了居于地域性（多重目的）和功能性（单一目地）之间新的治理模式。[3]

威廉·萨夫兰（William Safran）提到辖域的重合带来的是职能分权与地域分权的重叠，这构造虽有时便于行事，但不可避免地带来"功能性"组织与"地域性"组织的冲突和竞争，这成为地方政治中躲不开的梦魇。[4] 更重要的是，中央各部在地方的分支作为"功能性"组织，为作为"地域性"组织的地方政府提供政策解释和技术支持，但各部分支机构不得不依赖地方政府提供财政支持。

在何为地方政府方面的理论探讨不多，这部分研究空白将是本文的研究重点。围绕何为地方政府延伸出下述问题。一是联邦制下的次级政府，是不是联邦政府的地方政府？二是单一制结构里的地方层级，是地方行政

---

① Hesse, Jens Joachim/Sharpe L. J.: Local Government in International Perspective, Some Comparative Observations, Hesse, Jens Joachim (Hrsg.), Local Government and Urban Affairs in International Perspective, Baden-Baden S., 1991, p.353, p.386.

② 赫尔穆特·沃尔曼：《德国地方政府》，陈伟、段德敏译，北京大学出版社，2005 年 9 月第一版。

③（德）赫尔穆特·沃尔曼、（比）吉尔特·博卡特：《居于"地域性"和"功能性"之间的国家组织——基于法国和德国的比较研究》，《经济社会体制比较》，2010 年第 5 期。

④ William Safran: The French Polity, Addison Wesley Longman, 2003, the sixth edition , p.284.

机构还是地方政府？三是分权化的单一制结构里，地方政府由民众直接选举产生，作为自治机构的地方政府，还是不是中央在地方的派驻机构？四是跨国大区合作带来的"欧盟的大区"还是"大区的欧盟"的争执。

在动态治理过程方面，萨夫兰提出了几个重量级的问题，一是地方议会主席的角色定位，究竟是作为所辖选民的代言人还是控制者；二是选举产生的地方议会的作用，究竟是拉近选民与政府的距离，还是成为两者沟通的障碍；三是地方作为自治主体后，中央与地方如何实现权力融合，立法分支和行政分支如何保持平衡。[①] 科尔和约翰·彼特（Peter John）认为治理受国情、公共政策制定部门以及地方环境等方面的影响，因此并不存在放之四海皆准的治理模式，法国中央与市镇间已是相互渗透的蜂窝状结构。[②]

关于地方政府履行基本职能的效率性，奥斯特罗姆等人用规模经济的理论来分析，认为传统意义上混淆了公共产品的提供职责与生产职责。[③] 解决规模经济问题的方式是生产模式与供给模式相分离，不同的生产活动按照各自最佳的规模经济模式来组织。法国治理领域各类公务法人的大量存在，正是源于政府作为公共产品与服务的主要供给者能力的不足。

（四）关于法国政党的发展与作用

艾尔吉在各级政府的产生中引入政党和选举因素，将政党作为法国政治的重要参与者。不同形势和规则下政党间理念的竞争，促成政党与制度的相互型构，政党间的博弈和纵横捭阖也显现其中。[④] 艾尔吉分析了法国政党的分化与发展，左翼政党的多元化组成，右翼政党的分裂与融合，以及极端政党的兴起和对法国社会的影响。[⑤]

第五共和国以来法国政党发展史上有三个重要事件，每件都对法国的政党结构和政治发展产生重要影响。1962年的全民公决使政党体制经过彻底的总统化洗礼，这改变了法国的政党结构、运行逻辑与党争方向，也改变了总统与议会的关系以及第五共和国的民主合法性。[⑥] 全民公决通过的直接选举产生总统的提案，改变了法国政治运行逻辑和党争方向。在原来

---

① William Safran: The French Polity, Longman, 2003.

② Alistair Cole, Peter John: Local Government in England and France, Routledge, 2001.

③ 文森特·奥斯特罗姆等：《美国地方政府》，井敏、陈幽泓译，北京大学出版社，2006年版，第102页。

④ Robert Elgie: Political Institutions in Contemporary France, Oxford University Press, 2003, p.241.

⑤ Robert Elgie: The Changing French Political System, FRANK CASS, 2000.

⑥ Ben Clift: The Fifth Republic at Fifty: the Changing Face of French Politics and Political Economy, Modern & Contemporary France, 2008, 16, (4): p.395.

的议会至上政治结构里，议会中的胜选政党或政党联盟是执政党，但在总统直选后的政治结构里总统选举中的胜选政党或联盟才是执政党。政党由原来的全力投入国民议会选举，变成首要投入总统竞选。

1981 年的左翼社会党联盟的上台，打破了右翼联盟对总统选举的垄断，法国由一党（联盟）独大向两翼两党模式发展。法国民众对政治事件的参与度极高，法国形成从极左翼到极右翼的连续政党谱系。这政治谱系一般划分为极左、中左、中右和极右四部分，左右两端各自形成政党联盟，非遇特殊情况一般不会形成跨界联盟。但在 2002 年的总统选举中，左翼就曾号召自己的支持者支持向来的老对头右翼联盟，以避免极右翼出线打破两翼两党为主的模式。

2017 年的总统选举中，中间政党前进运动对中间意识形态的占据，改变了法国政党原有的向心性竞争，法国政党及整个社会朝着离心性方向发展。[①] 2018 年底法国街头的"黄马甲"运动，2019 年的法国全民大辩论，以及 2020 年的新冠肺炎疫情肆虐，都给法国下一轮选举周期蒙上不确定的阴影。阿伦特对大众运动冲击代议制政治的担忧，在内外交困的法国已不再仅是理论上的问题，更是迫切的现实问题。

二、国内研究现状与文献综述

自西学东渐以来，无论技术、制度还是思想，法国一直是中国关注和学习的重要国家。一大批重要思想家的著作陆续被翻译成中文并广为传播，卢梭的《社会契约论》和孟德斯鸠的《论法的精神》等名著更是启迪了民智，为国人提供了西方看待政治的视角和体系。

自民国初期实行宪政以来，法国政治制度也进入国人关注视野，中国政治学的奠基者之一的钱端升先生，早在 1929 年就著有《法国政治组织》，1933 年写成《法国的政府》。与钱先生有师承关系的楼邦彦先生，专长于英法政治制度的研究，其《各国地方政治制度　法兰西篇》由商务印书馆 1942 年在重庆初版，1947 年在上海再版，2012 年由商务印书馆再次出版。与西南联大有关的上述三本著作，撑起了中国早期对法国制度的研究。王名扬先生 80 年代开始写作的英国、美国和法国行政法三部曲奠定了中国行政法学研究的基础。此后研究法国者日众，关注的主题也大为扩展，但很难再出现上述扛鼎式力作。

①　关于"向心性竞争"与"离心性竞争"，参见 G. 萨托利：《政党与政党体制》，王明进译，商务印书馆，2006 年版，第 190-192 页。

当代研究法国制度与治理的中文文献按研究对象大致分为两类，一是对第五共和国制度的研究，二是对改革与自治等具体问题的研究。研究中的两大问题，一是在制度研究中缺乏问题意识，这部分研究侧重描述制度事实，鲜有对制度内在逻辑的分析，这与外文文献重逻辑和质疑形成鲜明对比，因此制度部分内容大都以教材形式面世。二是对具体问题的研究缺乏内在逻辑，这些具体问题大都也是中国面临的难题，因此有进行比较研究的必要，也确实为中国的治理和改革提供了部分经验。中文文献的梳理也是按照不同主题进行，但因为部分文章的关注点、分析框架和结论大同小异，因此仅挑选具有代表性的著作展开分析。已经翻译过来的法语文献，以及法国学者在中国做的讲座，一起放在中文文献中。

（一）政治制度与发展历史

以政治制度史展开的研究，如张芝联主编的《法国通史》，郭华榕的《法国政治制度史》，王养冲、王令愉的《法国大革命史》，吴国庆的《战后法国政治史（1945—2002）》等，都是综述性著作。此外还有对某一领域的系统介绍，如吴国庆的《法国政府机构与公务员制度》和《法国政党和政党制度》，周明圣的《走向共和——近代法兰西共和制度确立研究》等。

研究法国政治和行政，最应该展开论述的是王名扬的《法国行政法》。《法国行政法》《英国行政法》和《美国行政法》并称为先生的"行政法三部曲"[1]，是行政法学界的奠基性著作，也是研究英美法三国绕不开的著作。北大出版社称该书为行政法学研究的"概念工具百宝箱"，王先生也被称作中国行政法学界的"普罗米修斯"。 但令人不解的是，在国内研究法国改革的政治学与行政学著作中很少提及该著作，这种状况与该书的学术地位不匹配，也是规范的学术研究不应出现的空白。

《法国行政法》中分析了法国法律承认的三种行政主体，国家作为最重要的行政主体，具有实施行政职务的权力，承担由此产生的权利、义务和责任；地方团体作为地方治理中的主体，在法律规定的范围内，对地方性行政职务也具有决定权力；为实施公务成立的行政机关也是公法人，这类公务法人是国家和地方团体以外的另一种行政主体。[2] 行政法学上公务法人的界定与区分，是厘清法国行政组织框架的前提。唯有如此才能理解法国行政组织的四大分类：以中央行政机关为代表的国家行政组织、以地方国家行政机关为代表的国家行政组织、地方团体行政组织和公务法人。

---

① 王名扬：《法国行政法》，北京大学出版社，2007 年版。王名扬：《英国行政法》，北京大学出版社，2016 年版。王名扬：《美国行政法》，北京大学出版社，2016 年版。

② 王名扬：《法国行政法》，北京大学出版社，2007 年版，32-33 页。

本研究在地方分权改革章节对各种分权方式和地方各类组织的职责角色的界定，正是借助于书中的分类。

潘小娟教授较早地研究法国地方分权，在《法国行政体制》中其分析了地方分权与权力下放的概念，梳理了法国中央和地方的行政结构，描述了地方领土单位的法律地位和历史沿革。作者还分析了国家对地方政府的行政监督、财政监督和技术监督。① 该书对理解改革后法国央地关系作用极大，作者后来又有几篇与法国分权改革有关的文章，也是法国研究领域的力作。②

台湾学者张台麟详细分析 1993 年的国民议会选举，1995—2012 年的四届总统选举，以及对法国左右翼党派在宪政、财经、欧盟一体化和移民方面的不同主张。这种实证分析有利于国际交往中对法国的预判。书中对法国第五共和国宪法和修正案的翻译，直接来自法语版本，与译自英语版本的相互校正，有助于对法国宪法文本的研究。③

（二）央地关系与集权分权

研究中央与地方关系的文献主要集中在三方面，国别间的横向比较、央地间的纵向比较，以及集权分权与治理理论。

第一方面是国别间的横向比较，特别是在欧盟各国间以及中法之间进行比较。梅尼与赖特从两个方面探讨中央与地方的关系，一是政府间的范围；二是政治空间的范围。罗兹在联合王国政府间的关系中提到，公共部门组织进行讨价还价所必需的五个有利条件是：权力、钱、政治合法性、信息和组织。迪皮在法国的省级政治行政体制中提到"交叉规制"模式在后来研究者中被不断引用。洛夫林分析了法国的地区主义和民族国家。④

中法比较研究的著作往往有预设前提，那就是法国经验教训对中国启示。基本模式一般是先就他国研究整理出几条纲目，而对中国的启示或借鉴就是参照上述模式，缺乏对中外社会结构、政治制度和现代化程度等的差异分析。与其泛泛谈启示莫若就某一领域深入研究写成专而精的文章。研究他国政治或改革应该带着问题意识，事实清楚问题明晰之后，启示自

① 潘小娟：《法国行政体制》，中国法制出版社，1997 年版，第 137 页。

② 潘小娟：《发达国家地方政府管理制度》，时事出版社，2001 年版。潘小娟：《中法中央与地方关系改革比较研究》，《国家行政学院学报》，2005 年第 4 期。潘小娟：《当代法国中央政府的沿革》，《政治学研究》，1987 年第 5 期。潘小娟：《法国公共部门的改革（上、下）》，《中国行政管理》，2000 年第 9、10 期。

③ 张台麟：《法国政府与政治》，五南图书出版股份有限公司，2013 年版。

④ 伊夫·梅尼、文森特·赖特主编：《西欧国家中央与地方的关系》，春秋出版社，1989 年版，第 43 页。

然含于其中。

第二方面是从纵向上探讨中央与地方关系。纵向探讨央地关系，其实就是划分中央政府与地方政府的权限，寻找中央与地方间"合法性"与"效率"的平衡。中法虽然都是单一制的国家，但地理位置、历史背景、文化传统以及民族心理的差异，使得两者的央地关系表面形式相同而内里差异巨大。法国经历了漫长的封建社会，又在罗马教皇的统治下有浓厚的宗教背景。封建社会"国中有国"的结构，以及宗教对世俗社会的影响与干预，致使法国王权曾长期难对地方形成有效控制，这也是后来路易十六极力加强王权以致引起民众反抗造成大革命的原因。

第三方面是从理论上探讨集权分权以及治理理论。鉴于中法两国在行政集权方面的相似性，随着中法文化交流的加深，与中央地方关系的文献不断被引介进来。玛丽·蓬蒂埃区分了地方分权与权力下放，指出前者是中央与地方作为不同的行政法人之间的权力划分，后者则是中央与地方派驻机构之间在同一法人内部的权力划分。[①] 尼古拉·唐泽从法律视角探讨央地关系的调整、两者的权限分配、地方分权的法律内涵以及改革的进程。[②] 法朗西斯·德伦分析了地方分权改革后中央与地方权力的分配，其对改革经验的描述，对改革给法国政治结构带来的影响分析，体现法国本土学者身处其中的独到观察之处。[③]

（三）分权改革与地方治理

研究法国地方政府的文献分为两类，第一类是有关各国地方政府间的比较研究，第二类是专注于某一国地方政府的。幸运的是，商务印书馆的"民国比较法文丛"在这两方面都有重分量的研究，这些著作作为比较法研究的奠基性著作，为后来的研究提供了比较高的起点和平台。

钱端升的《法国的政治组织》和《法国的政府》，是国内系统研究法国制度的开山之作。钱老写书的年代还处在法国第三共和国时期，书中对法国的分析不包含第四和第五共和国。书中对第三共和国以及其前历史及制度的分析，为研究当代法国制度提供了背景基础。[④]

楼邦彦的《各国地方政治制度　法兰西篇》共九章，分别为发展、法律地位、议事机构、执行机关、联合机关、地方预算、中央控制、法院与

① 玛丽蓬·蒂埃:《集权与分权:法国的选择与地方分权改革》,《中国行政管理》,1994 年第 4 期。

② 尼古拉·唐泽:《法国中央与地方政府关系的法律调整》,《法学杂志》,2004 年第 9 期。

③ 法朗西斯·德伦:《中央与地方政府的权力分配——谈法国经验》,《行政法学研究》,1994 年第 4 期。

④ 钱端升:《法国的政府》,北京大学出版社,2009 年版。

地方政府、巴黎政府。书中对省长与市长两重地位的分析，厘清了法国地方的政治结构，为理解分权改革后法国地方的变化提供基础。① 陈茹玄的《联邦政治》，比较分析了美国、瑞士、德国、加拿大、澳大利亚和奥地利六国的联邦制，提出联邦政治的理想类型。②这种联邦制内部的比较分析，与丛书中对英法等国单一制结构的分析，共同搭建起了国家结构比较分析的平台。

北京大学出版社组织的"地方政府与地方治理"译丛，在西方主要发达国家唯独缺乏对法国地方政府的研究。但该译丛提供了研究地方的框架，也为本研究中对法国地方政府的分析预留空间。

上官莉娜的《走出治理破碎化困境》，以"破碎化"界定法国地方政府可谓贴切准确一语中的。该著作将地方财政改革作为整体治理的切入点，以国家能力建设作为整体治理前提，以公民性的彰显作为整体治理的保障，以复合共和作为整体治理的愿景，展示了作者较强的宏观把握能力和整体分析能力。③

在法国地方改革和治理研究中，黄凯斌是英文文献梳理得比较全面的一位，稍显遗憾的是未能将法国发展置于欧盟一体化大背景下，缺乏对威斯特伐利亚条约和民族国家矛盾的分析。政党参与与议会运作是法国政治活动的本质，研究未将政党和议会政治纳入理论分析框架。④

楼苏萍将法国改革集中于分权，中央向地方分权（地方分权改革），向职能部门分权（权力下放），向市场分权（市场化改革）以及政府向公民社会分权，此论断可谓抓住法国改革的核心所在。总体来说作者侧重行政体制和过程的分析，缺乏行政法理上的探讨，文中少有对行政体系内部各机构组织关系的梳理。⑤

台湾学者对法国的研究主要集中在央地关系和地方自治方面。吴志中指出在"国民主权原理"的指导下地方自治已经是大势所趋，地方政府扮演着分权与分工的双重任务，这离真正的地方自治仍有大段距离。地方自治应该加强分权部分的分量，逐渐降低执行任务的职责，亦即彻底将自由、多元化与民主融入国家发展政策。⑥徐正茂分析法国结构中暗含的集权基

① 楼邦彦：《各国地方政治制度 法兰西篇》，商务印书馆，2012 年版。

② 陈茹玄：《联邦政治》，商务印书馆，2013 年版。

③ 上官莉娜：《走出治理破碎化困境》，人民出版社，2012 年版，第 176-178 页。

④ 黄凯斌：《法国分权改革与地方治理研究》，中国社会科学出版社，2012 年第一版。

⑤ 郁建兴、楼苏萍：《近 20 年来法国地方治理体系变革与新治理结构》，《学术研究》，2006 年第 1 期。

⑥ 吴志中：《法国的分权政策》，《东吴政治学报》，2002 年第 15 期。

因与外界地方分权要求之间的冲突。① 张壮熙强调应特别关注法国地方自治的一元化设计，立法系统里的兼职现象以及国家代表对地方自治的监督。②

　　法国学者来中国的交流题目大都与分权和自治有关，法国波多尔政治学院皮埃尔·萨兰德教授应邀在中央编译局做讲座，主题就是"法国的分权与地方民主"，他认为现实中虽仍然有诸多尚待改进之处，但法国的地方分权与地方民主已经取得很好结果。③"中法基层建设研讨会——县政改革论坛"第四届会议中，法国专家就"基层政权建设"中法国地方分权的逻辑、中央政府与地方分权、地方行政区域财政及其与国家间关系作了专题发言。分析指出导向这些改革的逻辑是：第一，国家角色的变化，国家在经济生活中变得非常活跃，地区化被认为是国家在地方活动中获得理性化的工具。第二，民众社会的动员，公民要求更加积极地参与到与他们密切相关的活动中。第三，公民要求更多参与，要求把地方分权和新的民主发展联系在一起。④

第三节　关于现代化治理体系的构建

　　"法国国家现代化治理体系构建"研究主题中，包含法国、现代化、治理以及治理体系构建等关键词。第一节介绍了研究法国的缘起，阐释了现代性和现代化概念，预测法国治理的复杂性和困难。第二节梳理现有的法国研究文献，总结已有的研究基础。本节将在分析既有研究成果和问题的基础上，围绕体系构建这一关键词搭建书稿的框架结构，在其中亦会提出本文的创新点和研究中存在的问题。

　　本书稿整体呈现出"一、二、四、二、一"的结构，这不同于原稿的"一、四、四、一"结构。法国现代化治理的导论部分（第一章）和对法国现代化治理反思的总结部分（第十章），修改稿与原稿结构相同但内容已经重写。修改稿的研究的主体仍然是从动态和静态两大维度进行分析，但章

---

① 徐正茂：《法国地方制度之剖析——摆荡中央集权制与地方分权制之间》，《东吴大学法律学报》，2001 年第 1 期。

② 张壮熙：《法国地方自治制度》，《社会文化学报》，1997 年第 4 期。

③ 王燕燕：《法国学者谈法国的分权与地方民主》，《国外理论动态》，2005 年第 1 期。

④ 申恒胜：《中法基层建设研讨会——县政改革论坛第四届会议综述》，http://www.cnki.com.cn/Article/CJFDTotal-KXJC201004011.htm.

节既有增删又有顺序的调整。动态部分包括现代化治理过程中的大事件，以及各参与者的各种活动和互动。大事件包括新增章节第五共和国的制度设计（第二章）和前置章节地方分权改革（第三章），各参与者的活动和互动包括合并后的章节地方层级治理现代化（第八章）和重新修改的章节国家层级治理现代化（第九章），删掉原有的央地治理互动，将内容合并进地方治理中。（见图1.1）

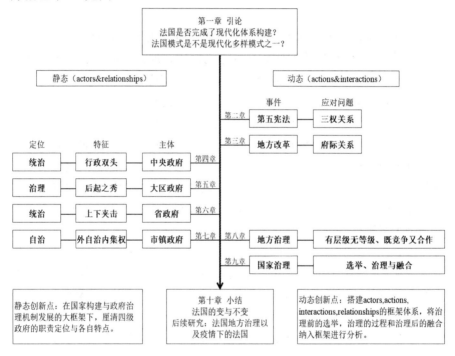

图 1.1　书稿结构

静态层面指的是现代化治理体系中的各参与者的职责权限，以及法律规定的各参与者之间的相互关系。静态部分的章节位置有调动，不再按照从上到下、从中央到地方的顺序，而是在分析中央政府（第四章）后直接转到市镇政府（第五章），最顶层和最基层的两级政府既是历史最悠久的，也是现代法国存在感最强的政府，前者强政治后者强治理；省级政府（第六章）和大区政府（第七章）作为中间层级的政府存在取舍之争，前者作为中央在地方耳目的身份在地方分权改革后有所衰落，而后者因区域规划与经济发展的主导者身份受到中央的疑忌。

因此，法国国家现代化治理体系的构建包括静态和动态两层面。修改后的动态部分一分为二，分别置于静态部分的前后，这源于动态部分的前两章是静态制度与结构发展中的奠基性的大事，而后两章是静态部分各层级互动的结果。调整后的结构更有条理，更符合法国治理的逻辑。

一、引论：为什么是法国？

引论部分主要是提出问题、阐释核心概念、进行文献梳理和搭建研究框架。也就是为什么研究法国、研究哪些方面、已有哪些研究成果和怎么进行研究。

围绕法国现代治理体系构建这一主题，延伸出下列问题。

（一）法国现代化治理体系是否完成构建？地方分权后的法国，处在构建过程的哪一阶段？每一阶段的任务完成得怎样？

现代化治理体系的构建是个复杂而矛盾的过程，每一阶段有每一阶段的任务。政治领域由内而外的三层关系：中央与地方的关系，法国与欧洲的关系以及法国与欧洲外世界的关系。行政领域两种类型的职责划分：中央派驻地方的机构与地方行政机构的职责权限，地方三级自治机构的职责权限。经济领域中的规模经济问题，公共产品与服务的提供等问题。这些问题在不同的国家，不同的现代化改革阶段有不同的处理，本研究主要针对法国个案进行分析。

（二）法国现代化治理体系主要包括哪些部分？

现代化治理是从传统"单一权威中心"的线性结构，向复杂"多权威中心"的网状结构转变的过程。但这多权威中心在法国的具体情况，需要结合不同领域具体分析。以原有的纵向"条条"为主，还是以改革后横向的"块块"为主，还是政府、市场与市民社会共同构成的"条块结合"为主？

（三）现代化治理主体各部分之间是怎样的关系，有何互动？

这个问题按照治理主体大致分为三类，一是中央与地方间的关系，从单一制到分权化单一制是否有质的变化，法国是否已经是"第六共和国"；二是地方各层级间的关系有层级无等级，各自自治却又存在辖域包含关系，该如何处理其中的矛盾与冲突；三是政府与公务法人以及市场主体之间的关系，如何协调偏重效率效益的市场目标与偏重公平的公共产品提供者目标。

（四）法国现代化是不是现代化模式之一？

法国现代化的特征是单一现代性内部的多元化特征，还是多元现代性中的一极，这个问题的背后是现代性的经典理论与多元化理论之争。在现代化的经典理论家看来，市场化与工业化、民主参与与代议制，以及西方文化与意识形态等，都是现代性的典型特征，这些特征应随着全球化的扩张蔓延到世界各国，因此这里面暗含着西方宪政发展的先发优势和霸权特征。但艾森斯塔特以及格布哈特等人打破了这种论调，认为现代性除了具有共性特征，也与各国的历史传统、民众心理及政治体制等有关，各国会根据自己的情况发展出不同的现代化模式。本研究正是在此基础上分析法国的宪政发展，探讨是否存在现代性的法兰西模式。

二、现代化治理活动中的大事件

第五共和国宪法中的制度设计具有鲜明的现实关怀，是对当时法国所面临问题的总解决方案。这部宪法的最典型特征就是集权，新宪法下权力从社会领域流向政治领域，从地方流向中央，从中央立法机构流向行政机构，行政机构中从总理流向总统，最终形成行政集权下的"帝王般的总统"。这解决了第三、第四共和国时议会集权带来的弊端，又埋下行政集权的隐患，为地方分权改革埋下伏笔。随着新问题不断出现只好不断出台修正案，因此法国法律条文的出台与废止频繁。

地方分权改革与其说是左右翼政党党争的产物，莫若说是形势发展的必然。在显性的集权特征下早已存在大范围的隐性分权，因此引发分权改革不过是将早已存在的隐性分权显性化。但对属于大陆法系遵循刚性宪法的法国来说，1982 年的分权改革法与 2003 年的地方组织改革法，某种程度上重塑法国府际关系与中央地方治理互动，通过政治分权和职能分权，将中央从对地方治理的直接控制与深陷中分离出来，地方议会逐渐由民众直接选举产生，在属地原则下负责地方自治的一切事务。选举赋予地方自治的实权，却也将地方纳入全国选举一盘棋中。

三、现代化治理的参与者及相互关系

第四章到第七章主要介绍现代化治理的静态部分，也就是现代化治理中的各参与者及相互关系。法国现代化治理中的主要参与者，是从中央政府到地方的四级政府，以及欧盟与各类公务法人，本部分重点介绍上述参与者。静态部分各章节的结构相同，第一节介绍各级政府的发展历程，第二节分析各级政府的制度设计与职责角色，第三节梳理各级政府的治理活动并探讨存在的主要问题，第四节介绍各层级与众不同的特色。

（一）各级政府发展的大背景是法国的国家构建，行政集权的中央政府、外自治内集权的市镇政府、夹缝中的省级政府与后起之秀的大区政府，都是法国国家构建过程的产物。

（二）各级政府的制度设计与职责角色，都是对法国国家构建过程中遇到问题的反映。行政双头制的中央政府是对议会至上的矫正，力图扭转第四共和国频繁倒阁带来的弊端。市镇设计既是对民众精神家园的回应，更是因人口、规模与发展层次不同而导致的无力控制下的任之自治。省级设计是出于中央对地方的控制，省级通过社会福利以及社会融入与中央联系在一起。先天不足的大区政府出于中央对地方分离主义的防范，主要职责在于地方发展中的拾遗补缺。

（三）各级政府的治理活动不同，存在的主要问题也不同。顶层中央政府与基层市镇政府面临的是集权与分权问题，主要的是显性与隐性的集权与分权往往不一致。第五共和国的制度设计以行政双头矫正议会集权，行政集权在带来法国二十多年稳步发展的同时，其自身也成为法国现代化治理中最显眼的问题。但行政集权的显眼特性掩盖当时存在的隐性分权，这导致改革定位的不准确与改革成效的不一致。法国地方分权改革没能继续扩大地方民众的参与，反而在政治实践中形成地方精英小集团的自治。市镇以"外自治，内集权"的方式，对外以自治抵制来自中央的整体调控与干涉，对内以集权限制民众的参与治理。

中间层级政府存在生存权之争，偏秩序控制的省级政府，与偏地区发展的大区政府都在夹缝中求发展。省级处在"上下夹击"的尴尬处境之中，既受到自上层大区经济发展带来的下压，又受到下层市镇自治带来的民主化上挤，左右还有地域性公务法人在公共产品提供方面的竞争，主张取消省级的呼声一直存在。大区的治理职能是其安身立命之本，但拾遗补缺的职责定位限制其施展拳脚的空间与机会。一是在地方层级中大区不能超越与替代省级与市镇；二是在中央层面，大区不能超越中央政府作为主权执掌者，大区与欧盟以及与欧洲大区委员会的联系不能超越主权国家的框架。

（四）法国四级政府的不同特色。国家职能主要由中央层级来提供，市镇层级面临同一层级同一政策与辖域规模的巨大差异的问题，省级政府的存在和发展受各种市镇联合体的冲击，大区政府与欧盟的关系对主权国家造成冲击。

四、治理活动与治理互动

（一）地方层级的治理活动与互动

地方分权改革三十年后，地方依然存在碎片化的组织结构。机构属性的混乱与组织机构资质的碎片化，导致治理主体的碎片化。治理主体的碎片化导致地方治理的多元化特征。地方各层级作为不存在隶属关系的自治政府，既从纵横向上竞争资源，又在各领域充满合作，职位的兼得在各层级间形成人脉的交叉。

法国地方治理中遵循"一个中心、两个基本点"的原则。一个中心是指地方政府须以融洽的态度与中央政府协作。地方政府在法国框架内按照当地实际情况进行治理，法律亦赋予边实验边治理的权益，但在这过程中中央对地方依然有严格的控制手段，法国现代化治理仍需在单一制的国家结构框架内进行。两个基本点是指地方治理中形成显性规则与隐性规则并存，政党集权与精英集权并存。

（二）国家层面的治理现代化

分级行使的国家职责在中央层级保留最重要、最核心部分，也就是"统治"中的"统权"部分。这部分交由中央层级的主要治理参与者：总统、参议院和公民公会负责。主要参与者的产生方式既受选举方式影响，更受当时的政治氛围影响。本部分将引入法国2017年选举周期的具体选情，分析民粹主义通过选举对法国现代化治理的冲击。全球化与反全球化，留欧与脱欧，对难民的接受与否，以及移民难民的社会融入问题，民粹主义对社会造成的精英与民众间的撕裂，这些将会是法国今后一段时间内难以绕开的难题。

地方分权改革后的法国是否进入"第六共和国"？这将是最后一章对法国现代化治理进行总结时所要分析的问题。文章将从改革后法国的组成单位是公民还是地方政府，国家结构形式是否改变单一制的形式，法国民主化的程度等指标进行分析，在此基础上探讨法国现代化治理中面临的四大困局，分析法国现代化治理朝向民主国家与协同政府的发展。

第二章　第五共和国的制度设计

　　法国现代化治理体系的构建是个复杂的系统工程，第五共和国的建立是其中重要的一环。第五共和国的制度设计重在理顺中央层级制度中立法机构与行政机构的关系，以"行政双头制"消除第四共和国议会至上带来的弊端，为法国战后经济发展以及社会治理改善提供政治基础。但行政双头制下中央集权的发展既沿袭了法国一贯的集权传统，又在此基础上将中央集权推到新的高度，法国地方机构以及市民社会的发展严重受困于此，这为 20 世纪 80 年代的地方分权改革预留了空间和基础。

第一节　国家层面的制度变革

　　从传统社会向现代社会的转变中，民族国家的构建是很重要的一环。这既包括国家形态从民族国家、宪政国家到民主国家的变迁，也包括国家结构形式中中央与地方关系的确立。自从 1648 年《威斯特伐利亚和约》在欧洲确立的国家主权原则，法国国家层面的制度变革也沿着上述两条路径展开，在法国内部确立起垄断性主权，并发展出单一制的国家结构形式。

一、国家形态的变革

　　（一）民族国家的确立：主权的垄断性地位

　　法国治理现代化的初级阶段首先要完成主权的垄断问题，用垄断的主权面对与处理法国内部、法国与欧洲国家、法国与欧洲外国家这三种由内而外的关系，《威斯特伐利亚和约》在其中起到重要作用。

　　第一层：法国国内关系——行政集权与主权构建。

　　1648 年《威斯特伐利亚和约》之前，欧洲社会的国家概念并不明确，大部分地区是在某一王朝统治之下，封建分封制下形成"国中有国"的局面。不同的度量衡标准影响着贸易的发展，不同地区间关税壁垒更是横行，大小封建领主形成割据状态。面对这种状态，法国王室通过继承、联姻和战争等方式，开始以巴黎为中心的领地归并。到 15 世纪逐渐建立起以巴黎为中心的法国，法国民族的出现也为后来法国的国家认同和国民身份打下基础。法国集权国家的发展是在波旁王朝时期逐渐完成的。亨利四世妥协签署了欧洲第一个宗教宽容法案，稳定了法国动荡已久的局面，但税收问题成为国王同贵族和领主斗争的焦点。路易十三建立督办官制度监督地方财政与税收。路易十四采取一系列专制措施加强中央集权，打击巴黎高等法院使其不能再对国王表示异议，取消亨利四世的赦令重新对新教徒实施高压与迫害，固定督办官制度使其监督地方司法和警察，这些措施某种程度上改变了国家不能有效控制社会的被动局面。[①]法国发展为对内高度集权而对外强行扩张的国家。对于法国国家制度的构建来说，路易十四的专制集权并非完全是坏事。正是路易十四时期从封建领主与贵族手中的集权，改变了法国封建制下"国中有国"的局面，将原本分散的主权统一成垄断对内对外权力的国家主权。

　　第二层：欧洲内部关系——条约签署与欧洲内部团体。

　　1648 年《威斯特伐利亚和约》的签署正值路易十四处在被摄政时期。该和约是欧洲国家关系发展史上的重要文献，也是国际关系史上的"拐点"。"三十年战争"给欧洲大地带来巨大破坏，历经战火洗礼的几十个参战方通过坐下来谈判以免欧洲大陆再次爆发全面战争。该和约在欧洲内部形成一种"国家团体"（society of states），"这一群国家意识到自己有某些共同的价值观与利益，它们在处理彼此关系时受到某些共同规则的约束，在这个意义上，他们组成一个社会"[②]。乌尔里希·贝克更是将其简化为"领土原则""主权原则"和"合法性原则"。[③]基辛格认为昔日尊卑分明的等级制度被主权国家无论强弱、无论实行何种制度都一律平等的体系取代。国家取代王朝、帝国或宗教信仰成为欧洲秩序的奠基石。

　　欧洲内部主权国家在自己的领土上享有排他性的权威，这标志着以主权国家为主要行为体的现代国家制度的开始。威斯特伐利亚概念以多样性为起点，这不同于认为只有一个合法权力中心的帝国一统或宗教一统的概念，该架构首次尝试以情况各异的众多国家为基础，而不是以一个势压各国的单一国家为基础。[④]

---

①　黄凯斌：《法国分权改革与地方治理研究》，中国社会科学出版社，2012 年版，第 22—25 页。

②　李强：《全球化、主权国家与当代世界秩序》，《战略与管理》，2001 年第 2 期，第 14 页。

③　李强：《全球化、主权国家与当代世界秩序》，《战略与管理》，2001 年第 2 期，第 14 页。

④　参见基辛格：《世界秩序》，中信出版社，2015 年版，第 22—25 页。

历经厮杀的欧洲各国终于坐下来通过谈判协商解决彼此纠纷争端，此时民族问题还没能成为与民族国家分庭抗礼的难题，早期欧洲国家通过"以国立族"的方式完成民族国家的构建，通过主张辖域内所有人都同属一个国族（nation）的方式淡化与同化基于血缘与文化而来的族裔（ethnic groups）特征。[①]法国境内具有许多不同的原居民族裔，却几乎没有哪个族裔声称要通过"以族立国"来分裂法国，这是主权问题早于民族问题出现前解决带来的福祉。欧洲内部较早完成国家构建国家的幸运之处在于，在民族成为当今世界难题之前，通过建立起主权国家不可挑战的权威较早地完成辖域内多族裔的同化，这其实是凭借国家的权威将民族问题限定在国家范围内，将民族问题置于低于国家问题的地位。

但是，《威斯特伐利亚和约》所规定的主权国家原则实际上仅适用于欧洲国家，对于欧洲以外的国家一般采用"条约制度"（capitulation system）和征服殖民制度。只在欧洲国家间才有对领土与主权的尊重，才有国家，才有作为国际法行为主体所享有的合法性。以欧洲"国家团体"为一方，以大批欧洲以外落后国家与地区为另一方的国际秩序，是从 1648 年《威斯特伐利亚和约》到 1918 年第一次世界大战结束时期的基本特征。[②]

第三层：与欧洲外世界关系——国内宪政化与对外殖民化。

某种程度上，《威斯特伐利亚和约》作为欧洲的蜜糖却是世界的砒霜。该和约规范欧洲内部国家之间的行为关系，奠定主权与国界基础使其尊重彼此主权与利益，却把矛盾与冲突的祸水引向欧洲外部，引起了欧洲列强瓜分世界的浪潮。欧洲国家在国际大秩序中自成小集团，集团内的民族国家占据国际秩序的统领者地位，根据自身利益制定国际政治游戏规则，占据宗主国地位大肆在各地划定势力范围与殖民地，这种侵略扩张行为伴随着宗主国国内的宪政化与民主化历程。也就是，早在世界大部分国家依然没有主权意识与国家构建意识之时，欧洲诸国早一步开始国家构建过程，这是其能在近现代领先世界率先开始宪政化与民主化主因。

不同于欧洲国家的"以国立族"，大多数欧洲外国家在进行国家构建时面临"以族立国"主张的冲突。阿伦特认为民族国家的"国家"与"民族"两个概念之间内含矛盾。一方面是国家这种制度，它的特征是在其领域内充当普遍性法律的维护者；另一方面是民族这种特殊的"历史的、文化的统一体"的主权意志。这两者间存在着法律原理的普遍性和民族原理

---

① 潘维：《别把爱国主义与民族主义混为一谈》，《环球时报》，2015 年 4 月 14 日。
② 李强：《全球化、主权国家与当代世界秩序》，《战略与管理》，2001 年第 2 期，第 15 页。

的特殊性之间的矛盾。①阿伦特进一步把民族主义区分为"西欧型"与"东欧型"，认为前者与国家保持若即若离的关系，而后者常与国家保持敌对关系。民族与国家之间暗含的冲突其实就是效忠原则的冲突。西欧国家较早完成国家主权构建，对国家的效忠超越对民族的效忠。反观当今世界国内冲突不断的地区，无论中东还是北非几乎都难以摆脱族群与国家的困局，"以族立国"的实质就是将民族上升到与国家同样的高度，以民族来挑战国家的权威，因此民众在族群与国家间面临痛苦的选择。

某种程度上，早从《威斯特伐利亚和约》确立国家主权权威地位开始，欧洲以外的大部分国家已经慢了一步。这慢的一步正是主权国家的构建过程，主权国家垄断性、排他性和不可挑战性的属性是其在后世一系列活动的地基，其他国家绕开国家构建这一步就难与欧洲诸国同步。即使具有相同的问题意识，国家结构的不同导致病灶的不同，西方的改革良药无法医治他国的病症，这也是后世国家模仿欧洲国家宪政化过程诸多不顺的原因所在。

（二）共和国家的发展：权力的制约与平衡

随着治理过程的推进，权力制约与平衡问题便逐渐凸显出来，从第一共和国到第五共和国历经帝制与共和的较量，法国面临自上而下的三种关系，中央内部立法与行政的权力之争，中央与地方的权责配置，以及政治与社会的领域划分。

第一层：中央政府内部——从立法至上到行政至上。

第三共和国时期法国共和制度开始稳定下来，在政府组织形式方面留下的遗产主要有两项，一是在中央实行责任内阁制，一是通过市镇组织改革法。责任内阁制下权力的分立与制衡相比集权统治是一大进步，权力从君主向议会流动形成议会主权。这本是传统社会向现代社会转变权力流动的方向，英国也经历过同样的权力流动过程。与英国实行两党制不同的是，法国由于意识形态、利益要求以及文化和宗教差异等原因，政党政治朝着多党制发展，比例代表制的选票统计方法更是放大了议会中政党的多样性与复杂性，难有政党在选举中获得过半数议席单独执政，只能组织联合内阁。但政党联盟下的联合政府，随时面临重组或者下台的危险。战后的第四共和国依然沿用旧制，面对冷战在世界形成两极引发的反共潮流，法国共产党遭受重创，失去在议会中的重要分量。在法国国内纷争依然不可开交之际，法国殖民地阿尔及利亚的叛乱更是雪上加霜。第四共和国从1946

---

① 参见川崎修：《公共性的复权》，斯日译，河北教育出版社，2002年版，第39页。

年到 1958 年短短 12 年时间共经历 21 届政府,这些短命政府最长的不过一年多,甚至有的没来得及组阁就被轰下台。

面对议会至上带来的弊端,1946 年戴高乐在贝叶发表演讲,主张行政应该摆脱议会的控制,使政府和议会根据各自的责任行使各自职权,实权的国家元首与实权的政府首脑并存,形成半总统制半议会制的政府组织形式。法国在戴高乐时期形成"帝王般的总统",由议会集权发展为权力向行政流动形成行政集权。行政权力的加强主要在行政双头制中的总统权力,总统任命总理按照"谁任命对谁负责"的潜在授权规则,总统在与总理较量中占有先天优势。总理主持内阁会议维持日常行政活动运转,总统却可凭借主持部长会议直接绕开内阁。总统拥有紧急状态等特殊权力某种程度上都是架空总理权力。法国总统与总理权责之争,表面看来是行政双头之争,但因为总理背后是议会多数党的支持,因此争执实质上仍然是行政与立法权力之争。

第二层:中央与地方之间——驻地方国家代表体系。

法国大革命初期曾试行极端的地方自治制度,取消特派员制度,重划省区以取消地方人民与旧省政府的历史联系,省、区与市皆设有直接民选的议事机关与执行机关,中央政府对此几乎没有控制职权。然而法国毕竟久处于专制的君主政治下,在政治上毫无习惯、经验和训练可言,这种早产的制度不久就显示出极端地方自治制度的弊端,为补救起见督派员被派往地方监视地方政府。第一帝国建立后,拿破仑在地方设立国家代表体系代表中央政府监管地方活动,省级成为国家控制地方的集权工具。拿破仑第八年法律有两个主要特色,一是所有组成地方政府的机关一律不以民选方式产生;二是中央对于地方政府加以严厉的控制。[①]通过一系列措施拿破仑建立起君主集权的制度。

在政治结构的纵向即中央与地方之间,国家重要行政事务的决策权掌握在中央政府及其部门手中。单一制的国家结构形式决定地方机构是中央政府的派出机构或代理人,地方机构不能直接从地方民众获得合法性,权力来源于中央政府的授权。中央向地方派驻国家代表,监督法律和中央政策在地方的实施。位于巴黎的中央各部亦在地方设置派驻机构,提供行业标准与技术要求,监督地方各领域活动的实施。国家代表与派驻地方的各部门,纵向上形成自上而下的领导与监督,地方行政组织难有治理的活力与能力。

---

① 楼邦彦:《各国地方政治制度 法兰西篇》,商务印书馆,2012 年版,第 6 页。

第三层：政治与社会之间——官僚阶层的主体垄断。

在政治与社会之间，科层制下的官僚阶层凭其治理主体地位排斥其他社会主体参与治理，凭其专业知识架空非专业的选举政务官，某种程度上形成行政专家治国的集权，科层的稳固性限制权力的流动性。

科层制政府曾是适应时代要求的产物。法国大革命前爵位和官职都由国王恩赐，为贵族子弟垄断不仅世袭而且可以买卖，世袭或者买卖获得官职的官员大多不具备专业素养，无法提供现代化管理所需的效率，私人利益的掺杂更不符合政府管理所需的公正性。大工业化社会与市场和规则明确联系在一起，社会的发展要求政府明确规则，选任专业人才提高行政效率，这些促使法国着手建立文官制度。但随着后工业社会与信息社会的发展，科层制面对社会发展显得捉襟见肘。

在西方近现代政治哲学传统中，关于权力的合法性至少有两个标准。最低标准就是霍布斯逻辑中权利与义务的统一。霍布斯关于国家主权的基本逻辑是，国家垄断暴力权力资格的获取以主权国家为属下所有成员提供公共产品为代价。这种公共产品须得是普遍意义上的，换句话说辖域内的公民普遍享有。借用斯密关于国家职能的理论，国家应该提供的公共产品包括，第一，保护社会，使不受其他独立社会的侵犯；第二，尽可能保护社会上各个人，使不受社会上其他人的侵害或压迫；第三，建设并维持某些公共事业及某些公共设施。[①]《威斯特伐利亚和约》以来到第一次世界大战期间，西方宪政国家大都能符合这一权力合法性的低限。

但是，除了提供公共产品的权力合法性低限，权力合法性还有更高的要求，它要求从民主制度的根本原则出发，政治统治的合法性必须建立在被统治者同意的基础上，同时要求统治者对被统治者有所交代，这是第二次世界大战以来逐渐为世界各国普遍接受的原则。法国共和制度的构建到第五共和国基本完成，民众普遍受惠于国家在基本职责下提供的公共产品。但若以权力合法性高限来衡量，1982年开始并持续至今的法国地方分权改革进程，才是法国迈向民主化实现"被统治者同意"和"对被统治者有所交代"的过程。

1958年后的法国，拥有罗伯特·达尔所界定的稳定民主国家的特征，这些特征作为稳定民主国家运行的必备条件，以或隐或显的方式存在于法国的政治结构中，并作为法国政治结构的底色和基调确保法国现代化进程的顺利进行。同时，宪政国家普遍实行的权力制约与平衡的体制中，法国

---

① 亚当·斯密：《国民财富的性质和原因研究》，商务印书馆，1997年版，第252-253页。

采用半总统制半议会制的政府组织形式，这既不同于美国的三权分立、英国的议行合一，也不同于德国虚位国家元首下的共和制。从路易时期的绝对集权，到第三、第四共和国时期的议会至上，再到偏于一隅的维希政权，致使法国第五共和国建立时政治氛围满是集权的要求。出于对议会至上主义的纠正，第五共和国的宪政原则充溢着行政至上的味道，无论是对于立法机关还是地方层级，法国中央行政无不采用睥睨的姿态，因此立法向行政集权，地方向中央集权，社会向政治集权成为法国立国之初的基调与常态。

二、国家结构形式的确立

中央集权的发展历程经历了三个阶段。

第一阶段："国中有国"到君主集权。

法国中央集权肇始于卡佩王朝时期，到波旁王朝达到顶峰。洛林认为这一时期为法国的国家认同与国家身份的确立提供了基本材质。[①] 法国漫长的封建社会是一种"国中有国"的局面，遵循"陪臣的陪臣不是我的陪臣"原则，充斥着错综复杂的封君陪臣关系。法国国王分封自己的陪臣大封建领主，大封建领主分封自己的陪臣中等封建领主，国王与中等封建领主之间不存在递推下来的臣属关系。法国国王只与自己分封的陪臣有誓约确定的臣属关系，臣属关系要求封君不干涉陪臣辖域内的管理活动，法国国王只能在自己的直辖领地内行使主权，作为国王陪臣的大封建主是自己领地内的"国王"，拥有集立法、行政、司法等权力于一身的实际统治权。封君陪臣之间的臣属关系比较松散，缺乏绝对的约束力。

大小封建领主割据状态下的法国未能完成法律、税收和度量衡的统一，普通法和罗马法混杂实行，地区间关税壁垒横行，各地度量衡标准不一致，这些既影响着贸易发展又阻碍着政治统一进程。为结束割据局面法国王室通过继承、联姻和战争开始以巴黎为中心的领地归并过程，到十五世纪逐渐建立起以巴黎为中心的法国，近代意义上的国家和民族概念开始在法国出现。但国家观念的出现并不意味着国家政治实体的发展，封建制度转化来的国家并不能有效地控制社会。封建制度下作为陪臣的贵族把持地方事务，其作为世俗世界里约束国王的力量，与教会和罗马教廷一起制约着国王势力的发展。[②]

① Loughlin, J.: Subnational Government—The French Experience, Palgrave Macmillan, 2007, p.26.
② 马啸原：《西方政治制度史》，高等教育出版社，2007年版，第49页。

　　为加强中央集权，路易十三为有效征税建立督办官制度监督地方财政与税收，路易十四将督办官制度固定下来，并将其职责扩大到监督地方司法和警察。路易十四还将地方大贵族迁居到巴黎进行圈养，给予其极高荣誉和待遇的同时削弱其在地方影响和势力。设置督办官和迁居贵族作为加强中央集权的手段，这为后来法国国家认同和国民身份的建立打下基础。[①]

　　第二阶段：雅各宾集权到拿破仑集权。

　　1789 年的大革命是法国社会和国家发展史上的重要节点，在思想层面与制度层面对后世法国具有深远影响。大革命初始并不以废除旧的制度与体系为宗旨，那时大多数人的期盼是英式议会民主与君主立宪制，大革命领导者想通过改革缓解路易十六在欧洲与海外战争所带来的财政危机。但随着革命的发展大革命的激进与国王和贵族统治不能调和，事态朝着有悖于革命初衷的方向发展。1792—1795 年雅各宾恐怖主义统治抛弃改良主张点燃革命火花，路易十六被处死更是将事态推向不可控制的方向。罗伯斯庇尔与丹东等人主张以卢梭的"人民主权"理论革新法国，人民主权的不可分割成为雅各宾主义行政集权的理论基础。王朝时期法国的行政管理非常分散，一些小的单位没有完全融入中央权力中来。将国家理性化的愿望由于内战和大革命而得到增强，革命的雅各宾派想从行政上统一法国，以塑造国家强有力的形象增强国家的权威性。

　　第一帝国建立后拿破仑着手进行地方组织的改革，创建新省政府来取代旧省政府，以重划边界来消除地方人民与旧省政府的历史联系，改造后的省级政府成为中央在地方权力的节点。设立国家驻省级的代表，国家代表体系的设立是对封建时期"国中有国"局面的后发补救措施，拿破仑通过创造国家代表体系确立省级机构的集权特征。直到 19 世纪末期地方民主化法律实施前市长和省长都由中央任命，是中央政府驻地方的代表。第一帝国结束前法国完成组织机构的集权化过程，市镇、省级和国家代表体系成为新国家基石，作为政体连续性的部分历经 19 世纪和 20 世纪法国政体的变迁，贯穿帝制、君主制和共和国。机构名称和机构内的人历经变迁但底色未变：中央集权占主导模式，国家控制市民社会。[②]

　　第三阶段：议会集权到行政集权。

　　第三共和国是法国近现代政治的开端，无论是制度层面的责任内阁制与多党制还是理论层面的集权与分权都对当代法国产生深远影响，第五共

---

① 黄凯斌：《法国分权改革与地方治理研究》，中国社会科学出版社，2012 年版，第 22-25 页。

② John Loughlin: Subnational Government—The French Experience, Palgrave Macmillan, 2007, pp.43-44.

和国的制度痼疾大都能从第三共和国时期找到根源。

法国第三共和国的政府组织形式实行责任内阁制，一个政党要想组阁必须获得议会中的过半数选票。但自大革命以来以来法国意识形态分化严重，法国政党政治不可避免地朝着多党制方向发展。不仅主观意识形态分化，客观的选票统计方式采用比例代表制更是放大议会中各党派的多样性与复杂性。主客观共同作用下政党要想获得议会中的过半数选票几乎不可能，这迫使意识形态相近的政党组成政党联盟以期组阁机会。意见分歧使得这种政党联盟并不稳固，一旦某个政党退出联盟联合政党原有的多数发生改变，联合政府就会面临重组或者下台的危险。

第三共和国没能抵挡住一战和二战的袭击，偏安一隅的维希政权二战后立即遭到抛弃。法国第四共和国沿袭第三共和国的议会共和制，但第四共和国的议会集权弊端有二：一是议会集权并没有带来议会本身的高效能，二是议会集权导致行政部门无权无效能。议会在两者的关系中占据主导地位，议会对行政限制太多而行政反制权力和能力太有限。第一，对议会投政府不信任投票的限制太少，议会对政府提出不信任案迫使其总辞的方式过于草率，议会可在任何时刻针对政府或者某部会首长提出不信任投票案，只需出席议员之多数通过即可，且弃权票被看作支持议会对政府提出的不信任案，此举极大增加倒阁概率造成内阁改组频繁。针对这一弊端第五共和国提高了议会提出政府的不信任案的限制条件，一改议会决定议案的顺序与进度的做法，理论上来讲当然得议会决定议案的顺序与进度，只是考虑到多党制存在的现实，议会完全可以通过操纵议案顺序与进度等技术手段来控制和影响政府。第五共和国行政部门的强势介入正是对议会通过技术手段的拖延的应对，更是对议会委员会越权的应对。

法国第五共和国前期中央行政集权的发展，与第四共和国议会集权的发展有莫大关系。第四共和国从正反两面造就第五共和国的行政集权，一方面议会的强势与行政的弱势导致第四共和国内阁更迭频繁政局动荡不安，致使第五共和国三权格局中行政超越立法，某种程度上行政集权是对议会集权的矫枉过正。另一方面，立法机关无所不包的立法权限使得立法事项超出立法部门的负荷和能力，立法权范围的无限与立法能力的有限，迫使立法部门赋予行政部门大量自由裁量权，无所不包的立法权才是现代各国行政集权的根源。

（一）单一制形式的确立

国家结构形式是国家整体与组成部分之间的权力关系，是主权国家理论下考察与评价府际关系的重要标准。国家结构形式一般分为单一制与复合制，复合制又包括邦联制和联邦制，现在除了欧盟等跨国组织具有邦联性质外，复合制国家一般为联邦制。[①]国家结构形式作为其他制度的结构性基础衍生出许多功能性制度，其作为基础决定着与其相匹配的其他制度性安排。

即使同为单一制，各国的单一制差别也很大，但一般共有下面这三个显著特点：一是具有一部统一的宪法，一套统一的立法行政司法系统；二是地方单位的权力非由宪法规定，是由中央政府通过法律文件予以规定，同样地中央政府也能够以法律文件予以改变；三是各个行政单位和自治单位都接受中央的统一领导，没有脱离国家而独立的权力。地方单位是不具有独立性的行政区域，与中央政府间是一种行政隶属关系。（见图 2.1）

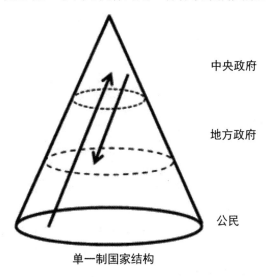

前头所指表示所让渡权力的流向，
反方向则表示该级政府权力来源之处

图 2.1　单一制国家结构图

单一制国家中地方组成单位的权力，来自中央授权而不是宪法赋予这一事实，决定了地方组成单位严格来说并不能称为地方政府，而只能称为地方行政机构。按照"谁授权力，对谁负责"的原则，地方政府第一忠诚对象是中央政府而非民众。民众直接选举代表组成国家的立法机构（或者

---

① 需要指出的是，无论单一制还是联邦制，对于概念都没有明确的界定，通常的做法是以对其特点的描述代替对概念的界定。也就是说，一般是从描述性的角度而不是规范性的理念来对国家结构形式作出分类。

其中的一院），代表民众对国家大政方针作出决策，因此不是地方政府而是中央政府从民众直接获得合法性，从而获得征税征兵等强制性措施的权力。法国地方分权改革前是单一制的国家结构形式，地方组织来源于中央政府权力的让渡，有地方行政组织无地方自治政府。

第二节　政府治理的机制变革

第五共和国政府治理从议会至上转变为行政至上，政治层面确立起半总统制半议会制的模式，以实位国家元首取代虚位元首，以行政双头一改第三第四共和国时期虚位元首下的政局动荡局面。行政层面上确立起政治中立的科层制，考录而来的文官辅助选举而来的政务官，共同开启了法国三十多年的稳定与发展。

一、政治层面：半总统制半议会制

议会制与总统制是西方宪政国家的两种主要政府组织形式，法国半总统制半议会制是对这两种政府组织形式的混合。政府组织形式主要是指政府首脑的产生方式以及内阁与议会的关系，通过三权之间的相互关系决定着政府的主要特征，与国家结构形式从中央与地方关系界定国家的主要特征共同构成国家的制度框架，影响与决定着一国政治、经济、文化与各种社会关系的发展，从而成为研究国家现代化治理绕不开的两道坎儿。

第五共和国的政府组织形式，是兼具"总统制"与"内阁制"特征的半总统制半议会制。关于半总统制的含义不同学者有不同的主张。杜弗格（Duverger）认为半总统制需要满足三个基本条件：（1）总统由公民直接选举产生；（2）总统拥有相当大的行政权力；（3）内阁产生于议会，总理或首相主持下的内阁拥有行政权力。[①]杜弗格的界定将半总统制与总统制区别开来，但未能进一步细化半总统制内部的差异。如何界定"相当大"的行政权力，达到什么程度的权力算得上"相当大"，这是该定义的模糊之处。舒加特（Shugart）和凯里（Carey）将总统对内阁权力的大小作为区分标准将半总统制分为议会总统制和首相总统制。议会总统制的总统对内阁及其成员既有任命权又有解散权，是具有控制内阁权力的强总统。首相总统制

---

① Ben Clift: The Fifth Republic at Fifty: The Changing Face of French Politics andPolitical Economy, Modern & Contemporary France, 2008, 16(4): 383-398.

的总统对内阁的权力相对较小，或许可以在议会的批准下任命内阁及其成员，但缺乏解散内阁及其成员的权力，因此总统相对是弱总统。[①]奥列格·普罗齐克（OlegProtsyk）将半总统制定义为"在内阁任命和解散方面给予总统和议会同等权力"，这倾向于议会总统制里的定义。

法国的半总统制符合议会总统的含义，总统与议会皆由民众选举产生，总统可以解散下议会，除非总统犯有叛国等罪，议会对总统无可奈何。总统任命总理，按惯例总理一般为议会中的多数党或多数党联盟的首领，但这并不是宪法规定，理论上总统仍有不遵循惯例的空间与余地。总理由总统任命决定某种程度上总理要对总统负责；同时总理按照内阁制要对议会负责，当总统与议会不属于同一党派时，总理面临艰难的抉择。

（一）行政双头制的运行逻辑

在"总统—内阁—议会"的政治三角中，法国总统处于强势地位。总统拥有对内阁成员的任命权和影响内阁去留的重要权力，总统所签署的重要法案都要由总理背书。总理的背书行为并非对总统权力的制约而是应对来自议会质疑的责难承担。在政治双头制的政治结构里，总理有主持内阁会议与负责治国理政的权力，但总统可以绕开总理的内阁会议直接召集有关部门召开部长会议，将自己的政策主张付诸实施。部长会议无疑是总统绕开总理与内阁，创造新的执行机构来执行自己意志从而扩大个人影响的手段。总理与总统的关系即使在总理任命初期保持亲密，但随着内阁的运行两者也会逐渐在权责方面展开争夺。权责争夺在官僚制正式组织机构之外出现非正式机构，导致组织体系冗杂臃肿。

政治三角之间可能出现不同的政治组合，哪种组合出现与具体的政治形势有关，总统与议会是否处于同一政党或者政党联盟，处在内阁的初组阁时期还是内阁已经顺利运作，以及总统个人是否强势，等等。政治三角关系真正的分歧与表现出来的冲突往往不一致。如果总统与总理处于同一阵营，两者会争夺对行政分支的控制权，虽然这种争夺不会影响行政部门与立法部门的关系，但此时政治机构的最大分歧却可能产生于行政与立法机关之间。同样地，如果总统与总理处于不同阵营，总理作为议会多数党的领袖自然与议会站在一起，此时会出现行政与立法间的权力争夺，但此时政治机构里的最大分歧却可能出现在行政内部（总统与总理之间）。1982年上台执政的密特朗面对左翼政党成为议会少数党的局面悍然解散议会进

---

① Shugart, M.S., Carey, J.M.: Presidentand Assemblies: Constitutional Designand Election Dynamics. Cambridge University Press, 1992.

行重新选举，新选举后议会中左翼终于成为多数党。这就是左翼总统与右翼总理的行政之争最终表现为行政部门与立法部门的权力争夺。

（二）行政双头制的弊端

法国半总统制的设置旨在兼顾总统制与议会制的优势，既避免议会制下议会集权带来的无效率，又能化解总统制下的行政部门与立法部门间的僵局。半总统制确实促进了法国发展，二战后法国经济社会有长足发展成为欧盟的支柱国，法国也成为罗伯特·达尔筛选出来的 22 个老牌民主国家。但半总统制半议会制在政治实践中也表现出内在弊端。

行政双头制下的总统与总统制里的总统相比，往往对经济理性化表现出更少的兴趣，因而对促进经济效率效益的改革更少关注。虽然密特朗上台后就开启法国地方分权改革，但这次改革更像是左翼兑现竞选时的承诺。相比英美为追求效率效益而采取的市场化改革，法国改革主要是实现政府间的权责配置，对政府与市场间的分权涉及并不深。面对大区在经济发展与地区规划中的重要作用，地方分权改革虽将大区提升为一级政府，但执政的社会党迟迟不开启大区议会的直接选举，而这一做法得到在野的右翼政党联盟的默许，显示左右翼面对改革的优先考虑不是经济发展，而是不允许大区成为地区分离主义的平台影响执政的稳定性。

法国的总统选举实行两轮多数制，在多党制的政治环境里往往出现众多的总统候选人，2017 年度选举中更是出现十几位候选人，这些候选人需要政党联盟才可以获胜。政党联盟的不稳定性致使缺乏稳定的执政党与在野党。两轮多数决制第二轮中的相对多数制，可能产生合法性不足的"少数派"总统。悖论的是合法性不足的总统却可能是权力强大的总统。法国强总统既可以任命内阁与解散议会，又可以绕开议会直接将提案交由公民表决，也就是通过全民公投直接将提案变为法案。第五共和国因此形成戴高乐毫不讳言的"帝王般的总统"。

二、行政层面：科层政府与政治中立

法国大革命前爵位和官职都由国王恩赐，贵族子弟通过世袭与买卖垄断官职，法国成为欧洲卖官鬻爵最典型的国家，官吏制度的腐败严重阻碍资本主义与工业社会的发展。为追求公正、专业与有效率的政府，法国在中央层级采用科层制政府，科层制中立性质的考录官员在推动治理的现代化。

科层制（bureaucracy）是"一种由职业行政官员而不是当选代表担任

主要行政职务的政府管理体制"①。科层制出现以前法国世袭或者买卖获得官职的官员大多不具备专业素养，无法提供现代化管理所需的效率，私人利益的掺杂更不符合政府管理所需的公正性。大工业化社会与市场和规则明确联系在一起，社会的发展要求政府明确规则，选任专业人才提高行政效率，这些促使法国着手建立文官制度。《人权与公民权宣言》主张一切公民皆可按照能力担任一切官职和公共职务，1791 年宪法规定今后任何官职都不得买卖和世袭。

科层制的发展与政党政治有关，随着选举与政党政治的发展政党分赃制日益盛行，官职为政党所把持成为利益交换的工具，既造成贪污腐败盛行又因政党轮替造成官职不稳定。1945 年 10 月法国政府颁布相关法令建立统一的公务员管理机构"公职管理总局"，后改为"行政与公职总局"，建立国立行政学院和统一规范的高级公务员的录用、培训和任用制度。1946年又通过国家《公务员总章程》改革公务员队伍结构，实行公务员分类管理，逐步形成统一、完备的公务员制度。公务员总章程规定选举产生的政务官与考试录用的事务官职责分离，中立的事务官作为政策的执行者不能参与政策的制定。事务官职责的确立缓解政党分赃制下政府的腐败问题，弥补政府机构效率不足促进法国社会向工业化方向发展。

科层制政府中政务官与事务官权责的分离，是法国帝制与共和较量以来共和政体得以存续与稳定运行的重要条件。第三、第四共和国的议会至上与多党制结合在一起造成政府更迭频繁，即便在政局动荡之下法国社会仍然有序运行，这得益于法国行政领域的稳定。选举产生职位流动的政务官与考录选拔职位稳定的事务官并行，上层流动提供政治领域的民意合法性，下层稳定攒聚行政领域的办事效率性，两者共同构成科层制政府的运作机制，科层政府在法国社会工业化的发展过程中功不可没。

从政府与社会的互动关系来说，当社会的复杂性与不确定程度比较低时，政府改变或控制社会环境使其适应政府自身发展的策略往往能取得比较好的效果。但随着社会的发展当社会的复杂性与不确定提升到一定程度时，政府控制环境的策略往往难以奏效，明智的政府于是通过改变自身来适应环境的变化。②工业化时期虽然有分工与分化，但与后工业社会相比程度依然比较低，科层政府仍能在社会的互动中占据主导优势。

---

① bureaucracy 既可以翻译为"官僚制"又可以翻译为"科层制"，但"官僚制"在中文语境里语义偏贬，偏离 bureaucracy 的中性特征，因此本文采用"科层制"的译法。科层制的含义参考戴维·米勒、韦农·波格丹诺：《布莱克维尔政治学百科全书》，中国政法大学出版社，2002 年，第 79-83 页。

② 张康之：《论政府从官僚制向合作制的转变》，《江苏行政学院学报》，2012 第 3 期，第 100 页。

但随着后工业社会与信息社会的发展，科层制面对社会发展显得捉襟见肘。科层制内含结构碎片化的隐疾，其公正性和效率受到质疑。首先，科层制以优厚的待遇与职位的稳定确保文官的公正与政治中立，但理论的完美抵挡不住人的逐利本性，科层制的公正性受到官僚追求部门利益行为的损害，科层制下的公共利益被转化为部门利益。其次，等级划分与职责明确使得科层制成为封闭性的僵化组织，各负其责带来管理的部门化与碎片化，工作中文牍主义、本位主义等"官僚病"盛行，效率低下有违科层制追求效率的初衷。最后，更严重的是，考录而来的事务官相较于选举产生的政务官在职能领域更具专业性，埋下内行事务官凭借专业知识绑架外行政务官的隐患。事务官本是政策执行者却日益卷入政治决策，集政策提案者与政策执行者于一身。考录的"专业性"取代选举的"合法性"成为统治标准，此举是对民主的冲击与扭曲。

后工业社会科层制政府在与社会互动中能力开始弱化，政府对社会组织控制能力的降低，迫使政府转向为社会提供服务来证明自身的价值。控制向服务的转变表明政府与非政府组织的关系发生改变，控制关系减弱而合作伙伴关系加强。这是政府作用以及政府与公民社会关系的一种深刻变化，意味着公共部门管理领域中新范式的出现。[①]地方分权改革前法国作为高度中央集权的国家，虽然中央权力范围覆盖地方每一角落，但受制于社会结构的碎片化，中央政府的治理能力并没有随着权力范围延伸开来。随着其他社会治理主体的觉醒，政府与社会的互动关系发生变化。科层制带来的结构碎片化与法国地方行政组织的碎片化，阻碍政府继续享有独占性的垄断地位。法国政府开始接纳市场和其他社会组织共同参与社会治理，中央政府通过权力下放和转移，向地方自治组织转移权力与资源，将地方自治组织、各类公务法人、社会团体和市场组织纳入社会治理体系中来，开始合同制政府的运行机制。

第三节　国家层面权力的悖论

1982 年改革前法国留给外界的印象是典型的中央集权制国家，无论是经济状况、意识形态还是地域组织的发展历史，无不显示出巴黎作为中心通过等级制对地方实施的集权控制。但当代英国学者迈可·曼（Machael

---

① 陈振明：《评西方的"新公共管理"范式》，《中国社会科学》，2000 年第 6 期，第 73—74 页。

Mann)区分了两个层面的国家权力。一是国家的专制权力（despotic power），即国家精英可以在不必与市民社会各集团进行例行化、制度化讨价还价的前提下自行行动的范围（range）。二是国家的基础性权力（infrastructural power），即国家事实上渗透市民社会在其统治的领域内有效贯彻其政治决策的能力（capacity）。[①]按照迈可·曼对国家权力的分类，法国中央层级体现出国家权力的悖论，出现强专断权力与弱基础性权力的并存。

一、国家专制权力：范围广泛

一直以来对地方的渗透和控制是大多数欧洲国家的当务之急，渗透方式多样而且通常不加掩饰，表现为军事渗透、中央对地方的严格控制、中央精英的主导地位、经济一体化、文化帝国主义等多种形式。[②]有集权传统的法国在这一点上也不例外，法国政治文化中充满"中心价值体系"，雅各宾主义形塑着中央与地方关系的理想、期盼、行动与现实。[③]法国呈现出纤细身子（地方）上顶着硕大的脑袋（巴黎）的样子。法国中央政府具有广泛的活动范围并占据主导地位，社会层面表现在从社会向政治集权，府际关系从地方向中央集权，三权之间从立法向行政集权，行政双头之间从总理向总统集权。

（一）社会领域的统制主义

维希政权偏安一隅带给法国的是中央对地方坐大的担忧与恐惧，而第四共和国议会至上带来政府的低能与无效，当时国际反共潮流与阿尔及利亚的叛乱带来的外压无不促使法国走向集权与国家干预主义。基督教民主党支持的社会正义与经济控制，与左翼共产党和社会党主张的国有化运动不谋而合。戴高乐主义指导下的中央政府调和雅各宾主义与科尔贝尔模式实行集权化的经济规划，覆盖全国的社保体系、银行、煤矿、天然气、电力和交通集团国有化。统制主义的经济与规划主要关注行业发展与大项目，非但没能缓解反而加重集权趋势，因此，到 20 世纪 50 年代法国比任何时候都集权。[④]同时法国缺乏政治、财经与商业中心在地理分布上的分离，尽管戴高乐曾想通过创造新的城市以减轻巴黎的压力，但现实依然是巴黎

---

① Michael Mann: States War and Capitalism, Blackwell. 1988, pp.5-9.

② Yves Meny: France:The Construction and Reconstruction of the Center(1945-86), West European Politics, 1987, 10(4): p.63.

③ Andrew Knapp, Vincent Wright: The Government and Politics of France, Rout ledge, 2001, pp. 350-351.

④ Yves Meny: France: The Construction and Reconstruction of the Center(1945-86), West European Politics, 1987, 10(4): p.53.

独占行政、立法和司法中心地位。经济发展挑战着传统的就业和人口分配模式，巴黎的快速发展与整个农村地区的衰落形成鲜明对比。

（二）央地关系的国家干预主义

地方分权改革前驻地方的国家代表作为大区和省级的主要执行机构，对地方施加的控制主要表现在两方面：一是国家代表准备议会提案和负责实施议会决策，致使选举产生的官员缺乏作为制衡力量的各种资源；二是地方当局与中央层级的联系需要经过驻地方国家代表之手。申请贷款和国家资助的手续复杂且麻烦，对这种复杂程序的控制和地方竞争性的需求，构成国家控制地方的强有力的财政杠杆。不论宏观还是微观调控工具，通过调整地方投资水平或者指导地方预算建议，都成为提升地方政府重组的手段，或者作为对政治同情者和支持者的回报手段。

（三）立法领域的行政干预

中央政府行政集权对立法领域的干预主要表现在三方面：一是法国总统可以凭全民公投的方式将提案变为法案，也就是凭全民公投的强合法性绕开议会的合法性，某种程度上这是对议会权限的剥夺；二是立法机构赋予行政机构极大的自由裁量权，行政部门的规章制度与政策具有立法性质；三是中央政府拥有的保留立法权力是行政集权的根源。法国行政集权最与众不同的地方在中央层级的权限划分中，通过宪法规定将列举立法权赋予立法机关，而保留立法权授予行政机关。

法国宪法第 34 条明确规定国会立法权的范围；第 37 条规定凡立法范围以外的事项都属于政府行政权限范围。国会的立法权限范围包括诸如公民权及有关行使公共自由权利之保障；各种赋税征收的基准、税率及征收方式，以及货币发行制度；国会两院及地方议会选举；等等。宪法条文意味着只要不在第 34 条所列举事务范围内的都属于政府职权范围，可以通过行政命令来规范与约束。换句话说，立法部门享有明示的立法权，而行政部门享有保留的立法权。法国将保留立法权划归中央行政机关，在很大程度上源于对议会至上带来弊端的条件反射与提前预防，第五共和国将保留立法权赋予中央政府行政分支，造成行政分支的活动范围扩展，为集权的发展提供了条件。

二、国家基础权力：能力孱弱

国家基础性权力亦即国家能力，主要指自上而下的动员能力和自下而上的资源汲取能力。上下沟通与配合不佳，一方面源于法国的多样性，地区语言文化的差异使得一战时期战场上官兵之间语言不通，法语并没能在军队中得以普及。另一方面随着法国中央集权的加强，大批地方贵族被迁往巴黎圈养起来，中央与地方隔阂和差异化加大，巴黎作为千万人口的超级大都市与地方隔离开来。中央推行的市镇受阻，精英在地方做大，地方成为反对党精选的平台，最终形成碎片化的地方治理。

（一）屡改不革的市镇层级

地方分权改革前法国基础权力孱弱，首先表现在地方层级和治理呈现碎片化状态，几次市镇改革都因地方精英的阻挠而失败。第五共和国成立初始总理德勃雷就开始改革，鼓励市镇合并与重组，改革地方财政，激励大城市增强权威。德勃雷的改革措施因不想过度惊扰地方显贵因此成效有限，改革成效的有限性又导致更激进的改革。1961年的法律促使巴黎重组，1966年的法律迫使马赛、里昂、里尔、斯特拉斯堡四个较大城市与郊区合作，1968年的事件打断了地方合并的进程。数量众多的小市镇在公共产品的生产与提供方面难以展现效率与效益的优势，导致不同规模的市镇联合体等地域性公务法人的出现。合理化地方层级的改革难见成效，某种程度上正是中央层级贯彻政策与动员能力的不足的表现。

（二）主导地方的精英集团

第五共和国初期的几次改革未能改变法国地方的政治格局、精英的习气秉性和民众的传统习俗，法国成为"法律不能改变的社会"。精英集团的封闭表现在改革后能从地方选举中脱颖而出的人其实就是那些能成功地从旧体系转换到新体制的人，市长选举中的父子（女）档以及夫妻档就是明证。分权改革改变了地方的选拔体制，但换瓶不换酒，新瓶装的依然是旧酒，积极参与地方治理的依然是那一拨老人及其周边的人。中央的贯彻动员能力碰到地方社会的保守质地在无形中被弱化。

（三）反对党平台的地方选举

中央政策与动员能力走不出巴黎，这与法国独特的政党政治与选举体制有关。第五共和国建立后左翼长期处在在野党地位，失利于中央选举的左翼转战地方，逐渐在地方选举中脱颖而出，1982年社会党的上台正是挟地方胜选声势的结果。左翼开启的以地方包围中央的先例为右翼政党所模仿，失利后的右翼也转战地方，将地方尤其是大区选举作为对抗执政党的平台。

法国中央与三级地方各自按不同方式进行选举，多党制下的法国不仅存在众多全国性政党，而且存在大量地方性政党，法国地方不同层级是由不同的政党或者政党联盟执政，地方同一层级也是不同政党或政党联盟的组合。法国不存在从中央到地方的同一执政党，甚至难有两个不同政府是由相同政党执政，错综复杂的地方执政党网络消解着中央对地方控制与动员能力。

法国实行政党政治，但法国中央层级政党基层组织薄弱，地方治理中政党主要依靠地方精英的主导。左翼政党尤其是共产党过去曾经建立起的强大的组织现在已经边缘化。政党的衰落也是第五共和国有意设计的结果。戴高乐认为政党的不负责任和专横傲慢正是第三共和国失败的原因，也是第四共和国不稳定的原因。第五共和国强势的行政双头制，正是要边缘化政党的角色从而加剧政党的碎片化。

政治契约理论认为政府权力源于公民权利的让渡，公民让渡部分权利组成政府，因此公民所保留的权利边界就是政府权力受限的边界。但政府作为组织机构本身就有扩权的冲动，全球化的发展更是加剧这一趋势。中央权力范围的扩展导致中央政府能力的削弱。中央权力扩展导致中央机构扩展，机构臃肿与人员冗余使得政府本身尾大不掉，难以提高行政效率与效益。中央政府权力扩展侵占地方政府权力与活动范围，地方事项本应该按照就近原则由地方来处理，中央的扩权影响地方政府的活力。中央政府的扩权侵占其他组织、市场乃至个人权力，将本应该按照专业领域或市场化运作的事项强行按照政府的逻辑运作，违反术业有专攻权责有界限的原则只能反过来削弱中央政府能力。

第四节　中央行政集权的烙印

法国面临的治理困境既与第五共和国以来的制度性痼疾有关，又与对现代化治理的认知偏差有关。由于历史原因和多党制的现实，法国制度设计中有意体现"行政至上"原则，这既是对第三、第四共和国"议会至上"的矫枉过正，又与其一脉相承。中央行政集权作为法国最显眼的问题引发1982年法国的地方分权改革，中央行政集权与地方分权改革作为法国社会发展的背景，积极方面表现为法国社会发展的框架支撑，消极方面则呈现为滋生社会问题的温床。

中央行政集权的显眼特性掩盖了其他问题的存在及严重性，这误导了对法国社会问题的判断，导致法国改革定位不准确，进而影响改革目标的取舍与改革的彻底程度。改革不彻底导致各级政府职责不清，过度分权和放权更是使中央政府丧失宏观调控能力。

法国中央层面的行政集权是第五共和国的有意设计，是地方分权改革

前法国的制度痼疾。研究西欧国家中央与地方关系的专家伊夫·梅尼（Yves
Mény）讲道："由于历史、经济和意识形态共同作用的原因，法国在领土
与组织结构上被认为是通过垂直体系和官僚体制形成的集权体制和中心控
制边缘的典型。"[1]虽然梅尼认为法国社会要比上述提到的复杂得多，巴黎
对地方的控制既不绝对也不是线性的，但当时普遍流行的观点依然是中央
行政集权。中央行政集权作为显性特征成为改革的靶子，过于密集的改革
火力不仅没能达成分权与自治的预期目标，反而在府际关系中引发新的
问题。

一、太关注中央行政"集权"

太关注中央行政"集权"，过度分权中央丧失调控能力。20世纪80年
代在新公共管理运动地方改革的潮流下，中央行政集权作为法国的制度原
罪成为改革的主要目标。社会党上台后开始兑现竞选承诺开启地方分权改
革，改革通过地方分权和权力下放两种方式在各领域全面展开。地方分权
是以法律形式授予地方领土单位或公共机构一定范围内的自治权，因此地
方分权意味着取消中央政府的一部分权力，并把这部分权力转移给地方领
土单位。权力下放是中央行政系统内部的权力转移，中央政府将行政管理
权分出一部分授予其派驻地方的分支机构以便就近处理某些事项，位于巴
黎的总部只有在特殊情况下才对下放的权力予以干预。通过地方分权与权
力下放地方形成市镇、省级和大区不同层级的地方自治政府，以及包括市
镇联合体在内的各类公务法人。

社会党的地方分权改革旨在削减中央政府权力加强地方自治，地方分
权改革的进行是建立在法国中央行政高度集权的认知上。但安德鲁·卡纳普
（Andrew Knapp）和文森特·怀特（Vincent Wright）指出"改革前法国的政
治行政体制远没有曾经认为的那么集权"[2]，罗伯特·艾尔吉（Robert Elgie）
认为法国"等级制的、中心处于垄断地位和多数决制"的看法夸大了国家
的作用高估了科层制的影响[3]。其实早在社会党地方分权改革前，执行权、
行政功能以及资源已开始从中央向地方转移。地方政治精英和行政官员已
找到有效途径绕开正式的中央集权系统，在地方自治和地方权力方面取得

---

[1] Yves Mény, France: The Construction and Reconstruction of the Center(1945-86), West European Politics, p.52.

[2] Andrew Knapp, Vincent Wright: The Government and Politics of France, Routledge, 2006, p.341.
Robert Elgie: Political Institutionsin Contemporary France, Oxford University Press, 2003, p.241.

[3] RobertElgie: Political Institutionsin Contemporary France, Oxford University Press, 2003, p.129.

的进步远超出当时法律制度所允许的程度和公众所认知的范围。[1]20 世纪 80 年代的地方分权改革无非是把早已经存在的地方分权改革事实予以法律认可,把央地关系中的隐性规则变成显性规则。[2]对集权的过度强调忽略了改革前存在的分权,也忽略了过度分权带来的弊端。改革后三十多年的实践证明权力过度分化和下放造成中央权力的空心化,当地方遭遇经济危机和结构性失业时中央政府丧失整体调控能力,改革前地方基础设施基于集权体制有着长足发展,改革后因失去整体调控地方基础设施建设停滞不前。

二、太关注中央"行政"集权

太关注中央"行政"集权,忽略"立法"集权才是根源。法国行政集权还源于立法集权,行政集权与两种立法权有关,一是委托立法权,一是保留立法权。按照社会契约理论现代政府的权力来源于民众权利的让渡,政府拥有民众让渡的权利,政府权力的边界止步于民众的保留权利。立法权作为政府权力的一支应以民众保留权利为边界。法律的合法性既要求法律制定时符合多数意志,更要求制定的法律应限制在政府权限范围内。但迈向现代集权的每一步都以合乎当时的多数意志为原则,却忽略止步于民众保留权利边界的要求。立法范围的扩展使得立法事项超出立法部门的负荷和能力,立法范围的无限与立法能力的有限迫使立法部门赋予行政部门大量自由裁量权,立法部门无所不包的立法权才是现代各国行政集权的根源。

法国行政集权还源于其独特的宪政历程。法国第三、第四共和国的议会至上带来议会的无效率和内阁更迭频繁,从 1946 年到 1958 年的 12 年间内阁更迭达二十多次。二战中维希政权被迫偏安一隅的惨痛经历促使新生的法国政权以中央集权摆脱内外困境,采用实权的行政双头制巩固行政权力。第五共和国宪法将立法权一分为二,列举立法权归立法机关而保留立法权归中央行政部门,这使得中央行政部门在保留立法权的名义下的集权与扩权更具合法性和隐蔽性。无论委托立法权还是保留立法权带来的行政集权,都是立法集权的扩展与延续。法国只强调行政分权而不对立法权作

---

①Vivien A.Schmidt: Democratizing France—The Political and Administrative History of Decentralization, Cambridge University Press, 1990, p.204.

② 显性规则(formalrule)与隐性规则(informalrule),前者是明文规定的,后者是虽没明文规定但在现实生活中已当作惯例遵守的。值得注意的是隐性规则不同于中文语境中的"潜规则",其没有太多道德色彩。

出限制无法达到釜底抽薪的效果，限制中央立法机关的立法范围才是彻底清除行政集权的手段。

三、太关注"中央"行政集权

太关注"中央"行政集权，忽略"地方"也能集权。集权不是中央政府的独有特征，地方也可能形成集权。法国地方分权改革将地方从中央的政治监管、行政监管和财政监管中解放出来，地方形成相对独立的自治主体。但法国地方自治是相对于中央控制而言的自治，市镇层级呈现出"外自治、内集权"的特征。

法国市镇层级实行"议行合一"的责任内阁制，市议会主席兼任市行政机关负责人，横跨立法和行政两领域。同时市议会主席还兼任国家驻地方代表，纵跨地方和国家两层级。法国市镇自治的传统由来已久，国家对市镇自治给予极大便利，国家职责在市镇的实施采用"客随主便"的形式，允许市镇在自治范围内决定市镇事宜，甚至给予地方政治实验的权力。市长握有对市镇雇员的录用、晋升和辞退权力，作为法国地方纵横领域的"集"权人物形成"市长集权制"。

法国政党政治也加剧地方的集权程度。法国中央层级政党的基层组织薄弱无力渗透与动员地方，活跃于地方的主要是地方性政党。2017 年的选举周期中，中央层级的政党无论左右翼在地方选举中表现都不如地方性政党，左翼方面执政不佳的社会党远落后于地方政党组成的左翼联盟和左翼联合，社会党在市镇两轮选举中仅拿下 6.62%与 5.73%的选票，与上次选举相比丢失 155 个人口超过 9000 人的大市镇选举。右翼政党方面也是如此，民主独立联盟和人民运动联盟表现也与其地位不符，地方性政党和政党联盟右翼联盟和右翼联合党成为得票主力。[①]法国地方形成大市镇由政党主导而小市镇由精英主导的格局，但因将近 90%市镇人口不足 2000 人，大部分市镇形成地方精英主导的局面，中央下放的权力在地方层级被截留形成精英相对民众的集权。地方集权之恶劣远甚于中央集权，精英在地方坐大形成排外的小圈子，既阻碍中央的调控与监督又排除地方民众的知情与参与。

张康之认为现代治理应该从参与治理迈向合作治理，按照合作治理的标准合作治理目标有二，合作治理下治理任务的完成只是目标之一，而治

---

① https://www.interieur.gouv.fr/Elections/Les-resultats/Municipales/elecresult__MN2014/(path)/MN2014/index.html.

理过程中的合作也是目标之一。合作治理下的自治在于合作组织内部成员的普遍自治，而非仅停留在组织整体层面，否则只能称为"伪自治"。①法国基层的自治仅是市镇从中央政府和其他地方层级的控制中摆脱出来，是市镇作为整体相对于外界控制的自治。但在市镇内部治理中地方精英集团将民众排除在外，这种自治对民众来说依然是集权，只不过集权的主体由中央转变成地方精英而已。

① 张康之：《论参与治理、社会自治与合作治理》，《行政论坛》，2008 年第 6 期，第 5 页。

第三章　多重目标的地方改革

第一节　地方改革的背景与进程

一、法国地方分权改革的背景

20世纪80年代法国地方分权改革，是世界潮流推动和国内政党竞争共同作用的结果，也是第五共和国集权体制与效率效益目标间不可调和矛盾作用的结果。

20世纪70年代欧美内部涌动着地方分权改革的潮流，这既得益于欧盟为实现共同的货物、人员、服务和资本市场政策作出的一系列的推波助澜活动，又受到新自由主义话语下的新公共管理运动的影响。当时地方自治程度较高的英美和北欧等国通过从政治向社会尤其是市场的转权与分权，以成本效益和产出导向取代原来的投入导向，通过合同制、特许生产、凭证生产和混合制等向市场要效率与效益，美国在里根的领导下采取以市场为导向的新自由主义政策，英国在撒切尔的领导下实行去国有化的私有化政策都收到不错的效果。但当时法国逆潮流而动采取增加社会福利的国家政策，结果却受到国际市场资本逃离法国的惩罚。[①]

右翼主政下的高福利开支与经济持续低迷给予左翼翻盘机会，第五共和国在右翼把持政权二十多年后终于实现政党更替。法国左翼社会党与第四共和国的失败与去殖民化脱不了干系，第五共和国初期不得不转战地方大力经营地方势力，使其最终成为大区政治的主导力量。社会党当然不满足于局限在地方，其所有努力无不瞄准重新上台执政的目标，为此不惜改变主张国家积极作用的雅各宾主义党纲，发展出不同于其他党派的地方分

---

① John Loughlin: Subnational Government—The French Experience, Palgrave Macmillan, 2007, p.63.

权主张。社会党在地方的势力和改变后的政党主张为其赢得 1981 年的总统大选，执政后社会党实施地方分权措施回报地方支持。

　　社会党的地方分权改革有其体制背景和现实需要。改革前第五共和国的中央集权达到顶峰，不仅国家重要行政事务的决策都掌握在中央政府及其部门手中，而且中央政府向地方派任国家代表全权掌控地方事务，法国有地方行政组织却无地方政府，地方治理中的效率效益无从谈起，高度行政集权与社会经济的发展不协调。1968 年 5 月的事件引发民众对法国中央集权的大讨伐，社会主义者主张以地方分权改革作为化解民主危机的手段，让民众参与到决策中来以此拉近政府与民众的距离，地方分权改革的要求逐渐在法国扩展开来。政治上分权与放权要求以及经济上效率与效益要求促使法国实现经济领域变轨实行改良后的自由主义政策，转变到与欧洲其他国家同一战线上来。

二、法国地方分权改革的进程

　　1982 年开始的法国分权改革大致分为两个阶段。第一阶段以 1982 年通过《关于市镇、省和大区权利和自由法》（又称"德菲尔法"）为起点，规定了权能转移两原则：一是市、省和大区为地方自治单位，在法律规定范围内实行地方自治；二是严格补偿权能转移的代价，地方分权的同时伴随资源的转移。第二阶段始于 2003 年《关于共和国地方分权化组织法》，该法对 1958 年宪法第 1、72、73、74 条等十个条文进行修改，确立第五共和国政治组织的分权化特征。

　　（一）地方分权改革议程的开启

　　1982 年 3 月 2 日的法案拉开地方分权改革的序幕，接下来陆续颁布50 多项法案和 350 多项政令用以规范府际关系以及为地方自治政府的发展提供法律依据。鉴于法国第五共和国的集权体制，这阶段的改革侧重于调整府际关系和奠定地方自治政府的根基。

　　府际关系调整首先是中央与地方关系的调整，主要通过地方分权和权力下放两种方式进行。一是通过地方分权实现中央政府与地方政府间权力的转移。①改革前法国地方各层级行政权由派驻地方的国家代表掌握，因此地方有行政组织无地方政府。地方分权改革剥离驻地方国家代表的地方行政权转移到由选举产生的地方议会主席手中，地方议会与议会主席作为

---

　　① 地方分权（decentralization）意味着国家以法律形式授予地方领土单位或公共机构在一定范围内的自治权，地方分权是取消中央政府的一部分权力转移给地方领土单位。在法国的行政法体系里中央政府和地方政府分属不同的行政法人，地方分权是在两个不同行政法人之间的权力划分。

地方层级的立法机关和行政机关，完成法国地方由行政组织向地方政府的转变。除了转移国家代表的行政执行权，分权改革亦转变国家代表的行政职责，将国家代表对地方治理的事前监管转变为到事后监督，监管的标准是"适当"带有浓厚人治色彩，而监督的标准是"合法"具有法治色彩。

二是通过权力下放实现巴黎总部与位于地方的分支机构间的权力转移。[1]权力下放不同于地方分权，下放的权力仍然属于中央行政部门，只不过因就近决策的需要将原先由巴黎各部负责的某些事项转移到各部在地方的分支，也就是国家在地方的职能部门手里。[2]1982年的法律规定大区长和省长是这些权力下放事项的最高负责人。法律规定在地方的国家公务人员服从地方当局，促使权力从中央到地方的进一步流动。

府际关系调整也包含地方政府间关系的调整，主要从三个方面来落实地方政府的自治权。一是明确地方各自治政府间有层级无等级，不存在行政隶属关系。1983年1月的法律规定市镇、省级和大区都是地方自治政府，没有一个地方政府对另一个政府有监护权和指导权，国家单独仲裁它们之间的冲突。地方自治政府间各有权责，市镇主要负责地方住房规划和市镇治理，省级主要负责社会福利和社会融入，大区主要负责国土规划和区域经济发展。随着地方自治的展开地方公务员体系得以完善，1984年和1987年的法律比照国家公务员等级创造地方公务员等级，提高地方公务员的结构层级和地位。地方公务员辅助地方议会主席负责地方议会决策事项的执行和地方日常治理。

二是修改地方议会的选举方式，所有地方议会皆由直接选举产生。改革法规定大区议会由间接选举变为直接选举，这改变了1972年以来大区议

----

① 权力下放（deconcentration）指中央政府各部与地方分支机构间的权力划分，中央各部将行政管理权分出一部分授予地方分支机构，使地方机构能够就近处理某些事务、实地解决某些问题，中央总部只在特殊情况下才对分支机构的活动予以干预。中央各部与地方分支机构属于同一行政法人，权力下放是国家行政系统内部的权力划分。

② 从性质上来看，权力下放是中央政府内部巴黎与地方的权力划分，主体相同。地方分权是中央与地方之间权力的划分和转交，主体不同。权力下放变换的是决策地点而不是决策者，而地方分权既变换决策地点更变换决策者。权力下放是指中央政府将一些权力下放到中央在地方的官员或机构手里，由次级国家行政机构就地决策以减轻中央政府的负担，加快行政处理进程，提高行政效率。此时次级政府所决定的事务所行使的权力仍然在中央政府手里，并没有改变决策权归属中央的属性，只是为便宜行事将中央政府的办公桌从巴黎搬到地方而已，因此权力下放作为一种行政管理手段本身不具备民主价值。地方分权后地方做决策的是由选举产生的地方自治团体及领导人，其作为地方行政事务的负责者行使转移而来的地方自治权力，既管理地方自治事务又确保法律及国家政策在本地的执行。国家对地方事务的管理和控制通过借用地方官员来完成，此时地方"把自己的官员借给国家"。参见黄娟：《法国的地方分权改革初探》，学位论文，湘潭大学，2007年。

会间接选举的方式，为大区层级由准行政组织升级为地方自治政府奠定基础。1982 年 11 月的选举法规定超过 3500 人的市镇实行混合选举制，保留多数选举原则同时为少数派提供代表名额。选举中的获胜方先分得议会中50%的席位，其余 50%的议席由所有政党按照比例分配。市镇温和的民主化改革既确保议会中的稳定多数，又给予反对党施展的平台。

三是以市镇联合化解地方碎片化结构，特别地区有特别规定。1992 年法律进一步采取措施鼓励市镇联合组成责任宽泛的联合体，联合体从相关市镇的当选官员中选举代表来负责。联合体有自己的征税权力，通过大量财政因素鼓励市镇加入。联合体既有自愿参与的项目，又有强制性项目比如规划、经济发展和环境保护。1992 年法律还建立起各省内市镇间长久合作的委员会。巴黎和科西嘉作为特别地区被授予特别权责和资源，拥有比普通大区更多的权力。

20 世纪 80 年代末期法国的分权改革已是大势所趋不可扭转，改革在法国的政治行政体系中打下深刻烙印。每个政党都要在支持更大程度的地方分权（被称为"新吉伦特派"）与支持更大程度的国家参与（传统"雅各宾派"）之间作出选择，没有政党愿意再回到那种高度集权和一元化的体系中去。[1]同时改革不彻底造成混乱无序的地方政府系统。许多批评家指出存在过多的地方政府层级，在中央政府之下有大区政府、省政府和市镇政府。各级政府间职权交叉，导致资源浪费和活动缺乏透明性，达不到拉近民众与行政机构的改革目标，反而使民众变得更为疏远，有时民众甚至被认为是地方分权改革的缺席者。[2]随着 1986 年 3 月希拉克宣布放缓分权改革进程，法国地方分权改革暂告一个段落。但改革措施不到位为地方自治埋下隐患，也为后继改革埋下伏笔。

（二）地方分权改革深化与完善

20 世纪 80 年代法国地方分权改革确立地方政府的自治地位促进地方自治的发展，但奠基于议会通过的《关于市镇、省和大区权利和自由法》的改革存在法律隐患。法国是实行刚性宪法的国家，宪法在国家法律体系中处在最高地位，议会立法处在宪法之下随时有被修改或废除的风险。为巩固地方改革确保地方自治的成果，法国第二阶段的地方分权改革以宪法修正案的方式将地方自治写入宪法。此段改革以 2003 年《关于共和国地方分权化组织法》的实施为开端，绵延至 2008 年两次修宪改革通过《第五共

---

① John Loughlin: Subnational Government—The French Experience, Palgrave Macmillan, 2007, pp.70-72.

② John Loughlin: Subnational Government—The French Experience, Palgrave Macmillan, 2007, p.89.

和国体制现代化的宪法性法律》，到 2010 年 12 月 16 日通过《地方政府改革法》。

此阶段改革主要围绕法国的分权化进行。一是以宪法修正案确定国家的分权化特征。"地方自治团体依法由选举产生之议会自治，且拥有制定行政规章的权力。"[①] 2003 年的法律改变了法国政治体制单一制的特征，法国成为"分权化的共和国"。法国从宪法上确认地方政府的自治地位，第一次赋予地方自治原则以宪法保证，并伴随实施自治的资源支持。法国中央政府接纳地方的自治身份，将地方纳入现代化治理的多头体系中来。

二是法国地方治理中遵循欧盟的属地原则。自从 1992 年《马斯特里赫特条约》签署以来，欧盟条约中就确立了"属地优先"的原则，根据《欧盟宪法》四十六条第三款，各国所作的决定应公开进行并尽可能地贴近居民。法国进一步下放地方决策权，在选举和决策方面增加直接民主因素，市镇层级由市议会主席兼任作为国家驻市镇代表的市长，基本将市镇事务完全交由市镇负责。与欧盟有关的一些法律总统直接提交全民公决来决定。

三是加大对地方政府实验权力的认可。面对法国地方多元化的特征中央允许地方政府在实践中摸索出有效的管理经验和办法，待时机成熟后再使之合法化加以推广。[②]

四是关于海外省和领地的特别规定。面对海外省和领地的特殊情况改革法有特别规定，"所有法律及规章皆理当有其效力。唯所有法律规章亦得因该自治团体之特殊条件与限制加以修正调整"。"上述地方自治团体的议决法律规章之修正调整，唯应以其职掌范围之事宜或法律许可范围之事宜为限"。[③]所有与自治有关的法律在海外领地都有效，但可据特殊情况调整，调整范围以职权之内或法律许可为标准。

第二阶段改革体现着法国更加开放、包容与自信，中央政府不再是治理领域的"一头独大"，以开放的心态接纳欧盟及其"属地原则"，将法国置于欧盟发展的大框架与大背景中。中央政府包容地方的实验权力，允许海外省份和领地根据情况调整自治原则，在保持单一制的前提下允许地方存在分权化的治理。所有这些无不显示出法国的自信，法国终于从二战失利的阴影中走出来，不再以完全的"单一制"抵御欧盟在外交、军事、经

---

① 法国第五共和国宪法第 72 条，张台麟：《法国政府与政治》，五南图书出版股份有限公司，2012 年版，第 300 页。

② John Loughlin: Subnational Government—The French Experience, Palgrave Macmillan, 2007, p.71.

③ 法国第五共和国宪法第 73 条，张台麟：《法国政府与政治》，五南图书出版股份有限公司，2012 年版，第 302 页。

济和社会各方面的介入，而是积极参与欧盟活动并极力在其中发挥主导作用。法国不再为防御地方分离主义而坚守中央行政集权，而是将更多的职责与资源下放到地方以期真正落实地方自治。

第二节　地方改革的目标与原则

一、地方分权改革的目标

关于法国的地方分权改革目标施密特有完整的分析，他指出分权旨在使地方政府在满足地方需求方面更负责任和更具回应性（more responsible and responsive），在地方服务的提供方面更具效能和效率（more efficient and effective），以及以更低的成本（less costly）来完成这些目标。[①] 施密特提出的改革目标包括三方面的内容，政治方面要加强地方民主程度与自治程度，行政方面要提高地方政府的能力和绩效，经济方面则要以最低的成本最规模经济的方式来进行改革。不幸的是这些改革目标之间存在冲突，最优绩效可能损害地方民主与自治，而民主与自治的提升可能以牺牲效率与绩效为代价。某种程度上这是全球一体化下后发展与改革国家失去先发优势后必然面临的困境。

20世纪80年代新公共管理运动下的地方分权改革存在两个发展阶段，要在两条路径上进行。第一阶段改革发生在政府机构内部，通过政府机构间权责的重新配置，在政府机构内部引入市场竞争机制，首先实现政府机构的内部市场化竞争。第二阶段转向外部在市场范围内进行，在第一阶段改革明确各级政府权责与将政府机构培育为市场竞争主体后，政府机构与其他市场主体通过竞争来获得公共产品与服务的提供。两个阶段虽不能截然分开但侧重点不同，第一阶段作为改革的初级阶段，首先要完成的是政府内部机构的重新整合，这是进入下一阶段政府机构作为市场主体参与竞争的前提与基础。

在英美和北欧等地方自治程度较高的国家通过从政治向社会尤其是市场的转权与分权来实现，在法国等地方自治程度不高的国家主要通过不同政府与部门间的分权来实现。不同于英美等国改革前早已完成政府间的

---

① Vivien A. Schmidt: Democratizing France—The Political and Administrative History of Decentralization, Cambridge University Press, 1990, p.183.

权责配置，法国在中央集权的政治结构下还未能有效地厘清各层级政府之间的权责，甚至只有地方行政机构没有地方政府，这决定法国的地方分权改革不能跨越初级阶段的政府间分权直接迈向高级阶段的政府与社会间的分权改革。法国地方分权改革虽也以追求效率效益为目标，但更聚焦于地方自治与民主参与的提高。

法国地方分权改革是"统治"与"自治"的较力，是"自上而下的支配意识与自下而上的民主意识"的拉锯战，地方分权仍然是在政治与行政的架构与格局中进行。不幸的是在新公共管理改革追求效率效益的潮流下，法国改革的目标也离不开效率效益，改革要在具有冲突的多重改革目标间寻找平衡，这注定法国地方分权改革步履维艰。在公共产品与服务的提供上美国逐渐在实现生产者与提供者的分离，政府的公共产品与服务的提供者职责不变，但生产通过各种形式外包出去，但法国供水供电等公共产品仍有政府或准政府机构提供，未能实现公共产品与服务提供者与生产者的分离。

二、地方分权改革的原则

安德鲁·纳普（Andrew·Knapp）和文森特·赖特（Vincent·Wright）在《法国政府与政治》中提出地方分权改革的三原则：属地性（subsidiarity）、合理化（rationalization）和民主化（democratization），[①] 三者共同构成法国地方分权改革的逻辑。

（一）属地化原则

随着全球市场一体化的发展欧盟国家日益被联系和捆绑在一起，欧盟作为邦联性质的政治体是跨越主权国家的存在，其存在是为了更好地整合地区资源促进地区的共同发展，"属地原则"是欧盟与主权国家事先划定的相处界限。1992 年《马斯特里赫特条约》明确了欧盟发展中的"属地优先"原则，《欧盟宪法》第十一条规定的"属地优先"原则要求，如果由成员国的中央政府或地区政府和地方政府能更好地实现其目标，欧盟不得采取行动；欧盟只在成员国不能有效采取行动实现其目标时才能采取行动。"属地原则"是欧盟与主权国家在地方治理中相互制约的利器，一定程度上有利于地方自治与民众参与治理。但随着民族民粹主义的兴起反全球化和脱欧的浪潮越演越烈，英国全民公投进行脱欧，其他国家内部也出现意见分裂，

---

① Andrew Knapp, Vincent Wright: The Government and Politics of France, Routledge, 2001, pp.365-368.

这促使欧盟与主权国家要重新摸索最恰当的相处之道。

随着大区主义兴起与各国地方自治发展，"属地原则"也逐渐成为主权国家内部中央与地方在治理领域的相处之策，根据《欧盟宪法》四十六条第三款，各国所作的决定应公开进行并尽可能地贴近居民。[①]"属地原则"所体现的政治理念是应该由最接近居民的政府（通常是地方政府和地区政府）来作决定或行动才能提高工作效率。地方分权改革兴起后"属地原则"的适用范围得以扩展，也成为政府与民众间的约束原则。概括来说属地原则主要包括以下三项内容：（1）凡是个人能够独立承担的事务由个人自己承担，如果个人无法独立承担再由政府提供辅助；（2）凡是下级政府能够独立承担的事务任由下级政府承担，如果下级政府无法独立承担再由上级政府提供辅助；（3）国家对个人或者上级政府对下级政府的辅助不能代替个人或下级政府的自助。[②]

一言以蔽之，"属地原则"意味着由最接近要解决事项者来作决定或行动才最有效率。最接近所要解决事项者可能是个人、组织、政府或跨政府组织，也可能是市场。"属地原则"将所有行动者联系起来，成为欧盟与主权国家、中央政府与地方政府、政府与民众以及政府与市场相处的界限。

（二）合理化原则

法国市镇数量庞大而人口规模不一，法国统计局 2018 年统计显示，35357 个市镇中的 30037 个人口在 2000 人以下，只在占总人口的 23.1%；人口在一万人以下的城镇有 34363 个，合计人口占人口总数的 50%。与之相对应的是 10 万以上的大市镇只有 42 个，却占总人口的 15.2%。[③]法国几乎毫无改变地保留了农业时代的地方政府结构，地方政府的陈旧本性注定其不会强而有力。人口 500 人以下的市镇高达 18717 个，200 人以下的有8894 个，更奇的是竟有百十个市镇根本无人居住，这些小市镇受人力财力物力所限根本不能履行市镇政府的职责。法国市镇的混乱状况既不反映人口统计学现实，也不符合经济发展规律。

法国地方层级混乱，行政组织、准行政组织与地域性公务法人并存。改革前法国存在市镇与省级两级地方行政机构，一级准行政机构大区以及作为地域性公务法人的众多市镇联合体。围绕这些地方组织形成省级主义者与大区主义者两种派别，省级主义者主张将传统的省级与市镇提升为地

---

① 任进：《中外地方制度研究》，国家行政学院出版社，2007 年版，第 391 页。

② 上官莉娜：《走出治理破碎化的困境》，人民出版社，2012 年版，第 45 页。

③ 法国地方政府网站 2018 年统计数据，https://www.collectivites-locales.gouv.fr/files/files/ statistiques/ brochures/chiffres_cles_2018_0.pdf.

方自治政府作为地方治理的主体，省级与市镇作为传统的存在在民众心目中认知度高，前者作为地方联系中央的中央渠道，后者作为民众的情感归属与地方自治的最基本单位，两者在法国地方治理中扮演重要角色。但省级面临大区与市镇上下夹击下的发展困境，而大多数市镇在提供公共产品与服务方面不尽如人意，取消省级与合并市镇的呼声一直不断，大区主义者就是其中最响亮的一支。

大区主义者认为应该将大区与市镇联合体作为地方治理的主体，大区在区域规划和协调经济发展方面有优势，而市镇联合体在公共产品与服务的提供方面一直弥补市镇的不足。大区主义者的主张虽能弥补省级主义者的不足，但其本身也有难以弥补的缺陷。法国大区被认为具有地方分离主义倾向，尤其在欧洲大区联盟的出现后，这种倾向更被认为会造成对主权国家的冲击。市镇间的联合与分离具有不确定性，市镇联合体只是在某些公共产品提供方面具有优势，被认为难以正式成为一级地方政府。

法国地方分权改革中的"合理化"原则包含两个层面，一是合理化市镇数目，二是合理化地方层级。前者要求通过撤销与合并等方式精简市镇数目，后者要求规范地方机构属性以厘清地方层级。

（三）民主化原则

在第五共和国初期的集权体制里权力从地方向中央流动，权力集中于中央政府，中央通过派驻地方的两类代表牢牢控制地方权力。以省长市长为主的一般权限的驻地方代表作为国家在地方的耳目与手臂，既掌管地方政治权力又兼任地方行政机关。中央各部派驻地方的分支机构作为专门权限的代表，负责地方职能部门的标准提供和技术支持。在此情境下地方作为中央政府的外派机构缺乏地方自治的权力，也就无地方民主可言。

地方改革前法国权力从社会向政治领域流动，政治笼罩社会民众缺乏对地方治理的参与权，法国公共产品与服务的提供，主要依赖于政府部门与地域性公务法人。经过20世纪50年代到70年代三十年黄金时期的发展，法国国有企业为战后经济的复苏作出贡献。但80年代以来随着新公共管理运动的发展，各国都在向市场要效率与效益，但国企笼罩下的民营中小企业长期缺乏发展的机会与条件，法国市场领域竞争主体单一。不仅经济领域如此，政治领域法国地方的活跃人物稳定在一定范围内，不少地方出现政治家族控制下的父子（女）档或夫妻档，相对于地方精英的活跃地方民众缺乏参与政治的能力和热情。

民主化是法国地方分权改革的主要依据和目标，法国改革大致追求两方面的民主，相对于中央控制的地方政府民主与相对于地方精英控制的大众民主。

第三节　地方改革的领域与方式

1982 年的地方分权改革法为后面纷至沓来的立法过程奠定基础与定好基调，法国地方分权改革历时三十多年，出台一系列法律、政策和规章条例规范，在央地关系、地方政治、职能部门和政党政治领域产生深远影响。法国地方分权改革某种程度上就是将国家职责层层剥离出来，按照重要程度的不同交由不同主体行使，职责的转移伴随着权力和资源的转移。按照层级和领域的不同，法国地方分权大致在三个层级通过八种方式来进行。（见表 3.1）

表3.1　法国地方分权方式

类型		权力主体	职责与作用
中央地方间分权	政治分权	一般权限地方国家代表	确保法律和中央政策在地方的执行
	职能分权	专门权限地方国家代表	向地方提供技术和专业标准等服务
地方层级间分权	立法分权	地方议会	地方自治事务决策机关
	行政分权	地方议会主席	地方决策机关的执行机关
社会机构间分权	机构分权	独立行政机构	作为第三方起到仲裁和监督作用
	公务分权	各类公务法人	以公务法人资格执行某些公务
	政党分权	各类政党	代表多元文化和多元利益
	社会分权	咨询机构	为地方决策提供意见

表格来源：作者据材料整理。

一、中央与地方间分权

第一层级的分权是中央与地方间的分权，一是中央政府与地方政府间的政治性分权，二是中央各部与地方分支机构间的职能性分权。中央与地方的分权与国家派驻地方的代表有关，政治性分权源于一般权限的地方国家代表的职权，而职能性分权源于专门权限地方国家代表的职权。[①] 地方分权改革前一般权限的地方国家代表的职责为两类：政治性职责代表国家在地方行使监管之权，负责国家法律和法令的执行；行政性职责作为地方

---

① 参见王名扬：《法国行政法》，北京大学出版社，2007 年版，第 56 页。

立法机关的执行机关，掌握地方的行政管理权。国家代表同时拥有政治和行政双重职权，确保中央对地方的双重控制。

1982年3月2日《关于市镇、省和大区权利和自由法》颁布后，以省长为代表的一般权限的地方国家代表的职权出现分离，保留政治职权转移行政职权。国家代表被剥离的行政职权转移到地方议会主席手中，议会主席取代国家代表成为地方议会决策的执行机构。国家代表只保留代表国家的政治权力回归其作为政治官员的本职，管理着地方上与国家有关的相关事宜，这是通过地方分权方式在中央政府与地方政府间的政治性分权。鉴于法国市镇复杂情况，市长仍然兼有政治和行政职责。法国地方层级开始实权化，在"属地原则"指导下制定适合地方发展的政策。

法国各部在地方的分支机构基于职能组织起来，中央各部与地方分支机构的分权通过权力下放方式进行，这是行政系统内部的职能性分权。[①]这不是否定地方分支机构所拥有的行政权力，只是考虑到国家行政权力主要由位于巴黎的各部掌握，地方行政权力主要由议会主席为首的地方机构来实施，按照法国公务员的分类地方分支机构的成员主要为事务性官员，因此将此类权力下放归为职能性分权。分权改革后地方分支机构按法律规定需服从地方当局，作为职能部门主要向地方提供技术和专业标准等有偿服务。

地方分支机构作为国家的权力下放组织被界定为"位于地方领土或海外领地上的不同的国家行政组织，旨在实现中央各部的任务"[②]。各部的中央组织与地方分支机构间权限有清晰划分，前者监管后者。中央各部掌管地方各部分支机构人员的录用、晋升和解散，划定地方分支机构的活动范围，分支机构只能在此范围内按照给定的职权行事。地方分支机构的人员占总部人数的90%—98%，这部分人员约是地方公务人员的一半，这与德国联邦政府在地方人员占比10%左右形成鲜明对比。

二、地方层级间分权

改革后法国地方包含市镇、省级和大区三个层级，层级间的分权包括立法机构间的分权和行政机构间的分权。

---

① 国家职能部门，也就是中央政府各部门在地方的分支机构。与国家代表作为一般权限的驻地方国家机构相比，国家职能部门又被称作专门权限的驻地方国家机构。

② Robert Elgie: Political Institutions in Contemporary France, Oxford University Press, 2003, p.221.

表 3.2　法国各级议会选举表

机构	选举方式	选举制度
参议院	间接选举	以省选区实行混合制度：不超过 2 名额的选区，采用两轮多数制；超过 2 名的选区，比例配额制与最高平均值结合
国民议会	直接选举	两轮多数制
大区议会	直接选举	由比例代表制改为复合比例制：获得半数选票的政党获得议会 25%席位，其余 75%按照政党所得选票比例分配，选票门槛 3%
省议会	直接选举	两轮多数制
市镇议会	直接选举	小于 3500 人，多数代表制；大于 3500 人，多数与比例代表制的混合

表格来源：作者根据材料整理。

立法分权是法国社会重要的分权方式，是各层级治理职权划分的重要依据。从表 3.2 中不难看出，选举方式与议席分配方式因层级性质而异。在选举方式上参议院以间接选举区别于其他选举，由选举团选举使其与民众隔离开来，偏重共和机构中的精英层级的智识与担当，这使其与同为中央层级但偏重民众合法性的国民议会区别开来。法国议会的议席分配方式大致分为两类，国民议会和省议会采用两轮多数制，大区议会与大市镇议会采用多数制与比例制形成的混合制。两轮多数制下的民意偏离指数有利于大党发展不利于小党生存，能在议会中形成稳定的多数有利于政局稳定。作为中央在地方权力节点的省级与国民议会凭借议会中的稳定确保法国政局的稳定。大区议会与大市镇议会被规定为加入比例代表制的混合制，给与反对党与小党生存的空间，议会多数派的难以形成制约着地方对中央的对抗与分离倾向。立法机关间各党派权力的制约平衡是第五共和国制度设计的初衷。

地方议会决策执行权力的转移重新界定地方治理领域中的职权角色，地方分权改革后地方议会主席成为地方政府的行政机构，原先由地方国家代表负责的起草议会草案、主持会议与监督决议执行等权力转移到地方议会主席手中，国家对地方的还权是地方政府行政实权化的必需，也是实现地方自治实权化的必需。为更好地实行地方自治，法国通过 1984 年和 1987 年的法律比照国家公务员等级创造地方公务员等级，提高地方公务员结构层级和地位。地方议会主席在地方公务员的辅佐下实施地方决议的执行权。至此法国地方层级开始有自己的政治实体，自己的决策权力和自己的执行权力，按照施密特对政府的认定标准，地方行政组织此时转变为地方政府。[①]法国地方混乱的层级结构在改革后变成市镇、省级和大区三级自治政府。三者之间有层级无等级，没有一个地方政府对另一个政府有监护权和指导权，不同政府之间的权责争执由国家来仲裁。

三、社会机构间分权

（一）独立机构分权

法国存在独立于上述政治和行政机构之外的仲裁机构——独立行政机构。独立行政机构虽然设在某个公法人内部作为法国行政机构的分支，但其本身不具备法人资格，并且不受其他国家机关的领导，活动完全不受行政等级的监督或监管，如审计院、行政法院、财政监察机构等，都是法国重要的独立仲裁机构。

此外还有独立行政机构，如证券交易委员会、电力规制委员会等以及调解人等。这类独立行政机构大都设立于 20 世纪七八十年代，目的在于纠正中央集权与科层制弊端，以新的监督与仲裁方式改善行政机关与被管理者的关系。例如调解人主要调查公务人员对市民的不公正对待，得出的结论具有建议性质而非判决，或者可就收费提建议。随着行政现代化的发展，这种新监督与仲裁方式在面向市场的各领域扩展开来，比如信息通信、大众传媒、市场经济监督、竞选监督、消费等领域，在具体领域调节国家与私人组织的活动，可以确保国家不被政党利益所绑架从而确保公正无私，独立行政机构在限制国家专断的同时给出社会活动规则。

选择独立行政机构而不是直接由政府部门来监督，就是要保证监督与仲裁的独立性。地方分权改革将政治领域与社会领域剥离出来，还社会领域独立发展的空间，独立行政机构的设立既避免政府部门对社会的干预和控制，又避免社会领域的无序发展。同样地，法国独立行政机构设立的领域，要么对应市场与消费，要么事关文化传媒，要么涉及银行证券，要么涉及信息自由与选举，这些属于治理范畴的领域具有共性特点，那就是一管就死一放就乱，管与放之间的尺寸不易拿捏。同时，这些也是极易产生自由裁量与寻租的领域，而独立行政机构的产生与运行方式在避免上述弊端方面具有优势。独立行政机构的调节与监督职责贯穿事前与事后。独立行政机构有权制定或参与制定某些法规章程事先对某一方面的行为树立规范。如若被管理者对某一管理行为提出申诉，独立行政机构具有调查权，

---

① Vivien. A. Schmidt: Democratizing France —The Political and Administrative History of Decentralization, Cambridge University Press, 1990, p.115.

在职权范围内对行政机关的不良行为提出劝告和改进建议。若如不良行为触犯法律，独立行政机构会采取罚款等处罚措施。

（二）公务法人分权

公务法人作为一个享有权利负担义务的法律主体，有自己专有的机关和预算。公务法人大量涉足国家管理的各个领域尤其是治权领域，成为法国现行体制下网状管理与参与的重要组成部分，发挥着国家参与或介入所起不到的作用。但公务法人的存在亦有其弊端，公务分权的管理机关很少由选举产生，比选举产生的民选机关距离普通民众更远。公务法人分散行政上的集中和财政上的统一，不利于权责明确和财产运用上的公正透明。职业公务法人把持职业标准的制定，易于绑架标准为己所用。

（三）各翼政党分权

法国政党多元源于政治观点多元，法国政党意识形态差异极大，形成左右两翼竞争的多党体制。第五共和国的主要政党形成从极左到极右的政治谱系，从极左的"不屈法国"、左翼共产党到中左社会民主党，到中右的共和联盟和法国民主同盟、右翼人民运动联盟还有极右国家阵线。[1]各党在财经政策、宪政体制、国籍法与外国移民、欧洲整合事宜等政策领域各有主张。总体来说左右分歧在经济上主要表现在左派奉行计划经济下的国有化，右派认为左派对国家寄予希望太多，应该强调市场经济作用。在外来移民与欧洲整合事宜上，左翼持开放态度右翼比较谨慎，极右翼则持极端排斥态度，主张限制外籍人士拥有法国产业，取消合法移民，并禁止外籍移民或劳工家庭成员移入法国。[2]在左右竞争大格局下左右翼内部亦竞争激烈。第五共和国行政占主导的政治架构，以及各级选举采用多数还是比例代表制的不同，促使政党采取多元的竞争策略或独立竞选或联合执政。

（四）行业协会分权

行会分权是法国国家与社会间分权的重要形式。法国几乎任何行业都有自己的协会，行业协会的宗旨是捍卫自己的职业生存和社会地位，为团体成员提供一个交流平台。借助这个平台大家协商如何使本行业发扬光大或在必要时保护它。法国行会制度要追溯到中世纪欧洲行会兴起时期，最初的手工业行会和商业行会主要以垄断为目的。1884年工会被合法化以后，行业利益重新成为法国社会关注点。现代行会已成为行业组织与国家

---

① Robert Elgie: Political Institutions in Contemporary France, Oxford University Press, 2003, pp.45-66.
② 张台麟：《法国政府与政治》，五南图书出版股份有限公司，2012年版，第201页。

谈判甚至向国家施压的工具。在社会层面，行会主义者主张通过职业差别将社会划分为不同的利益群体。在经济层面，行会主义推崇反自由主义的经济模式，主张各利益团体进行内部协商与整体合作，反对全球化；在政治层面要求加强政府权威，表现"国家主义"的执政倾向。[①]行会主义与法国社会保障制度的碎片化密切相关。

行会主义兼具集权与分权属性。集权是因为其将权力从个人和国家手中集聚到行会团体手中。从欧洲中世纪行会对学徒个人的盘剥压榨，到行会对国家介入该行业的抵制，再到近现代行会所具有的部分税收权力，都是对国家主权与个人主权的某种侵犯与剥夺。同时，行会作为社会组织抵制国家集权，行会以集体形式抗拒国家对行业的过分侵入某种程度上实现了集权下的分权以避免国家完全垄断与控制社会。更重要的是行会作为行业标准的制定者，既约束国家职能部门避免外行指导内行，行业的一荣俱荣一损俱损又约束行业内部使其自律，不得因掺假造假损害本行业的声誉与名望。欧洲的行业标准是国际行业质量标准的前身与催动者，为市场国际化提供标准与奠定基础。

现代行业为个人提供的保护与对个人形成的约束，某种程度上也是现代公民权利与义务的来源。迪里巴尔用解释人类学的文化观来分析行业文化的影响，"我们所观察的每个群体似乎都不是只有权利，而是还有责任"。每个"等级"都有很高的职责观，这是"等级"身份对每个成员的要求，无需某个权威指派。职责和权利确定了每个职业群体的身份，拥有这种身份就必须享有与其相匹配的权利（特权）和履行相应的职责，此举维护所属群体和个人的荣誉，放弃权利或者逃避责任都会造成荣誉的损害。作为法国社会及政治游戏规则的行业文化，体现着法国社会的"基本担忧"，并为社会成员提供抵御"基本担忧"的保护。采用激进行动捍卫所属群体的特权和既得利益，只是维护群体和个人荣誉的一种手段，更多的时候法国人通过履行职业责任来实现目的。法国人所表现出来的职业责任感完全来自于一种源于职业身份认同感的"做好本职工作的愿望"，是一种完全意义上的自发行为。[②]行业成员意识的成长某种程度上就是公民意识的成长，是权利观念与义务观念的培养与成长过程。权利与义务的同期成长，一定程度上既可以避免出现具有特权的个人又可以避免出现具有奴性的个人，特权与奴性都不是现代民主社会中公民的应有属性。行会作为社会组织的

---

① Robert Elgie: Political Institutions in Contemporary France, Oxford University Press, 2003, p.100.

② Robert Elgie: Political Institutions in Contemporary France, Oxford University Press, 2003, p.102.

一部分对社会框架的搭建意义非凡。而社会框架的搭建是社会自立于国家，避免国家过度干预的制度条件与理论条件。

第四节　地方改革的影响与局限

当今国际政治的大格局以民族国家作为活动主体，虽然民族国家的结构形式不同，但其国家职权大致相同。亚当·斯密把这些大致相同的国家职权分为三部分：第一，对外避免本社会遭遇外敌入侵的职权，外交与军队一文一武是该领域的主要参与者；第二，对内维持一定的基本秩序的职权，警察部门与司法机关，立法机关与行政机关是该领域主要的武职与文职参与者；第三，提供一定的公共服务与公共产品的职权，行政部门与公务法人是该领域的主要参与者。国家职责领域简化为军事、外交、司法、立法、行政和服务领域，这些职能领域按照重要性分为不同层级。

法国单一制的国家结构形式里存在中央政府和三级地方政府，以及各种地域性公务法人。理查·德罗斯探讨中央政府与全国性政府，其中提到布皮特的"双重性政体"，认为具有"上层政治"内容的中央事务与"下层政治"的市民地方事务完全不同，上层政治与下层政治的区别更多的是地位上的区别，而不是财力上的区别。[①]各政府的地位层级决定了其所能行使的国家权力行使层级。

一、地方改革的影响

纵观法国地方分权改革历程不难发现，无论改革前后中央政府都占据不可动摇的核心地位，改革后的中央政府朝着"面狭位高"的定位发展。民国学者陈茹玄在论述美国联邦政府权力相对于各邦权力时用"面狭位高"概括，认为"美国中央权力之范围，虽较各邦为狭，然在一定范围内，中央权力超出各邦政府之上。惟中央权力之范围狭于各邦也，故国民对于中央之责任少，而对于邦政府之责任多。惟中央权力之位置高于各邦也，故在一定事件上，国民服从中央之责任重，而服从邦政府之责任轻"[②]。

---

① 伊夫·梅尼、文森特·赖特：《西欧国家中央与地方的关系》，朱建军译，春秋出版社，1989年版，第15页。

② 陈茹玄：《联邦政治》，商务印书馆，2013年版，第35页。

　　"面狭位高"虽被用来分析美国联邦政府，但完全可以借鉴来描绘法国地方分权改革后的中央政府权力。中央政府从全面的集权状态后退，让权放权给地方政府、公务法人和市民社会，只据守最小范围的核心领域。中央权力的后退过程亦是中央权力的拔高过程，中央权力回归权力体系顶端，俯视监督地方政府权力的运行。地方分权改革所转让与下放的权力只是那些不会改变主权属性的部分。中央政府把持"上层政治"内容的中央事务，也就是国家主权中的"统权"部分，而下放的部分是"下层政治"事务，也就是国家主权中的"治权"部分。换句话说，在法国地方分权按照国家职权重要程度层层剥离的过程中，最核心的留给国家由中央政府执行，次重要的分配给外驻地方的国家代表执行，属于职能技术类的分配给驻地方的职能部门行使，属于地方自治范围的转交给地方自治机关行使，一些公共服务范畴事项留给公务法人或者直接交由市场运行。（见表3.3）

表3.3　国家职能领域

职能领域	核心程度	参与主体
军事	核心	中央政府
外交	核心	中央政府
司法	核心	中央政府
立法	重要	国家与地方并存
行政	重要	国家与地方并存
服务	一般	中央政府、地方政府、公务法人、市场

表格来源：作者根据材料整理。

　　改革后法国治理过程中的政治主体主要表现为"四横四纵"结构。四横是指从地方到中央的四个层级，市镇、省级、大区和中央政府。四纵是指改革后形成的四个领域的分权，以派驻地方的国家代表（市长、省长和大区长）掌管的政治领域，以中央各部在地方的分支机构形成的职能领域，以地方民众直接选举产生的议会机构（市议会、省议会、大区议会）的立法领域，以地方议会主席为代表的地方行政领域。四横四纵加上总统共十七个领域的治理主体，是法国国家治理现代化中的主要参与者，作为改革后多头参与者中最活跃的部分，是中央统治权力与地方自治权力的主要行使者。（见图3.1）

法国政治领域"四横四纵"结构图

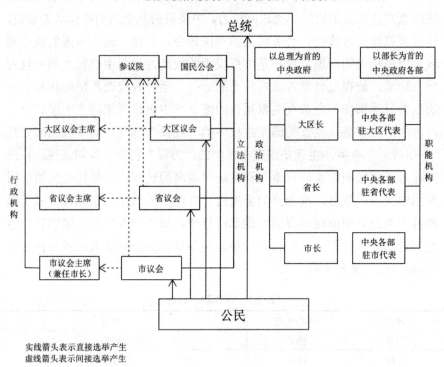

图 3.1　法国政治领域四横四纵图

资料来源：作者根据资料绘制。

　　1982 年的地方分权改革进程某种程度上调整着中央与地方的关系，国家权力通过地方分权与权力下放在中央与地方之间实现权力重新配置。改革后法国中央权力的行使大致分为下列几个层级。

　　第一类，国家权力直接归中央政府行使，主要有军事、外交、司法、立法等核心领域，由中央政府代表国家行使最基本和最核心的权力。此类权力事关国计民生大计与国家主权的部分，是国家统治权力中统权的部分，国家将其赋予中央政府独自行使，地方政府无权染指。地方分权改革并没有触动和改变此类权力行使者的性质。法国地方分权改革前曾把太多的权力归入这一类，国家对社会的掌控范围太泛掌控事项太滥，结果反而导致掌控程度松散掌控质量不佳。地方分权改革的一项重要内容就是甄别与剔除不属于此类核心范围的权力。

　　第二类，国家权力由中央政府行使，但主要通过驻地方的国家代表来行使。大区长、省长和作为国家代表的市长权力皆来源于此。他们在地方代表国家与地方自治政府层级和社会团体打交道，维护法律和政策在地方的实施，这部分权力既有统权权力，也有治权权力。需要注意的是，并不是国家在地方的所有事项都可以由国家代表代替国家来行使，国家代表权力的受限范围就是明证。

第三类，国家权力由中央政府行使，但下放到中央各部驻地方的职能部门行使，主要是治权领域的职能事项，比如道路维护、桥梁建设等。地方分权改革后中央各部驻地方的职能部门某种程度上存在双头领导，既要服从巴黎本部门行政层级间与业务领导，又要服从国家驻地方代表的政治层面领导，同时又在财政上对地方政府的存在依赖。派驻地方的职能部门是中央对地方在技术与标准方面的控制。

第四类，国家权力由地方自治政府来实施，确保地方活力与民主。这部分权力主要属于治权领域，与中央政府掌握的权力相比主要是低政治领域的事项。包括发展地区经济，改善地方民生，提供基本社会福利，促进教育文化发展，以及属于职能领域诸事项。

除政治领域的中央与地方治理主体，法国还存在四大类社会治理主体。

第一类是以市镇联合会、市镇联合区以及城市共同体为主的地域性公务法人，第二类是工商类公务法人，第三类是教育文化类公务法人，第四类是行业公务法人。公务法人分权是法国地方分权以外的另一种分权形式，为避免行政的复杂程序与僵化体制的影响，法国的学术机关大都采用公务法人形式以保持精神领域的自由与活力。法国的救济事业和医疗单位，为获得社会各界的信任与捐赠大都也采取公务法人的形式。二战后法国政府经营的某些工商企业，为获得财政上的独立与经营上的灵活也采用这一方式。更重要的是各种行会作为公务法人的存在，行会制定行业标准规范行业道德。在公共产品的生产与提供职责分离之后，虽然政府退出部分公共产品的直接生产领域，但公共产品的公共属性要求政府坚守提供领域。政府在提供领域的主要职责就是质检方面的把关，这部分权力一般交由专业的行会以公务法人身份负责。公务法人权责一致具有独立的管理机构和法律人格，在法国是联系国家与社会的媒介。

第二类社会机构是独立机构，比如行政法院、审计院、财务监察机构、独立行政机构和调停人等，它们作为法国政治机构之外的独立存在，以其专业优势与超然地位在政治与社会间起着仲裁、审计、监察与调停等作用。

第三类社会机构是咨询机构，经济与社会委员会、大区行政会议、联盟市镇会议等，是兼具精英的智识经验与民众支持认同合法性的组织，在地方治理中发挥辅佐政治机构的咨询作用。

第四类社会机构是法国"两翼多党分化"的政党组织。法国存在从极左翼、左翼、右翼到极右翼的政党分化谱系，存在全国性政党也存在地方性小党，不仅在中央层面形成错综复杂的政党联合，也形成错综复杂的地方执政党网络以及在野党网络。两党制下为争取中间选民两党政策主张都有向中间靠拢的趋势不同，多党制下为巩固基本盘政党政策往往趋于极端，与前者促进社会融合不同，后者往往造成社会撕裂，极右翼国民阵线在法国的突起及其对移民的极端排斥就是法国社会治理中面临的难题。（见图 3.2）

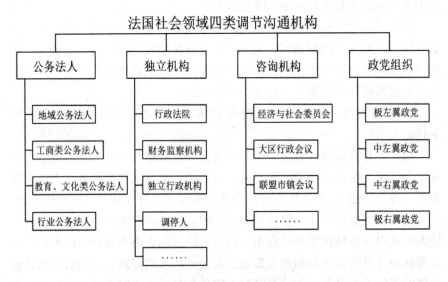

图 3.2　法国社会领域四类调节沟通机构图

资料来源：作者根据资料绘制。

二、地方改革的局限

（一）地方分权与治理变化

尽管地方分权改革后法国依然面临各种复杂情况和混乱局面，但有三条脉络基本清晰。第一，过去三十多年来各种地方治理改革已经深刻改变法国中央与地方政府之间的关系。第二，法国的转型反映了更大范围内地方治理转型，所有发达国家都曾面临这种挑战。第三，基于国家主义的传统所形成的行政精英的角色作用，法国已经以自己独特的方式对这些变化作出回应。[①]

地方分权带给法国最深刻的改变，应该是 2003 年宪法修正案对国家结构形式本身的改变。法国保留"统一而不可分割"的宪法规定，但在组织形式上修改为"分权制"。更重要的是新宪法为法国地方政府组织提供原则支持，属地治理原则为地方自治提供理论支持，在地方选举引入直接民主的因素，对地方政府实验权力的认可，认可海外领地和省份据实际情况采取适合的制度结构。虽然这不足以描绘出法国国家活动和社会生活的多样化，却是对过去法国高度集权的、单一化的、标准化的特点的巨大突破。

宪法的改变其实只是与法国复杂现实趋于一致。地方分权改革最大的创新在于使法国的地区治理与更大范围内的欧盟体系同步发展。宪法对属地原则的认可是对现实中属地原则作为伙伴关系已成为法国公共政策中的重要元素的认可。国家和地方制度都有显著改变，文官体制也进行大幅修改，国家行政体制和卫生行政体制之外增加了地方行政体制，形成三种不同体制的共存。但这不是简单地改变组织体制，而是行政体制运营背后的文化的变化。

法国地方治理体系中的政治参与者的位置发生变化，省长角色在地方分权过程中历经数变，改革初期被极力边缘化，随时间推移逐渐获得中心位置。但现在省长的中心地位与改革前的中心地位不同，省长必须依赖改革后地方政治中的活跃人物，比如省议会和大区议会主席，以及长期在位的大城市的市长，才能确保在更加复杂的机制游刃有余，省长职位比过去更少等级化而更加现代化。改革后法国存在形态各异的政治参与者，旧制度下的等级制特征被新体制下的网状治理特征所取代，等级制比较正式也更多地依赖法律规定，网状治理则看中参与者个人的魅力与品质。

（二）地方改革未达预期目标

属地优先原则的确立基于地方自治和管理效能的考虑，通过地方分权和权力下放，将决策权与执行权交由最知情的地方政府或当事人来行使，确实能在一定程度上促进地方自治提高治理的效率。但属地原则在实际中可能带来治理的悖论，决策权的下放与地方职责的增加并不必然意味着地方自治权的增加。[②]悖论出现源于中央向地方下放职责的同时并未能跟进足够的权力和资源的转移，权力与职责的分离导致政策与资源的分离。中

---

① John Loughlin: Subnational Government—The French Experience, Palgrave Macmillan, 2007, p.203.

② Andrew Knapp: Vincent Wright: The Government and Politics of France, Routledge, 2001, p.366.

央政府通过属地原则更多的是转嫁责任而不是转让权力，这将导致地方政府对中央某些决策的不积极与不情愿，也将继续拉大中央与地方之间的距离，尤其在财政和城市规划领域中央政府的某些举措就是如此，此举有违分权原则。①

政治实践中属地原则的实施只能算作部分成功，决策权下放的结果有三：对大市镇来说不过是把市镇长原有的隐性权力显性化，用法律赋予的合法性使其成为正式权力；对农村小市镇来说即使权力下放赋予其自治权力，但其缺乏实施自治的能力和条件，这些小市镇依然依赖国家代表来准备预算、依靠外部专家来准备投资项目。值得注意的是，决不能仅凭此就否定权力下放的影响和作用，权力下放主要的影响在那些介于上述大小市镇之间的中等市镇，它们是权力下放的主要获益者。中等市镇既获得下放的自治权力，又有实施自治的能力和条件，因而有了长足发展。

社会党人对改革措施实施的有意拖延和现实政治的复杂性，使得改革在促进地方权威与权限合理性方面并未取得成功。首先，改革并未结束法国市镇的碎片化状态，未解决农村地区人口稀少带来的不足，未能阻止许多贫穷城郊危机的恶化，市长一如既往地厌恶和抵制市镇的撤销与合并。其次，改革未能重勘边界以适应经济和人口流动的现实，未在省级和大区间作出选择，许多批评者认为两级并存浪费时间和资源。改革加强了大区实力但与欧洲同行比起来法国大区仍处弱势，容易受到辖域内强市与强省的压制。大区议会选举实行比例代表制造成议会无稳定多数，更是进一步加剧大区的脆弱性。

更重要的是，明确地方政府层级间的权责关系是确保地方政府间无隶属关系的主要依据，但政府层级间职责的清晰界定从未落到实处。典型的例子如教育决策（包括校舍），所有教育参与者见机行事的插手倾向意味着教育任务的分配并不比以前明晰。文化经济领域由于税收政策的宽泛解释，市镇、省以及大区政府皆参与其中，结果并不如改革者预期的那样职责明确，反而是一场易遭受非议的各方混战。法国地方税收体系陈旧过时饱受争议，但地方分权改革并没有与此相关的结构性改革措施。②

民主化曾被认为是地方分权改革的最根本依据和目标，却在地方分权进程中成为边缘性的因素。改革在民主化方面收效更微，地方精英集团无实质性变化，即使有限制兼职的约束精英也能很快绕开限制担任市长或议

---

① Andrew Knapp, Vincent Wright: The Government and Politics of France, Routledge, 2001, p.366.

② Andrew Knapp, Vincent Wright: The Government and Politics of France, Routledge, 2001, pp.367-368.

员。地方分权未涉及直接民主，1992 年以前几乎没有制定促进公众参与地方政府的规定，地方社团常为当局意志所左右，当局认为有价值的对其资助，没价值的置之不理。地方精英与选民的联系因分权反而更少，以致第五共和国行政权过度主导的原罪已经从中央蔓延到地方。[①]

地方分权改革作为密特朗的政治遗产作用并没有宣称的那样大。1982 年以前的体制也不像曾宣称的那样中央集权，分权改革也没能像预期那样给与地方更多自由。[②]地方分权仅是加强已经掌权者的权力而已。市长身兼市镇的主要执政者、行政长官、议会多数党领袖，加上改革消除省长控制后的各种权力。地方政治中相对于市长所在党而言的地方在野党，几乎毫无例外地被边缘化却无能为力。充满悖论的是，地方当局与选民的联系并没有因地方分权而加强，而是随着分权改革的推进有日益衰弱的趋势。[③]

无论以属地化、合理化还是民主化的标准来衡量，法国地方分权改革都没能很好地完成目标。艾尔吉关于地方分权的忧虑很有道理，法国是由公民而非各级地方单位组成，地方单位的作用在于确保其辖域内共和国公民获得更多的自由，如果分权改革结果是权力仅下放到地方政府，而民众依然没有参与自治的权力，这会在地方形成精英小集团的集权，这是比中央集权更糟糕的局面。改革若创造出威胁共和国完整的地方文化，那么改革就偏离了既定方向，这必然招致反对。[④]在地方形成行政荒地化和国家权力空心化也是关于地方分权改革的担忧。

（三）分权改革目的：服务国家治理

政党政治获得执政权力的本性决定法国地方分权改革的主要目的是服务于国家治理的需要，而不是回应地方自治要求。中央政府将大区层级实权化的显性目的是回应地方自治的呼声和要求，允许大区议会直接选举赋予其作为正式地方政府的权力,并为此向其转移政策决策权和财政资源,但大区实权化的隐性目的是从市镇和省级上收地方政府权力。法国历史文化和地理环境的多样性一直影响中央权威在地方的确立，无论左翼还是右翼执政都不想面对明显的地方分离主义。法国市镇太分散，一一上收地方权力太费时费力而且易引起地方警觉。设置大区政府，大区政府的规模和

① Andrew Knapp, Vincent Wright: The Government and Politics of France, Routledge, 2001, pp.368-369.

② Andrew Knapp, Vincent Wright: The Government and Politics of France, Routledge, 2001, p.341.

③ Andrew Knapp, Vincent Wright: The Government and Politics of France, Routledge, 2001, p.368.

④ Robert Elgie: Political Institutions in Contemporary France, Oxford University Press, 2003, p.236.

数目便于中央控制，更主要是假大区之手上收权力后权力仍在地方政府，此举不会引起地方对中央的反感。地方各级政府间的竞争与合作关系，有利于中央对地方的整体控制。进行地方分权改革必须是中央控制之下的分权改革，分权中暗含收权实为题中应有之义。

第四章　行政双头的中央政府

第一节　中央政府的改革历程

第五共和国立国之初的制度设计，重构了法国的立法机关与行政机关。20 世纪 80 年代的地方分权改革，力图重构中央与地方之间的关系，以及政府与市场的关系。至此法国在行政双头制下开启了三方面的分权放权改革进程：一是中央政府与地方政府间通过地方分权，实现权力从中央向地方的转移；二是中央政府部门总部与地方分支机构间通过权力下放，实现权力从总部向地方分支机构的转移；三是政府与社会间的治理权分权，公共产品与服务的生产与提供分离，政府部门的供给职责由通过直接参与生产转变为交给市场，在政府监管下由市场按照规模经济的效率效益要求来生产，政府再通过从市场购买的方式来提供公共产品与服务，由此科层政府向合同政府转变。

各国政府治理机制发展阶段的不同，决定其所处的改革阶段和所走的改革路径不同。新公共管理运动下的改革，美国各级政府的职责早已通过宪法、判例法和政治实践得以明确，改革第二阶段主要向市场的规模经济要效率。法国中央集权的传统，使其改革侧重各级政府职责权限的重新配置，优先考虑优化政府机构，然后才是与其他市场主体的竞争。因此法国改革兼具两阶段的任务，改革要在两条路径上展开，但在某种程度上两阶段改革的任务相互矛盾，需要协同政府统筹规划与协调两阶段改革并行所产生的矛盾。

新公共管理改革的第一阶段发生在政府机构内部，通过政府机构间权责的重新配置，在政府机构内部引入市场竞争机制，首先实现政府机构的内部市场化竞争。第二阶段转向外部在市场范围内进行，在第一阶段改革明确各级政府权责并将政府机构培育为市场竞争主体后，政府机构与其他市场主体通过竞争来获得公共产品与服务的提供资格。两阶段侧重点不同，第一阶段作为改革的初级阶段，首先要完成的是政府内部机构的重新整合，这是政府机构作为市场主体参与竞争的前提与基础。

受新公共管理理论影响的法国地方分权改革以市场化为导向，强调职业化管理、明确的绩效评估标准，以结果而不是程序的正确性来评估管理水平，强调公共服务的针对性而非普遍性，将官僚机构分解成各种建立在使用者付费基础上的事务处理机构，以准市场的规则和合同承包来培育竞争，以私人部门的管理模式全面改造政府，以企业家精神重塑政府。20 世纪 80 年代西方意识形态开始转变，货币主义学派主张回归"守夜人"最小化政府，反对国家对市场的干预让市场实现公共服务的供给。公共选择理论认为"政治过程类似于市场过程，在其中人们通过相互作用实现自己的目标"①。以哈耶克为代表的新自由主义认为包括政府在内的任何政治组织，都很难达成其所宣称的公共利益目标。

为摆脱全能政府的过度主导，合同制政府力图从全面社会介入中脱身出来。在政府机构内部，中央政府大量向地方政府转让与下放权力，并伴随着资源的转移，将政府机构转变为追求效率与效益的市场化主体。在政府与社会关系上，政府退守核心职能领域，将大量事务通过市场化方式外包出去，大量服务领域放手给市场，将政府从全能中解脱出来，以有限政府谋求有效政府，某种程度上确实促进了法国社会与经济的繁荣。同时，权力的下放与转移并不意味着政府责任的下放与转移，提供一定社会福利，维持一定的社会公平正义，政府责无旁贷。但合同制政府在追求效益的目标激励下，原本以追求公益为目的的政府部门逐渐偏离原本轨道成为逐利的集团，造成政府的空心化。分权与放权造成权力与责任的分离，有责任无权力的空心化状态削弱政府的治理能力，影响政府在社会中的公信力与威望。

新公共管理促进了法国地方自治，但同时存在两处主要的缺陷。首先是手段与目的的混淆。批评者认为新公共管理混淆公共产品与普通产品，将市场运作逻辑完全套用到政府管理中来，无视公共产品与服务的消费者在政治领域的"公民"身份。提高公共产品与服务的提供效率以更好服务公民本是手段，却被误当作公共领域追求的目标。过分以效率为导向形成"管理行政"（管理主义与效率导向）与"民主行政"（宪政传统与民主导向）

---

① 詹姆斯·布坎南：《自由、市场与国家——80 年代的政治经济学》，上海三联出版社，1989 年版，第 125 页。

的博弈。①公共部门以私有化的绩效考核标准诱导政府放弃公共服务职能，既逃避政府应有责任又违背民选政府合法性。

其次是新公共管理带来的碎片化。新公共管理改革主张公共部门的结构性分化，法国地方涌现大量单一职能的公共部门，单一又专业的职能部门某种程度上确实提高效率增加效益，但弊端同样明显，职能与角色分化后单一职能机构导致部门碎片化和自我中心主义，缺乏部门与层级间的合作与协调，单一机构效率与效益的增加因此未能增加地方整体机构的效率与效益，整体效率的提高需要治理主体间的合作。

为消除过度竞争带来的部门碎片化弊端，一些国家开始要求各部门在竞争的基础上加强协作。法国政府也意识到分权改革绝不是政府权力的一放了之、一转了之，而是需要在放权与转权的同时担负起统筹协调、监督监管的职责，既包括对政府内部各机构、各层级和各种不同合作方式的监督协调，也包括对政府与市场合作以及政府与其他社会组织合作的监督协调，协同制取代合同制成为政府运行机制。

"协同政府"（joined-upgovernment）又称为"整体政府"、"全面政府"（holistic government）、"网状政府"（networked government）。② 社会发展要求不同行政层级、不同公共部门以及公私部门之间的协作发展，为此布莱尔政府1997年引入协同政府概念，通过横向与纵向协调消除政策的相互抵触，促进不同领域利益主体团结协作，有效利用稀缺资源为公众提供无缝隙非分离的公共服务。合同政府运行机制下，政府看中市场与其他社会组织的手段功能，将其作为完成任务的手段。但在协同运行机制下，政府将市场与其他社会组织看作合作伙伴，是实现国家与社会治理现代化的合伙人。

第二节　中央政府的制度设计

法国第五共和国中央政府的制度设计是对第三、四共和国的矫枉过正，在此过程中体现的集权又与其一脉相承。第五共和国制度上的历史烙印作为隐性基因一直在法国现代化过程中存在：中央层级"总统—议会—

① 贺东航：《新公共管理的回顾与检视——基于中国国家建设的视角》，《政治学研究》，2008年第2期，第111-112页。

② 袁方成、盛元芝：《对新西兰"整体政府"改革的理解》，《政治学研究》，2011年第5期，第111页。

内阁"政治三角之间的关系；央地关系中国家派驻地方的代表体系；政党模式中的两翼多党制的变化。选举模式中的比例代表制与多数代表制之争中，这种历史烙印无不作为隐性基因在发挥作用。这种隐性基因历经法国三十多年的分权改革依然存在，并在"黄马甲"运动与法国全民大辩论中体现为对代议制政治的不满以及对全民公决的追求。

立国之初面对"议会至上"带来的弊端，法国从各个领域加强中央行政集权。社会层面上表现权力为从社会领域向政治领域流动，府际关系上表现为权力从地方向中央流动，三权之间表现为权力从立法领域向行政领域流动，而在行政双头之间表现为权力从总理向总统流动。集权的指导思想在制度设计上主要表现为半总统半议会的政府组织形式。议会制与总统制是西方宪政国家的两种主要政府组织形式，法国半总统制半议会制是对这两种政府组织形式的混合。政府组织形式主要是指政府首脑的产生方式以及内阁与议会的关系，通过三权之间的相互关系决定着政府的主要特征，与国家结构形式从中央与地方关系界定国家的主要特征共同构成国家的制度框架，影响与决定着一国政治、经济、文化与各种社会关系的发展，从而成为研究国家现代化治理绕不开的两道坎。

一、中央层级与行政双头制

半总统制的核心要素是"总统—内阁—议会"间的政治三角关系。政治三角之间的关系是区分总统制、议会制以及议会总统制与首相总统制的关键，而内阁如何产生和运作更是其中的焦点。法国政治实践中行政双头的分工主要是实权总统负责大政方针和外交政策，而实权内阁负责具体实施和接受议会质询。

（一）行政部门：强势总统与背书总理

法国第五共和国建立之初总统由间接选举产生。任期 7 年，选举团由议会议员、省议会议员、海外领地议会成员以及市镇议会选出的代表组成。1962 年戴高乐将总统改为由人民直接选举，2002 年宪法将总统任期缩短为 5 年，并最多可连任一次。宪法规定总统候选人必须是年满 23 岁的法国公民（若是居住在法国的外国人还必须取得法国国籍满 10 年），同时还需获得来自法国 30% 以上省份的 500 名民选代表的联署支持。法国不设副总统。

法国总统选举实行"两轮多数决定制"，第一轮投票遵循绝对多数制，此轮选举不限制候选人数，候选人要在该轮选举中胜出需要获得 50% 以上的选票。若无人获得过半数选票，则由第一轮选举中得票最多的两位候选人参加第二轮竞选，此轮选举遵循相对多数制，候选人只要获得相对多数票即可当选。多党制的现实使得第五共和国以来还未出现第一轮选举就有候选人胜出的情况。

法国总理与各部部长共同组成内阁，内阁作为政治铁三角的一角是沟通总统与议会的重要通道。法国具有议会总统制的特点，总统与议会都对内阁具有权力。在内阁的组阁过程中，先由总统任命国民议会选举中的多数党或政党联盟的首领为总理，接下来总统任命由总理提名的各部部长共同组成内阁。法国实行多党制，国民议会中很少由哪个政党单独可以成为多数党，一般是按照左右翼各自结成执政联盟。总理与各部部长人选的产生是议会胜选政党联盟中博弈妥协的结果。

第五共和国政治三角关系中内阁是总统与议会冲突的缓冲地带，总统和议会都有批准、任命和调节内阁的权力，总统作为国家元首与议会作为立法机关因立场和位置不同，其所追求的目标与任务可能存在冲突，总统的重要提案都有总理签署来背书，当提案在议会中被否决时是总理而非总统来为此负责，而总理与议会中的多数党或联盟属于同一阵线，议会在否决总统时不得不投鼠忌器，否则要么内阁下台重新组阁，要么总统直接绕开议会将提案付之全民公决，在实行多党制与两轮多数制的国民议会里没有哪个执政党或者政党联盟能保证在下次选举依然胜出，无论上述哪种情况，受伤的都是议会。法国宪法规定实权的内阁与实权的总统共享治权形成"行政双头制"，但不可否认的是法国的行政双头是力量不平衡的双头，形成强权的总统与为总统政策背书相对弱势的总理。

（二）立法部门：参议院与国民议会

法国议会经历一院制、两院制与多院制最终确立为两院制。参议院由间接选举产生，具有精英倾向的代表偏向地方政府，以智慧、经验与判断为共和体制提供智识支持，作为民意洪流的过滤器遏制多数暴政的产生，是社会发展的制动闸。国民议会按人口比例直接选举产生代表，为共和制提供合法性与民意支持，是社会前行的动力与引擎。在法国政治结构的金字塔里，众议院的民意、参议院的智识与总统的决策互相制约平衡，构成第五共和国政治结构的主要特征。

在第五共和国的宪法设计中参议院代表地方利益，有"市长人脉圈"和"政治养老院"之称。宪法第24条规定，参议院由间接选举产生，以省为选区的选举方式使得参议院与地方组织有直接联系。参议员任期6年，选举团由国民议会议员、省议员、市长和市议员组成。1976年划分的选区一直沿用下来，处在城市化进程中的法国经历了人口从农村到城市的流动过程，一进一出造成农村地区被过度代表而城市地区代表性不足的问题。

参议员大都在市镇拥有兼职，这使得农村地区的政治家比较容易当选参议员，参议院相对于国民议会而言具有更深的地方色彩。

根据各省选举的参议员数目，法国参议院选举分为两种方式：人口稀薄的农村地区实行多数代表制，人口稠密的城市选区实行比例代表制。实行两轮多数制的 85 个农村选区每个区名额不超过 4 人，由其选举出三百多名参议员中的三分之二。此类单名制小选区选举主要依靠个人，候选人需要经营和深耕地方，因此候选人一般为当地或曾有当地工作经验的人。实行比例代表制的 14 个城市选区每个区名额大于 4 人，由其选举另外三分之一的参议员。城市选区政党相对于个人选举优势明显，是那些依赖政党帮忙的候选人的首选，全国性政党通常空降候选人到地方进行选举。通过不同方式选举的议员展示出政党和选区的不同联系，比例代表制产生的议员更依赖于政党体系，具有更少的地方特征，相反多数代表制产生的议员往往更独立于政党体系而植根于地方。

法国国民议会选举实行单名制选区，577 名议员由两轮多数投票制选举产生。在第一轮选举中议员当选需要获得 50%有效选票，否则进行第二轮投票，第二轮获得相对多票数者即可当选。为确保获胜者拥有较高的相对多数票具有较高的合法性，国民议会议员的第二轮选举设置限票门槛，只有在第一轮中选举中获得超过 12.5%票数的候选人才有资格进入第二轮的选举。从选举体现出来的倾向看国民议会的选举偏重统治的有效性，因而某种程度上牺牲选举所应体现的民意代表性。单选区的两轮多数制有利于大党集中选票，出现所获席位比例远超出所获选票比例的情况，相应地这对小党和极端政党相当不利。小党可能在选举中获得与大党相差无几的选票，但却在议席的获取上被远远甩开。

戴高乐政府当初决定实行单选区两轮多数代表制，就是考虑到第二轮选举可以过滤掉极端和边缘化政党，法国共产党与极右翼国民阵线就是被边缘化和过滤掉的例子，每次在选举中获得高选票的兴奋都要被低议会席位的沮丧取代。但因为选举制度的变革权掌握在大党手里，传统的左右翼主流政党极力避免极端政党的出线，小党想变革选举制度的努力难以转化为实践。某种意义上这也是无奈之举，法国政党林立的现实和第三第四共和国的动荡历史促使法国的选举只能在一定程度上牺牲民主性来换取有效性。

为克服多党制带来的弊端，第五共和国的国民议会选举改比例代表制为两轮多数代表制，提高选举的门槛票数，限制小党和极端政党的出现，在此基础上逐渐形成以中左和中右为基础的两大政党联盟，法国各级选举一般在各自联盟内实行合作，极少出现跨越左右翼联盟的合作。在议会提案审议过程中一般也是按照左右阵营的划分来表决，左右翼两大联盟的存在减少了倒阁的可能性。两轮多数代表制促使政党之间进行联盟，因此法国第二轮选举往往出现两大阵营对垒的局面。属于同一阵营的左右翼政党内部达成协议，在第一轮选举中得票率低的政党退出第二轮选举，转而号召自己的支持者支持自己阵营得票率相对较高的政党候选人，以确保自己阵营能够击败对手。这已经成为法国选举的惯例，两大阵营无不墨守这一原则。国民议会的第一轮选举具有"预选"性质，民众投票可以率性而为，但第二轮一般理性回归自己的党派。

（三）司法部门：普通法院与行政法院

法国法系属于欧洲大陆法系，法律条文严密细致，各领域的法律齐全完备，皆以成文法的形式呈现出来。就以宪法为例，英国宪法是成文法与不成文法的混合，美国宪法分联邦宪法和各州宪法，而法国宪法统一且详备地规定各领域的具体事项，最主要的是法国宪法修改的频率和程度之高，是其他西方宪政国家难以做到的。与英美法系下法官造法形成大量判例法不同，法国法官判案严格按照法律条文进行，难以形成判例法，法官在司法裁决过程中的主动性不大。

法国司法领域最显著的特点是行政法发达，并在普通法院体系之外建有完善的行政法院系统。行政审判制度以及行政法院体系的出现与发展，与法国独特的社会历史背景以及政治制度有关。孟德斯鸠立法行政司法三权分立的学说，在美国和法国出现不同的解释和应用。在美国宪法的制度设定中，联邦体系的立法权属于国会，行政权属于总统，司法权属于联邦法院体系。但在法国的语境中，由于行政机关和司法机关的相互独立性，普通法院不能干预行政，不能审理由行政事项发生的诉讼。关于这一点，王名扬提到这是对行政和行政诉讼的混淆。行政诉讼也是一种诉讼，一切诉讼的裁决属于司法权的范围，理应由普通法院管辖，行政机关不应当享有司法权力。但法国路易十四到路易十六时代的历史背景是，占据法院系统的封建势力抗拒新兴力量，拒绝登记和执行政府的进步性法令。制宪人士为了避免法院对行政的干扰，根据分权学说禁止普通法院受理行政诉讼案件，因此在普通法院体系之外逐渐发展出行政法院系统。

法国现在行政独立审判存在的理由源于技术上的考虑。法国存在公法和私法两个不同的法律体系，两者所调节的社会关系不同，追求目的不同，难以适用相同的法律原则。此外，行政法官除了具备公法知识以外，还必须具备行政经验，这是普通法院法官难以具备的。行政诉讼贵在迅速及时，法官指挥诉讼进行的主动权力较大。虽然法官行政司法体系受到一些批评，但其在法国司法体系中仍是重要的一部分。

二、央地关系与分权化单一制

20 世纪 80 年代的地方分权改革几乎未改变中央层级立法与行政之间的关系，改革的分权化特征主要体现在府际关系与地方治理中。府际关系的变化对法国单一制的国家结构形式产生一定影响，形成分权化的单一制国家结构形式。这种结构里地方市镇、省级和大区不同政府间有层级无等级，彼此间没有上下级等级关系，它们之间的冲突与矛盾由中央政府来协调和裁决。

虽同为单一制的国家结构形式，但法国多党制使其单一制不同于英国两党制下的单一制。英国地方政府的选举对轮流执政的两大党至关重要，所有政党都十分重视发展地方党组织，借以取得地方议会选举胜利。中央层级的反对党可以通过自己控制的地方政府与中央政府讨价还价，迫使中央政府满足地区要求或采取让步措施。但法国中央政党在地方根基薄弱，法国地方形成的是复杂的地方执政网络，除了 20 世纪 80 年代左翼社会党以地方选举的胜利打破右翼对中央执政权的垄断外，地方选举难以对中央形成影响。在央地关系方面有学者认为英国走的是一条政党组织联络上下的政治途径，法国走的是一条以中央派驻地方的国家代表为轴心的行政途径。①

（一）分权化的单一制

1982 年开始的第一阶段的分权改革，法国地方行政机构的权力是由一般法律授予的，而非直接来自宪法授权，因此其法律地位堪忧，要确保没有后起法律取消之。或者说，此时的法国国家结构形式仍是单一制，性质未变。但 2003 年开始的第二次分权改革，以修改宪法的方式确认地方政府的权限，也就是由宪法赋予地方政府职权，地方政府获得一般法律不能取消的自治权力，法国成为"分权化的单一制"。值得注意的是，法国地方分权改革虽然将地方行政机构提升为地方政府，但这提升依然是第五共和国既有框架内的提升，分权化并未突破单一制的国家结构形式。分权后的法国地方政府作为自治政府，从中央政府分得的是治权的自治，这与美国联邦下州政府拥有部分主权的自治存在根本性的区别。

---

① 杨小云、邢翠微：《西方国家协调中央与地方关系的几种模式及启示》，《政治学研究》，1999 年第 2 期，第 34 页。

联邦制的主要特征是"二元结构"，亦即存在两套政治系统，这是联邦制区别于单一制的主要特征。"二元结构"源于民众让渡给联邦政府与州政府权利的不同。就以美国为例来说，立法方面存在联邦立法系统和州立法系统，两个各有职责范围，前者主要管辖州级事项，而后者主要处理州内事项。行政方面存在联邦行政与州行政两部分，两者产生方式不同，不存在行政隶属关系。司法领域存在联邦司法机构和州司法机构，两者实行司法独立原则。（见图4.1）

联邦制的第二个特征是联邦领域的垄断性，这是联邦制区别于邦联制的主要特征，也是其作为主权国家垄断主权的表现。这垄断性主要表现在高政治化领域，也就是韦伯所谓的现代国家对暴力机关使用权力垄断所延伸出来的，一是对内不准成员单位自行退出，作为仲裁人调节各部分纠纷；二是垄断外交权，由联邦政府代表国家统一外交发声与行动；三是垄断国防权力。

单一制与联邦制两者的组成单位不同，单一制的组成单位的职权非由宪法赋予因而没有宪法保障，既不是行政主体更不是政治主体，通过中央政府组织法等授予的权力随时有被收回之忧。而由宪法赋予国家组成单位职权是联邦制的特征，联邦制下组成单位的权力由宪法规定，或通过列举权或通过保留权的方式授予，既是一级行政主体，某种程度上还可以作为政治主体享有部分权力，如美国各州的部分外交权。联邦宪法在联邦结构中有超然地位，但宪法修正案的提出与通过程序既防止联邦滑向邦联化，又防止其集权迈向单一化。联邦宪法通过列举权与保留权确定联邦与组成单位的权限，保留权在谁手，谁就握有中间地带的权力。最高法院的超然独立性，既独立于地方又独立于联邦行政与立法，通过司法解释化解政治问题和冲突。

分权改革后法国具有联邦制的某些特征，但其本质仍然是单一制的政治机构。联邦特征表现在地方各级政府已从地方行政机构升级为自治政府，自治政府行政机构的负责人由同级立法机关产生并对其负责，各级地方政府间不存在隶属关系。但这没有改变地方政府与中央政府的等级关系，也不存在两套立法行政和司法体系。这些联邦特征的产生源于全球一体化下各种政治制度的融合，单一制吸收联邦制的分权因素促进民主化的发展，联邦制吸收单一制的集权因素提高在全球化中的竞争力，总体来说这并未从总体上改革法国单一制国家结构形式的本质特征。

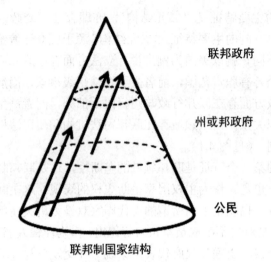

联邦制国家结构

前头所指表示所让渡权力的流向，
反方向则表示该级政府权力来源之处

图 4.1　联邦制国家结构图

（二）驻地国家代表体系

法国中央与地方间非选举类兼职主要是两类派驻地方的国家机关，一般权限的地方国家机关与专门权限的地方国家机关。

一般权限的地方国家行政机关在一定区域内代表国家和包括总理及各部部长在内的全部政府管理综合性和全面性的国家事务。[1]一般权限的地方国家代表在改革前以省长为主，改革后为大区长、省长和市长，代表国家行使在地方的综合性权力。楼邦彦在分析第三共和国省长时说道，"无论政治上或行政上，省长都是代表中央政府；政治上说，他是中央政府的眼睛，在行政上说，他是中央政府的手臂。"[2]作为中央政府的眼睛，省长是中央驻省的情报员，随时报告当地的政治舆情和一切与中央有关的消息。作为中央政府的手臂，中央在地方的重要公务都要经省长之手实施。法国地方分权改革对派驻地方的国家代表权力影响很大，转移其手中地方决策机关执行权给地方议会主席，国家代表只负责在地方的国家行政事务，不再负责地方行政事务。但改革后的地方国家代表仍然具有很大的权力，除去所受限制不能行使的国家职权，国家代表仍然是国家与地方联系的最重要的纵贯线。

---

① 王名扬：《法国行政法》，北京大学出版社，2007 年版，第 56 页。

② 楼邦彦：《各国地方政治制度　法兰西篇》，商务印书馆，2012 年版，第 41 页。

（二）驻地职能部门体系

根据地方治理需要和便于国家在地方公务的实施，中央行政机关在特定的区域内设置驻外机构。驻外机构作为中央设在地方的分支管理机构，根据中央授权行事。它们的辖域多数情况下与地方政府的辖域相同。驻外机构与中央部门属于同一行政主体，是国家公务实施的一种组织形式，是中央部门伸到地方的手臂，因此驻外机构隶属于中央某部，保持行政上下级关系，接受位于巴黎的所属中央部门的行政领导。而中央部门对驻外机构的领导，一般授权国家驻地方的一般权限机构，也就是大区长、省长和市长领导。一般说来，驻外机构因其专业性，都有其特定的业务范围，在业务范围内解释国家政策、制定各项活动的业务标准。法国将大量中央政府雇员分散在各地去执行中央公务或帮助地方执行地方公务，因此地方分权改革后地方的一些重要的地方公务仍由国家在地方职能部门实施。法国地方近半数的公共部门工作人员都是国家聘任的，法国中央雇员九成分散在各地，中央在地方建立自己的组织是中央控制地方的组织和人事手段。

第三节　行政双头的中央治理

法国中央治理包括两部分，一是中央层级立法行政司法之间的互动，各项法律政策的制定出台以及对外交往等等，这是中央治理的显性活动；二是中央对地方的各种影响，通过人事组织的兼职、地方选举议题中央化等各种方式，中央隐性地影响着地方各级自治政府的活动。前者作为治理的直接参与者，后者作为地方治理的间接者，共同构成单一制与分权化结合下多元参与主体的法国现代化治理。

一、中央层级的治理

中央层级行政双头制的制度设定，源于前期议会至上带来的内阁更迭频繁，以及由此产生政局的不稳与二战中的失利。由实权的总统配实权的总理来应对来自议会的责难，固然在行政对议会的博弈中占据上风，但又引发新的问题，那就是行政领域的双实权总统与总理之争。当两者同属一个党派或联盟时，也就是议会与总统皆掌握在同一党派联盟中，此时中央政府强而有力，但反对党和地方权力皆受限制，就如第五共和国建立后的前二十年。但当总统与总理不属于同一党派或联盟时，就可能出现左右共治的局面，这主要出现在地方分权改革后的二十年间。之所以出现左右共治，与总统任期与议会任期不一致有关，因此 2002 年总统任期由 7 年改为 5 年后，法国又出现某一政党联盟既把持总统与又把持议会的局面。此后，法国原本以"两翼两党"为主的模式产生变化，进入"多翼多党"时期。

（一）1958—1981 年：右翼把持政权时期

第五共和国的建立前，戴高乐曾两次发表讲话，强调中央行政集权对于法国的重要性，因戴高乐的个人魅力以及法国第四共和国内阁更迭的频繁，以此第五共和国就是在中央行政集权的氛围中建立起来，且朝着帝王般的总统之路一路奔去。第五共和国的建立得益于戴高乐的个人魅力和强权，反过来第五共和国也加强了戴高乐及其所在政党的强权，因此戴高乐所在的右翼联盟在建国后的二十多年里一直把持总统与议会，曾经兴盛过的法国共产党迅速衰落，而社会党也只好退守地方，以期通过在地方的发展重回政权中心。

（二）1981—2002 年：左右共治出现时期

社会党在地方的多年经营在 20 世纪 80 年代初期初见成效，其在法国大区选举中成为强势政党。为回归中央权力中心，社会党一改其对中央集权的坚持，密特朗在竞选中承诺如若在总统选举中获胜，将重启地方分权改革，这获得了地方精英与民众的支持。同时，法国在右翼二十多年的执政中逐渐从二战失败阴影中走出，经济发展和国力也逐渐恢复到战前状态甚至超越战前。经济恢复尤其是生活条件大大改善后，民众开始对集权的中央政府以及强权的右翼政党产生不满。因此在 1981 年的总统大选中，左翼社会党的密特朗胜出，开启了左翼重回执政舞台的时代。

左翼虽然在总统选举中胜出，但面对右翼的议会出现的"左右共治"局面，密特朗决定行使总统的议会解散权，期望在议会的新选举中左翼联盟能够胜出，全面进入左翼执政时代。民众对密特朗的举动予以支持，希望左翼能履行承诺开始地方分权改革，带领法国进入全新的时代。左翼联盟在接下来的议会选举中一举拿下多数席位，法国政坛进入全面左翼时代。1982 年密特朗为履行承诺开启地方分权改革，这是第五共和国的第二次制度大变革，法国府际关系从中央全面控制进入央地分权共同参与治理的时代，法国也从单一制进入分权化单一制时代。

左翼以地方包围中央的竞选策略为右翼政党所效仿，失利于中央的右翼也走向地方，开始大力经营地方势力。在左右互换位置之后的竞争中，两者墨守着秘而不宣的规则，那就是中央对大区作为地方分离势力的警惕与防范。执政的左翼一再拖延大区议会的直接选举，在市镇与省级成为地方自治政府后，大区因直接选举问题得不到解决而被排除在地方自治的竞争之外。而在大区占据优势的右翼也未催促左翼尽快完成大区直选，可见作为能够执政的政党，无论左翼还是右翼都对大区持防范心态。

左翼解决"左右共治"困局的做法为右翼所模仿，右翼上台后面对左翼的议会，也采取无条件解散议会的做法，民众同样予以支持。为从根本解决这一困局，法国修改总统任期从7年到5年。如此一来，总统选举胜选的政党在此后的议会选举中，一般都能拿下议会选举的多数，这成为法国社会政治生活中的隐性规则，旨在让胜选的政党在执政过程中不受太多议会的羁绊。在分权改革后的二十年里，法国逐渐发展出左右翼各有一主要政党，附有几个小党能够联合组阁的两翼两党的模式。

（三）2002年至今：政党多极分化时期

进入21世纪，世界格局发生大的变化，全球化过程中出现逆全球化的浪潮，民族民粹主义开始兴起，政治上的典型表现就是各国民粹主义政党的出现与兴盛。法国极右翼政党国民阵线早就出现，但一直蜷缩在左右翼主要政党的势力范围外。但在2002年的法国总统选举中，国民阵线一举突破左翼防线，挤掉左翼政党冲进总统选举的第二轮，虽然最终依然倒在右翼联盟的防线外，但这意味着法国政党以及政局开始出现变化。极右翼虽然没能赢过传统左右翼政党，但其削弱了传统政党的影响了，这为2007年法国前进运动以新党身份挤掉传统左右翼政党走上执政舞台提供了机会。非左非右政党前进运动的出现，占据左右翼政党竞争的意识形态中间地带，揭示出法国政党由向心力竞争向离心力竞争的转变，预示着法国政局从两极化向多极化的发展。

更严重的是，刚执政一年多，前进运动就遇上了"黄马甲"运动。民众抛弃传统的表达意愿争取利益的渠道，不再通过政党和议会，而是走上街头直接表达想法与需求。法国的"黄马甲"运动持续半年之久，最终在马克龙宣布进行全民大辩论后才渐渐平息。不幸的是，街头运动落下帷幕不久，法国又遭遇全球化的新冠肺炎疫情袭击，这加大了马克龙及其政府的执政难度，也影响了法国现代化治理的进一步发展。

二、中央对地方的影响

（一）兼职与人事组织影响

所谓兼职就是一人兼任不同层级或不同部门之间的两个或多个职务，通过兼职可以在不同层级和不同部门之间实现人脉和组织机构的相互渗透融合，从而实现上下级之间和同级部门之间的沟通和治理互动。兼职是世界各国现代化治理过程中普遍存在的现象，西方其他宪政国家的政治结构里也存在兼职现象，但没有哪个国家像法国存在如此普遍的兼职现象，某种程度上兼职现象是法国现行制度的必然产物。法国的辖域相当于中国中等规模的省份，但却存在市镇、省、大区和中央四级政府，五级议会选举体系，3 万多市镇，100 个省，13 个大区以及中央行政机构、国民公会和参议院组织，政治中的活跃人物大致一定，众多官员职位和议员职位，必然出现一人兼任多个公职的现象。

　　法国宪法规定中央层面的立法和行政机关职位不可兼得，除此之外法国各层级的兼职现象分为三类，一是都在中央层级的兼职，比如参议院与国民公会议员；二是都是地方层级的兼职，比如各级议会议员；三是在中央与地方的兼职。[①]在中央与地方的兼职中大致分为两类，一类是非选举官员的兼职，国家为沟通和监督地方而将国家外派地方的代表兼任地方行政职务；一类是选举产生的代表的兼职。

　　法国中央地方间最主要的兼职是选举产生的官员之间的兼职。最典型的兼职是市长兼任国家层级职位，如国民议会议员—市长或者参议员—市长，此外还有在欧盟的兼职。德勃雷称兼职是法国中央集权的结果，地方政治家感觉到必须参与到国家层面才能靠近集中的权力。兼职体系接纳地方精英并允许他们在国家层面代表其选民向中央争取地方权益，同时又允许其在地方代表中央加强国家对地方舆情与治理的了解，加强其本人在地方的实力，地方精英逐渐成为地方的实际控制者和地方权力的集大成者。这状态在法国地方鼓励保持现状的静态模式，而不是充满活力的动态模式。法国政治中普遍的兼职也与其政党本质有关，法国政党在地方的势力比欧洲其他国家弱得多，政党在地方事务中更多借助地方精英力量。

　　对兼职现象的评价褒贬不一，支持者认为中央与地方之间通过兼职这一重要联系渠道听到彼此的声音，参与彼此的治理过程，同时兼职能满足效益方面的要求，以更少的人力解决更多的问题。与之相反，批评者指出兼职使个人占据多个职位，个体政治家身上负载太多，不能充分参与各层级的治理，兼职加强政治阶层的寡头倾向和孤立倾向，阻碍其他阶层的进入，是对政治现代化和地方分权的阻碍。最直白的批评认为权力与资源集中下的兼职是法国腐败的原因。支持者认为兼职作为地方分权的对立面，可使兼有多职的政治阶层更具职业性，在当代复杂、合作、参与和多层治理的政治环境里，应对兼职数目加以限制而不应废除它。这种建议事实上被 1982 年分权改革后的法国政府采纳。

---

① Robert Elgie: Political Institutions in Contemporary France, Oxford University Press, 2003, p.161.

为响应批评者的声音，1985 年 12 月通过的法律限制政治家的兼职，政治家只能在下列名单中选择两项兼职，国民公会议员、参议员、欧盟议会议员、超过两万居民的市镇长、省级议会议员和大区议会议员。这在某种程度上限制兼职现象，但并没有改变兼职的传统。政治活动家利用各种途径规避限制，限制兼任的法律没能取得预期效果。一方面，对兼职市镇人口的限制最初在 20000 人，而法国大部分市镇的人口在此之下，也就是市长之职不在限制之列。后来修改限制兼职的市镇人口数为 3500 人，但大部分市镇仍不在限制之列。另一方面，市长在担任其他职务时可以把市长职权交由代理市长行使，由后者保持其职位的热度不变。事实上，代理市长往往是市长的亲信，有些直接是夫妻关系，前市长对市政活动一般仍具有控制影响力。

釜底抽薪限制兼职的做法是改革现行体制，削减层级从而削减公职。如若仅通过法案限制兼职，公职向公众开放那只是鼓励公众参与的表面做法。无论限制兼职还是鼓励公众参与，都只具扬汤止沸的效果，不能从根本上解决问题。无论对兼职的批评如何，有一点毋庸置疑，兼职体系作为法国社会与政治结构里的网状连接，尤其是作为中央与地方的纵贯线，在改革前的集权制结构里确保地方利益，在改革后的分权化体制下确保中央对地方的控制，成为府际关系的重要联系渠道。

法国政党体系与英国的不同表现在强弱政党体制的不同。英国属于强政党体制，也就是政党对党员控制较强，中央政党对地方选举控制也强。法国恰恰相反，政党体制的多党制与选举体制的混合制，致使不仅中央层面存在多个政党，地方层面也存在自己的政党，中央层面的执政党往往与地方层面的执政党分属不同阵营，难以形成对地方政党的控制。法国地方众多自治政府的执政党形成复杂的执政党网络，在改革前集权时期曾抵御来自中央的控制，迫使中央政府选择通过在地方派驻国家代表的方式来对地方进行控制。

（二）政党与地方选举国家化

政党政治将地方选举拉入全国选举体系，全国选举一盘棋。法国尽管有根系地方的传统，但地方分权改革以来随着政党政治重要性日益增加，法国地方选举日益政治化和国家化，党派之争正将地方选举纳入全国体系，虽然纳入程度与市镇规模以及城市还是农村的属性有关。全国化的首要指标是国家议题在地方选举中占据主要位置，除极小市镇以外地方选举日益遭受国家议题的考验。[①]1983 年的市镇选举中，政党政治与全国性议题开始占据大的城市和市镇，在小市镇和农村提出得不多却也是重要因素。

全国化的第二个指标是全国性政党在地方扮演的重要角色，就连市镇选举也像其他层级选举那样，全国性政党确定地方选举议题拟定候选人名单，对地方分支机构与人员施加更大的影响与约束。[②]同样地，地方民众对中央政府施政表现的评价反映在地方选举中，密特朗与其政府在全国性民意测验中支持率下滑，在地方性测验中同样如此，1983 年的市镇选举，1982 年与 1985 年的省级选举，1986 年的大区选举左翼失利，地方选举成为惩罚现行政府丧失民意支持的手段，而 1988 年的省级选举与 1989 年的市镇选举左翼重新收复地方，则成为民众对现行政府施政的奖赏。上述政治实践中左右翼在国家层面的分化，与左右翼在地方的分化几乎同时进行，足见全国性政党对地方政治影响的程度之深。

全国化的第三个指标是地方选举受全国选举周期的影响，地方选举在选举周期中的所处的位置决定着其受全国性选举影响的程度，表现在地方选举的成效与投票率的高低。从成效来说一般分为三种情况，若地方选举或者欧盟选举在国家选举之后短时间内进行，无论执政的是左翼还是右翼都将受益于蜜月期作用，因此执政党在地方的选举中表现不会差；若地方选举在全国性选举周期中间进行，地方选举将会成为对执政党的惩罚；若地方选举靠近选举周期末端，地方选举结果反映的是即将到来的国家选举，地方与国家选举有相当程度的重合。地方选举在投票率上的表现，若地方选举紧跟国家选举之后或者两者同时进行，地方投票率会增加；若地方选举紧跟国家选举之后进行地方投票率下降，地方选举将回归地方议题和个人竞争。

地方分权改革赋予地方的自治权力与空间，某种程度上被政党政治向地方的渗透侵蚀，地方选举变成次级的国家选举。全国性议题取代地方性议题充斥着地方选举，全国性政党控制与影响着地方选举事项，全国性选举周期对地方辐射影响在地方形成悖论性的是，地方民众对中央政府表现的认可与地方民众对全国性议题出现在地方选举中的厌烦并存。政党政治作为纵贯中央与地方的选举与执政手段，在地方分权改革后的法国府际关系里，成为平衡央地关系沟通地方层级关系不可或缺的渠道。

---

① Vivien A. Schmidt: Democratizing France —The Political and Administrative History of Decentralization, Cambridge University Press, 1990, p.268.

② Vivien A. Schmidt: Democratizing France —The Political and Administrative History of Decentralization, Cambridge University Press, 1990, p.268.

（三）行政主导与地方集权化

地方分权改革下中央向地方转移职权的领域都是纯民生的低政治领域，不涉及核心和涉密等高政治领域，更重要的是转移的是治权，转移主要集中在城市规划、文化教育、住房、交通路政、社会福利和经济发展等方面。市镇偏重城市规划等具体事项，省级负责社会福利等传统内容，大区以其人口与地域规模负责经济发展，理论上来说各自治政府职责分明，但实践中结构与职责的分工很难落实到实处。以教育事项为例，市镇、省级和大区分别负责小学、初中和高中，学校选址、经费与建设、设备和维修等职责都由地方政府承担，但课程设置、教师工资和教师任用等重大事项权归中央。

批评者对此提出两项不满，一是虽然教育事务上各层级政府都有治权，但中央以确保公民教育平等名义掌握统权，把大量职责推诿给地方当局却又不提供必要的财政和行政资源，致使地方当局无法有效地履行新职责。这其实只是教育职责的下放，地方层级在承担义务的同时并没有获得多大的权力。二是中央政府实施的地方分权缓慢复杂、冗长拖沓，新的改革法案法规不断出现，从 1982 年开始实行地方分权改革，到 2004 年开启分权改革第二阶段，再到 2015 年大区的合并方案，因此到现在也很难说法国改革已经告一段落。

更重要的是在治理过程中，中央行政的主导模式输入地方，在地方亦形成行政占主导的模式。分权改革前地方的实权人物是驻地方的国家代表，政策制定过程虽然也存在地方当选代表与国家的协商谈判，却是在国家法律限定范围内围绕地方从属于中心的现实来开展。分权改革改变了中央与地方关系模式，却未能在地方层级引入更多的民主成分。地方系统公共活动的多样性与地方政府层级执行机构强势权力的出现，在地方引发悖论局面，地方分权改革本欲终止雅各宾主义的集权特性，结果却是把第五共和国中央层级的总统至上模式输入到地方，在地方层级亦出现行政占主导的模式。[1]地方治理领域中群雄割据的混乱局面未变，变换的是割据的群雄，改革前的国家代表换成改革后的自治机关的执行机关。地方分权改革在大区、省级和市镇开启地方集权模式。

---

① Negrier: The Changing Role French Local Government, Western European Politics, 1999 (22): 126.

第四节　中央对地方的监督

中央对地方的监督方式通常有两类：一是通过宪法、立法、行政和司法等方式正式进行，这类监督被称作刚性监督，任何国家都存在刚性监督，但存在上下级行政隶属关系的国家尤其突出；另一类通过财政税收、政党活动、利益集团和人事兼职等非正式方式进行，这类监督被称作柔性监督，欧洲国家大都实行地方自治制度，中央对地方的监督大都通过柔性方式进行。法国地方分权改革在一定程度上改变了中央对地方的监督方式，但并没有改变中央对地方进行监督的本质。从刚性监督为主到刚性与柔性并举，改变的只是手段而已。

一、中央对地方的监督方式

国家对地方政府的监督大致可分为性质不同的两类，对地方自治政府执行国家公务时的监督是层级监督，此时是对执行公务的监督，而不是对地方自治政府的监督。国家对自治政府的监督是自治监督，两者作为不同的行政主体，为确保地方自治权，自治监督只能在法律规定的情况下和范围内行使。自治监督包括对机构的监督和对行为的监督。对机构的监督包括对地方团体议决机关的解散、停止活动以及对执行机关的撤职和停职。法国中央对地方自治行政的监督权比较大，行使监督权的机关主要有省长、部长和部长会议。地方政府的很多行为需要省长或者中央政府的批准才能生效。法国中央对地方的监督，主要有行政监督、财政监督和独立行政机构监督三种方式。

（一）行政监督

改革前的行政监督主要是指中央政府和国家驻地方代表，按照行政程序对地方行政机构进行的监督，是带有主观判断的适当与否的事先性监督。1982 年以后行政监督是国家对地方政府行为合法与否的事后性监督，是国家有关的行政机关请求行政法院审查地方政府行为合法性的监督。行政监督的范围只适用于地方政府的重要行为而不是全部行为。对于受行政监督的行为，法律采取列举方式，列举范围以外的行为不受行政监督，但可以对这类行为提起越权之诉。

1982 年 3 月 2 日法律规定各级地方政府的决议、规章、决定及其所签订的合同属于行政监督范畴。同年 7 月法律把范围确定为：（1）各级议会的决议，以及地方议会授权机构所作出的决定；（2）市长和省议会主席关于警察条例所制定的条例和所采取的行政处理；（3）各级地方政府所制定的其他各种条例；（4）地方政府对公务员所作出的重要决定，包括任命、晋升、重大纪律处分、免职等事项；（5）重要的合同，包括供应、借款、工商业公务的特许或租赁等合同。

不在限制监督范围内但可以就合法性监督提起越权之诉的事项有：地方议会决议以外的行政处理，不包括警察事务的行政处理和对地方公务员作出的重大决定；行政监督以外的合同；经常性的行政决定，机关内部活动，地方政府与公民之间的通常关系。

法律规定其他监督方法不适用行政监督的行为有：（1）市长执行国家公务时所采取的行为与所签订的合同，属于国家行政主体内部事项，受层级监督不适用自治监督；（2）受私法支配的行为区别于公法行为，不适用行政监督另有司法上的监督手段；（3）市镇和省参加商业公司或盈利企业投资必须事先得到省长批准，不适用事后监督原则；（4）地方政府不执行警察职务，经催告后仍不执行时可由省长代为执行。

宪法第 72 条规定国家在各地方层级的代表负责监督行政并使法律得到遵守，此举意味着对市镇的行政监督由省长或副省长提出，对省的行政监督由省长提出，对大区的监督由大区长提出。行政监督是事后合法性监督，对合法与否的裁断由行政法院决定，因此行政监督的机构是各级行政法院。行政监督的流程为地方政府将适用行政监督的决定通知有关国家代表，通知之后，决定立即生效，不需要任何批准。国家代表在收到送审文件后，或放行，或通知改正，或提交行政法院审查。若行政法庭认可国家代表请求，会撤销地方政府行为；若不认可则驳回请求，遭驳回的国家代表可以提出上诉。

（二）财政监督

财政监督是中央监督地方的重要方式，财政监督包括中央对地方政府预算的监督和税收方面的监督限制。财政监督是对地方政府预算的监督，国家代表与审计部门监督地方预算编制和执行。地方层级预算的编制是地方决策机关的决议，既适用行政监督又适用财政监督。在财政监督中国家代表有代执行权，1982 年的改革增加了大区审计庭的建议权。预算执行的监督由审计机关执行。

国家代表在财政监督中有很大的代执行权力，在地方预算出现问题时可越过地方决策机关以国家名义代为执行，这是国家控制地方重要的财政手段。（1）预算未能按期通过时。国家代表可以将 3 月 31 日还未能通过年度预算的案件提交大区审计庭讨论，或根据审计庭建议或不依建议编制预算，并规定预算具有执行力。（2）预算收支不平衡时。国家代表将收支未达平衡的预算提交大区审计庭，大区审计庭向地方议会提出改正意见，地方议会不采纳时国家代表有代执行权。（3）预算未列入强迫性开支时。大区审计庭向有关议会提出催告，地方议会不执行时国家代表可以代为列入。（4）预算亏空或超标时。亏空或超过法定标准而地方议会又不按照大区审计庭建议改正，国家代表可以采取必要措施。在地方预算的执行中，地方团体的行政长官对强迫性的开支不签发支付命令，经国家代表催告后仍不执行时，国家代表可以代为执行。

地方分权伴随着资源的转移，而最重要的治理资源转移就是财政援助与部分税收的转移。改革后中央与地方在不同的领域征税，但受单一制国家结构的影响，中央与地方政府的税收遵循着不同的原则，中央是根据总支出决定税率与税收额度的"量出而入"原则，而地方是根据总收入决定总支出的"量入而出"原则。中央政府在税收征收上的优势，对地方政府财政援助的控制，伴随职责尽力下放，地方政府实施的举措，一起汇成中央对地方的财政监督与控制。

（三）独立行政机构监督

在对公共权力的监督中，独立行政机构发挥着重要作用。作为法国行政机构的分支，独立行政机构虽然设在某个公法人内部，但其本身不具备法人资格，并且不受其他国家机关的领导，活动完全不受行政等级的监督或监管。法国的独立行政结构大都设立于 20 世纪七八十年代，为纠正中央集权与科层制弊端以新的监督与仲裁方式改善行政机关与被管理者的关系。随着行政现代化的发展，这种新监督与仲裁方式在面向市场的各领域扩展开来，比如信息通信、大众传媒、市场经济监督、竞选监督、消费等领域。

选择独立行政机构而不是直接由政府部门来监督，就是要保证监督与仲裁的独立性。地方分权改革将政治领域与社会领域剥离出来，还社会领域独立发展的空间，独立行政机构的设立既避免政府部门对社会的干预和控制，又避免社会领域发展的无序。同时，法国的独立行政机构设立的领域，要么对应市场与消费，要么事关文化传媒，要么涉及银行证券，要么涉及信息自由与选举，这些属于治理范畴的领域具有共性特点，那就是一管就死一放就乱，管与放之间的尺度不易拿捏。这些也是极易产生自由裁量与寻租的领域，而独立行政机构的产生与运行方式在避免上述弊端方面具有优势。

独立行政机构的调节与监督职责贯穿事前与事后。独立行政机构有权制定或参与制定某些法规章程，事先在某一方面树立规范。如若被管理者对某一管理行为提出申诉，独立行政机构具有调查权，在职权范围内对行政机关的不良行为提出劝告和改进建议。若不良行为触犯法律，独立行政机构会采取罚款等处罚措施。

调解员是独立行政机构中的独特存在，职责在于纠正违法和不当的行政管理行为。职权范围广泛，无论是国家行政机关、地方行政机关、公共机构，还是所有负有公共服务使命的机构，无论是违法行为还是不当的管理行为，当事人均可向调解员提出申诉。

独立行政机构的独立监督权以其本身行为受行政法院的司法监督为前提。如若其本身行为非法，行政法官有权宣布废除。

二、中央对地方的监督原则

中央对地方的监督或者控制并不是无原则随意进行或者滥用职权。根据《世界地方自治宣言》第七条："对地方政府的监督程序只能根据宪法或法律启动之"；"对地方政府监督的目的一般只能是确保地方政府的活动符合法律的规定"。此处引申出中央对地方监督或控制三原则：一是程序原则，监督行为要有法律依据而且要符合法律程序；二是目的原则，监督权行使的目的在于确保地方政府依法进行活动；三是合法性原则，此处的合法性与历史上曾存在过的"适当性"原则相对应，合法性原则排除监督者的主观认知和判断减少自由裁量空间。

法国地方分权改革后，中央政府与地方自治政府作为不同的行政法人关系发生变化，相应地中央政府对地方的监督方式也发生变化。1982 年 3 月 2 日《关于市镇、省和大区权利和自由法》，1982 年 7 月 22 日《关于地方团体行为监督法的补充规定》，体现出国家对地方自治行为的监督原则有三：一是事后监督原则，地方团体的决定立即生效，不需要事先政府批准；二是合法性监督，对地方团体的行为只监督合法性，不考虑适当与否；三是统一性监督，对市镇、省和大区原则上适用相同的监督。国家对地方自治的监督在法律没有其他规定时都受这三个原则支配。

首先，监督性质由行政监管到行政监督。取消行政监管代之以行政监督，监管意味着有种明显的行政等级存在，有领导与从属意味，重在行政等级和政治领导；而监督更重视督促之意，等级与从属意味不浓，重在专业和技术标准控制。1982 年前法国省长有对省级政府活动的行政监管权，可以通过发布指示、取消决定以及以合法性或者适当性为由修改作出的决定。行政监督，督即督促，活动的双方没有明确的上下级关系，监督方只要确保被监督者在既定范围内活动即可，被监督方在给定范围内可以方便行事。监督方不可以就被监督方如何活动指手画脚给出行政命令。

其次，监督标准从适当向合法转变。1982 年 7 月 22 日颁布法律对地方领土单位的行为进行监督作了进一步的补充，此后国家对地方政府的监督不论在范围还是方式和手段上都发生了很大的变化，监督范围明显缩小，监督方式由过去的"适当性"监督转变为"合法性"监督。"适当"带有浓厚人治色彩，国家代表的主观性强；而"合法"严格以法律为标准衡量，削弱人治色彩加强法律权威。

再次，监督程序由事先审批向事后监督转变。[①] 事先与事后，事先提前介入给予地方的是列举权力，国家驻地方代表代表国家在地方享有保留权力，中间地带的权力归属中央；事后监督某种程度上默认地方在中间地带施展权力，前提是不威胁中央权力。更重要的是监督主体由行政机构向独立机构转变。在 1982 年后的法国省长对省级政府活动的行政监督通过事后的行政诉讼和大区审计院的审计来进行。诉讼与审计都由独立机构来进行，避免行政机构的专权与武断。

最后，柔性监督成为与刚性监督并举的措施。国家代表对地方的影响由以前通过制度性的监管变为通过与地方精英的协作等非制度性方式进行隐性影响。政党政治下地方执政网促使左右翼更注意经营地方，通过选派人员竞选人事方面的兼职织就错综复杂的人事关系网，通过地方与中央人事兼职实现相互影响。

---

① 潘小娟：《法国行政体制》，中国法制出版社，1997 年版，第 135 页。

第五章　外自治内集权的市镇政府

第一节　市镇政府的改革历程

市镇是法国最古老的基层地方单位，其现代形式可以追溯到大革命时期 1789 年 12 月 14 日的法令，然而其起源远早于这一时期，甚至可以追溯到高卢时期——市镇曾经是罗马帝国时期的省份。大革命时期市镇居民大多目不识丁，而且被束缚在土地上，其眼界和活动范围从不超出教堂钟声所覆盖的范围，因此市镇边界与中世纪教堂的影响范围密切相关。此时市镇居民受文化程度所限，地方方言占据主导地位法语远未普及，更受经济与技术的发展所限，市民多被限制在所劳动的土地上，对所生活的市镇的依赖使得市镇兼具民众的生活场所与精神情感归属地。这一点对法国社会影响深远，法语的普及历经一战才得以完成，削减市镇数目的改革仍在途中。对市镇的归属感某种程度上奠定法国社会政治结构的基调，基层自治的活跃以及第三共和国"市镇革命"皆可溯源于此。

第三共和国是法国市镇自治发展的重要时期。1871 年省级议会改由大众普选直接产生，这使得各级议会改革呼声再起。1875 年宪法规定国民议会实行普遍的直接选举，参议院则是间接选举，选举团主要由市长和国民议会代表组成。1876 年的参议院选举由 1874 年选举法任命的市长选举产生，保守派获得多数胜利。1876 年共和派在国民议会的胜利使市镇立法改革重新提上议事议程，市长的选举方式成为改革重点。

1876 年的地方分权改革法更多的是政治利益而不是政治原则的产物，左右翼的政治斗争以及选举策略的运用促成 1882 年和 1884 年市镇改革的成行。执政的左翼与控制地方的右翼都想从对方手中取得尽可能多的权力。主张中央集权的左翼出于对保守派重掌权力后所实施政策的担忧，不得已减少国家对地方的控制，虽然在短期内这是左翼在降低自己的控制权力。

而本身主张分权的右翼为瓦解左翼在地方的势力更是主张放松地方的管控。当政府不稳定持续成为问题时，左右翼出于利益考量必然进行地方分权改革。

1884 年的市镇组织改革法主要涉及两方面的内容，首先是市镇长的产生，除巴黎市以外市镇长由市镇议会选举产生。废除由中央任命市镇长的规定，还权于市镇议会。国家代表只可以暂停市长权力一个月，内务部长可以暂停市长权力三个月，市长权力只能被共和国总统的规定所取消。此举减少中央政府对市镇的干预，实质是国家监管权力的后退。

其次是市镇长的双重身份和职责。一方面市镇长作为国家在市镇的代表处在国家权威直接控制之下，驻省级的国家代表掌握着市镇行政和财政决策的事先审查权力。1884 年的市镇组织法对市镇结构的改变，某种程度上可以看作对市镇的革命。此次改革为接下来近百年时间设定了法国市镇结构的基本参数，这些内容除了极少的改动一直保留到 1982 年的社会党改革，左翼通过这部法律成功地解决困扰折磨法国一个世纪的再集权模式。市镇长身兼三职：既是国家在市镇的代表，又是市镇议会主席还是市镇议会决策的执行者。市镇结构的参数足够共和与民主，既能满足政治分权的要求，也能应对行政效率的要求，所以这些参数两百多年来只有稍微的修改再无彻底改变。也就是说 1884 年法国最基层地方组织——市镇结构已经确立下来。市镇结构的确立作为地方政府结构的模板，对其他地方层级对政治地位与行政地位的追求提供了榜样。另一方面，市镇层级作为最基层地方组织直接选举带来的民主与分权以及地方自由有力地抗击着中央的集权倾向，无论是在议会集权还是行政集权中保留着最底层最基本的地方自由与自主。

20 世纪 70 年代早期法国顺应国际潮流进行区域改革，因遭到地方强烈抵制而以失败告终。区划改革在欧洲形成两种模式，一种是北欧型以英国和瑞典为代表，地方政府进行大规模合并并取得成功；一种是南欧型以法国为代表，地方政府少有甚至没有合并。[①]大革命时期以来直到 20 世纪中期，大多数法国人还是生活在乡村的小市镇与农庄里。尽管过去 50 年伴有乡村衰落与城市化运动，法国人对市镇的强烈归属感使得法国削减市镇数目的改革举步维艰。

1884 年市镇组织改革法是法国市镇发展史上里程碑式的法律，其对市镇的影响表现在市长产生方式的改变上。市长兼任中央政府在市镇代理人

---

① 赫尔穆特·沃尔曼：《德国地方政府》，陈伟、段德敏译，北京大学出版社，2005 年版，第 44 页。

与市镇最高行政长官的职责未变，但市长产生方式的变化带来其职责在两者间偏重的变化。改革法之前先由国家任命驻地代表，再由国家代表兼任市镇最高行政长官，改革法实施后先由市镇议会选举产生市镇最高行政长官，然后再由市镇行政长官兼任国家驻地方的代表。市镇长所兼两职先后顺序的改变体现出其所兼职责分量的改变。国家驻地代表兼任市镇长偏重的是国家对市镇的控制，市镇长兼任国家驻地代表偏重的是市镇自治。

一、混而不乱的市镇结构

大革命时期以来直到 20 世纪中期，大多数法国人还是生活在乡村的小市镇与农庄里。20 世纪 50 年代以来，不少"北部"欧洲国家将地方区划改革列入政治议程。瑞典在 1952—1962 年间推出一系列改革，市镇数目锐减到原来的十分之一，从 2500 个降为 248 个，市镇平均人口达到 29300 人。20 世纪 70 年代早期，英国也启动了一个"区划重组"计划，对地方的区和乡进行了合并，到 1974 年原来 1300 个区已经变为 369 个，平均人口则达到了 127000 人。

法国地方政府网站统计数据显示，到 2018 年法国有 35000 多个市镇，其中 85%以下的市镇人口在 2000 人以下，人口超过 10000 的市镇不足 1000 个，但就是这不足 1000 的大市镇生活着法国 50%的人口，人口过 100000 的 42 个市镇生活着法国超过 15%的人口。巴黎作为国际性大都市人口达到 220 万，马赛人口超过 80 万，里昂人口接近 50 万。①总体来说法国市镇数目庞杂，市镇人口规模不一，空心市镇与巨型市镇并存。（见表 5.1）合并与缩减市镇历来是法国地方改革的目标，第五共和国甫成立德勃雷着手进行地方改革鼓励市镇合并与重组，但在地方精英的抵制下改革不了了之。

法国市镇的状况既不符合治理需要，也不符合经济发展现实。人口不足是大多数市镇面临的问题，这些市镇缺乏治理所需的必要财政、资源与专家，甚至缺乏必要的办事机构和行政人员，小市镇出现光脚无鞋状况，难以履行一级政府的各种职责。同时像巴黎、马赛和里尔等人口规模庞大的城市，各项与大城市相配套的法规政策措施，不一定适用于人口不足的市镇，但依然使用统一建制，遵守同一套法规政策，不可避免地出现大脚套小鞋的状况。

---

① https://www.collectivites-locales.gouv.fr/files/files/statistiques/brochures/chiffres_cles_2018_0.pd，last accessed on 4 June, 2019.

表 5.1　法国本土市镇的数目与规模

Number of inhabitants	Number of communes	Percentage of total
0—99	3,911	10.67
100—499	17,124	46.83
500—999	6,759	18.48
1,000—1,999	4,133	11.30
2,000—2,999	1,530	4.18
3,000—4,999	1,259	3.44
5,000—9,999	975	2.67
10,000—29,999	633	1.73
30,000—49,999	129	0.35
50,000—99,999	76	0.21
100,000—299,999	31	0.08
over300,000	5	0.01
Total	36,565	100

表格来源：https://www.collectivites-locales.gouv.fr/files/files/statistiques/brochures/chiffres_cles_2018_0.pdf

　　1982 年的地方分权改革未能有效缩减市镇数目，市镇作为最基层的地方政府数目庞大造成法国地方结构碎片化。市镇人口规模不一导致其所奉行的治理理念必然不同，小市镇与巴黎大都市在治理实践所遇问题不同，但法国所有市镇无论大小行政建制相同，如此一来法规政策的实施改革措施的制定，该偏向数目占优的小市镇还是人口占优势的大城市，成为困扰法国改革的顽疾，此举导致治理的碎片化状态。结构的碎片化与治理的碎片化，是地方分权改革的顽疾。

二、杂而有章的市镇选举

　　第五共和国的政治体制下，数目庞大规模极小的小市镇，伴随着数目极少但规模庞大的大市镇，共同构成法国地方政治的现实。不同类型的市镇中，如何确保多数人支持的有效政府同时兼顾少数人的代表性，成为考验法国政治的难题。

　　1982 年地方分权改革后，在莫鲁瓦总理兼顾公平与效率的原则下，人口少于 3500 人的市镇保留多数代表制，人口大于 3500 人的实行多数与比例混合制。市议会由市镇居民通过普遍直接的选举产生，议员人数据居民人数而定，市民人数少于 100 人的选举 9 名议员，居民达到或超过 300000 人的选举 69 名议员。但特大城市巴黎 163 名，马赛 101 名，里昂 73 名。

这种选举方式虽然不乏批评之声，但在实现选举公平与政府效率方面，现行选举体制获得广泛认可。

人口不足 3500 人的市镇选举为效率与节约成本计采用两轮多数代表制，一般全镇作为一个选区。如果一个市镇包括几个不同的居民点，为防止居民少的地区没有议员当选而出现代表性不足的情况，可由省议会决定分区选举，每区按照居民数分配议席。每一获选人名单包括全部应选议员。在第一轮选举中获得绝对多数票的政党，并且投票人数达到注册投票人的1/4，则该党独占所有议员名额。若第一轮没有政党获得绝对多数票，在第二轮选举中只要达到相对多数即可独占所有议席。在第二轮选举中可以拼凑选票名单，可以增加他人的名字。在人口少于 2500 的市镇，因为有不完全名单或者是议员超出议席数的存在，独立候选人是可以胜出的。如若候选人所获票数相等，则席位归于年长者。甚至出现不是候选人亦可当选的情况。议员辞职或者死亡一般不补选，除非议员损失超过 1/3，但若新一届议会选举将在一年内举行，则只有议员损失 1/2 才可以举行补选。

人口超过 3500 人的市镇选举分为两轮，此时采用多数与比例相结合的选举制度。这种大市镇选举由政党提供候选人名单，如果一党的候选名单所获选票超过 50%，则该党自动获得一半议席，剩余议席在所有获得 5%以上选票的政党中分配，分配标准是按照比例代表制用最大平均值法。第一轮选举要注意下面几点，一是参与剩余议席分配的政党需在第一轮选举中获得 5%以上的门槛票数；二是参与分配剩余议席的政党包括已经获得50%议席的多数党；三是分配议席时只能按照政党提供的候选人名单次序进行，不允许拼凑选票名单，也不允许改变政党主导的候选人名单顺序。近来出于性别平等要求候选人名单必须有相应比例的女性，但候选人只能出现在一个市镇的一张名单上。

若第一轮中没有绝对多数票，则获得10%选票的政党进入第二轮选举。第二次选举中不论是否过半数，所获选票最多的政党自动获得一半议席，剩余议席在过 5%选票的政党中按比例分配。第二轮选举中应该注意的点，一是进入第二轮选举的门槛票数是必须获得第一轮选举中选举的 10%以上，此举是为限制进入第二轮选举的政党数目，以期在第二轮选举中有绝对多数票的出现，增加获胜党在议会中的席位。此举在提高获胜者执政效率的同时，也限制了小党的生存空间。二是第二轮选举中政党只要获得相对多数票即可获得半数议席，这也是为避免选举无限制进行的权宜之计。三是参与剩余议席分配的门槛票是第二轮选举中获得 5%以上选票者。四是第二轮允许候选人名单的融合，但仅限于已经参与第一轮竞选的人才可参与第二轮的竞选，不允许新人加入，也就是说人口大市镇选举相对严格。

这种选举制度既获得赞誉又不乏批评。选举加强基层领地化的功能，地方在野党逐渐边缘化，地方政治参与者逐渐贵族化。选举逐渐把中央层级的集权倾向和弊端传染到地方。就像全国性的利益集团通过选举进入中央系统，当地方利益集团把选举作为进入地方政治系统的工具，特别是通过横向兼职占据议会职位和其他非选举职位时，选举的领地化功能弊端出现。

议席分配中多数占据半数的议席分配规则，无论是绝对多数还是相对多数，这分配规则其实是作为奖励机制以确保议会出现多数党。第一轮中的半数席位加上第二轮按比例分得的议席，足以确保议会中的多数党的存在。两轮中多数党的出现避免选举因没多数党而无限制进行下去，从效率角度而言是切实可行的，但为确保多数党而采取的措施实为对其他政党实力的稀释和中和，不符合比例代表制的公平原则，这促使大党更有影响力而小党更加边缘化。

法国市镇议会选举卡在合法性与有效性之间进退维谷。比例代表制选举出的议员具有更多的代表性，更多的治理合法性，但治理效率未必尽如人意；多数决制能带来治理的效率，但两轮选举制对民众真实投票意愿的影响，以及相对多数制带来的合法性成为问题。不同层级间的众多地方政府，人口和制度能力各不相同，造就法国政党参政复杂多样的现实。鉴于法国现实情况在市镇选举中采用两套不同的选举制度非常必要。小于3500人口的市镇采用多数决制，非常灵活地适应市镇的人口分布特征。大市镇采用混合的多数比例代表制，试图兼顾有效性与合法性。

第二节　市镇政府的制度设计

一、立法领域与市议员

法国市议会自第二共和国开始完全由民选产生，第二帝国的最后几年职权也略有增加。但市议会实权化要等到1884年的法律规定，按照楼彦邦先生的分析，"市议会权力的增加可以笼统地从两方面看出来：第一，除非法律另有明文规定，市议会之议决案毋须经其他机关之核准；第二，市议会之议决案非因法定之事由不得被撤销，"不当，不能构成撤销之原因"①。由此可以看出，法国市镇议会的自治权早在 19 世纪末就已经确立，法国市镇的自治传统由来已久。值得注意的是，地方市镇议会虽拥有自治权，但这权力处在中央政府的严格控制之下，此时的市镇并不是一级地方自治政府。

1884 年的市镇法在 1977 年改编成为市镇法典，成为规范市镇议会活动的主要法典。市镇法典第 121 条第 26 款规定"市议会通过讨论决定市镇事务"，但从这条概括性的规定看，没有其他法律规定时市议会可以讨论和决定一切属于市镇的事务。似乎某种程度上市镇享有保留的默示权力或权限。1982 年《市镇、省和大区的权利和自由法》的作用在于将市镇提升为一级地方自治政府。1983 年划分市镇、省、大区和国家权限的法律作了进一步补充，第 3 条规定："地方团体与国家权限的划分方法，尽可能地区别由国家负责的权限和由市镇、省和大区负责的权限，使每一种权限的范围及其相应的资源，或者全属于国家，或者全属于市镇、省或大区。"根据这条规定，地方团体权限的范围由法律具体规定，也就是地方团体享有的是法律列举的明示权力，没有一般性的权限不具有默示的保留权力。

王名扬先生在解释这些矛盾的规定时认为 1983 年的划分权限法，只是对某些领域内国家的权限和地方团体的权限作出规定，并没有涉及地方团体的全部权限。对于没有划分的权限，性质上属于市镇的公务按照市镇法典规定仍然属于市镇公务范围。1983 年的法律并没有取消市镇议会的一般性权限，其重点在于将原来属于国家的某些权限转移到地方，扩大地方分权的范围。不能认为地方团体只有法律明白规定的特定权限，不再具有一般性的权限。②

考虑到法国市镇向来就有自治传统，王名扬先生的这种解释不无道理。同时考虑到法国单一制国家结构形式的属性，此种解释值得商榷。单一制的国家结构形式决定着中央与地方的关系，也决定地方权限的性质。法国市镇是有自治传统，但法国市镇的自治远非美国联邦制下市镇的自治传统。美国先有地方自治后有联邦政府，美国地方直接从民众让渡的权力中获得部分权力，但法国地方政府是从中央政府获得地方治理权，地方虽有自治传统，地方现在也是自治团体，那都是国家监管之下许可给的，不是天然具有的。表面看来法国与美国地方政府权力差异不大，两者来源的不同决定其性质迥异，特别体现在列举权力与保留权力上，谁拥有保留权

---

① 楼邦彦：《各国地方政治制度　法兰西篇》，商务印书馆，2013 年版，第 40 页。
② 王名扬：《法国行政法》，北京大学出版社，2007 年版，第 73 页。

力谁就在两者关系中处于主导地位。法国中央向地方转移再多的权限，只要抓住保留权力就会占据主导。

市议会职权大致分为受限制的职权、独立的职权、咨询职权三大类。

所谓受限的职权就是市议会有权决议，但是它的决议案如果要产生执行力，必须经过其他机关的核准。诸凡市预算决议，市公债募集、市税收决定、市公产处理、广场公园设置、街道改名，皆须其他机关之核准后才能生效。其他机关有多种可能性，或为国会、或为总统、或为中央部长，或为省议会，或为省委员会，或为省长或区长。须经核准的市议案，如果上级机关在法定时间内不指令核准与否，法定期限结束决议立即生效。

财政权是地方政府最重要的职权，市镇财政预算的编制、通过与执行都在国家的监督之下。市镇预算由市长编制，市议会通过再由市长执行。市镇预算中规定每一年度财政的收入和支出，包括强制性的支出和任意性支出。预算中没有列入强制性支出或者没有完全满足强制性支出时，由大区审计庭确认并催告市议会列入。若市议会不执行审计庭的催告，省长可以列入这项支出，并创设相应的收入或者削减任意性支出以满足强制性支出。市镇议会主导，市长参与，大区审计庭监管，必要时省长履行层级指挥权介入，市镇财政预算的编制与通过过程是多方博弈的过程。市镇财产的管理权虽属于市镇议会，但往往被委托给市长行使。

所谓独立职权包括市议会对议会主席的选举，对部分市镇公共事项的决议。市议会的独立职权一般只限于本市镇内部实施，只涉及与市镇有关的具体的治理职责。所谓咨询职权是指除作为议事机关，市议会还是省长的咨询机关，省长常向它征询有关市镇公务的意见。再有就是有关市镇的公务，省长在作出决定之前法律上有义务先向市议会咨询，但此时市议会只是咨询机关其建议不具备执行力。

市议会作为最基层的自治决议机关，一方面有独立决议权力体现市镇自治，另一方面决议权力受到单一制下各种外部机构与力量的制约。最重要的是市镇自治受市镇自身能力制约，不得不借助外部力量完成市镇职责，比如供水供电借助市镇联合体，财政与技术求助于国家代表。市镇在主客观条件限制下，自治的同时也体现国家统治一面，而统治特征在市长职责中更为明显。

二、政治行政领域与市长

法国地方层级的行政事务都由议会主席负责，只不过市镇议会主席兼任市长，看起来像是由作为国家代表的市长负责，因此习惯称市长负责市镇行政事项。市长出席市议会参加讨论与议决，相较于省长与省议会，市长更积极地参与市议会的工作。但当议会讨论市长的年度报告与预算案时，市长改为列席以备咨询，由市议会另行推选临时议长，表决时市长需退席。

作为国家代表，市长负有下列责任：国家法律和规定的颁布和执行，公共安全措施的实施，法律赋予市镇长的具体职责。同时市长由市镇议会选举产生，作为市镇议会决议的执行机构履行市镇的自治权利。即使处在国家监管下市镇长仍有极大的权力，一是负责市镇服务组织，人员任命、晋升与免职，对市镇公民施政的规定性权力，负责市政公产；二是市长拥有市镇议会决策的执行权力，预算执行权，商业合同执行权，代表市镇作为原告或被告，负责市镇议会创建的组织。市长作为市镇团体的执行机关，有其作为行政长官的专属职责。作为地方行政的主导者，市长领导地方公务员事项，负责对公务员的任命、考绩和指挥，与公务员系统一起负责地方行政事项。市长作为行政分支主导者拥有行政法人资格，对外作为自治主体代表市镇参与地方与国家层级讨论谈判；对内履行地方自治职责，保管市镇财产等。

联合职责是市长作为市议会主席与市镇议会共同行使的职责，市长准备市镇预算案和市议会的讨论案，但市议员也有提案权；市长作为市议会主席，主持市议会的会议；市长执行市议会的决议，例如市长签订市议会所决定的合同，执行市议会通过的预算，指挥市议会所决定的工程。委托职责是市议会委托市长行使的某些属于市议会的权力。例如决定市镇财产的用途、借款权、行使市镇的先买特权等。

市长作为作为一般权限的国家机关负责国家在市镇的一般性职责，行使的是代表国家的政治性权力，与省长存在上下级关系受省长直接指挥与控制，省长对其行使层级指挥权。市长组织选民登记各级选举事项，选举事关各级政府统治的合法性来源属于国家职责范围。市长负责征兵事项，这是国家对外避免外敌入侵队内维持秩序所必需。负责人口调查与统计工作，为全国性人口普查与选区调整做准备。教育是国家重要职责，法国将教育按年龄阶段分配给各级政府由国家监督地方政府执行，市镇作为最基层政府负责发展初级义务教育。所有由国家负责的民事事项，签发结婚证书和出生死亡证书等由作为民事官员的市长负责。市长负责的政治性权力大都与国家有关，确保国家立法机关法律法规的执行，确保中央政府政策规章的执行，确保中央立法与行政职责在市镇的实施。

市长作为国家在地方代表有两点值得注意，一是市镇警察权力的国有化，二是市长兼职身份的先后顺序。市长原本代表国家行使市镇内部一般性的警察权力,但现在法国大部分市镇的警察权力由国家接管实行国有化,权力上交由省长行使,市镇的警察人员成为国家警察。市长与大区长都没有警察权力,这与国家对地方不同政府层级的规划有关。市镇偏重"自治之需"与大区偏重"治理之需",在央地关系里都不及省级偏重的"统治之需"重要,因此中央权力转移与下放在地方层级更倾向于聚于省级,这与拿破仑当初设立省级目的在于统治所需一脉相承。

法国市议会主席兼任市长之职,是由市议会主席来兼任国家代表,产生程序上先有市议会主席,然后中央任命其兼任国家代表,也就是在代表国家与市镇之间更侧重市镇。兼任市长的市议会主席由市议会在市议员中选举产生,通常在每届议会第一次会议中进行,原则上需要议会中的绝对多数。在第一、二轮中没有绝对多数时,举行第三次选举以相对多数当选,得票相同时以年长者当选。

虽然市长是由市议会选举产生,但市议会没有市长罢免权。市长兼任地方自治团体执行机关与国家代表,市议会没有罢免国家代表的权力,就如同省议会没有罢免省长的权力一样。市议会虽然不能直接罢免市长,但若不同意市长的决策,可以变相地通过连续反对市长的提案迫使市长辞职。或者通过中央政府解散市议会,通过类似"倒阁"的做法由新选举决定市议会与市长的去留。

一言以蔽之,市议会对于市长有选举权没有罢免权,中央政府只能被动接受市议会选举出来的人选因而对市长没有选举权,但中央政府有解散市议会从而促使市长下台的权力。市长作为中央与市镇政治权力的交点,某种程度上是中央集权与市镇自治之间互相牵制的手段与工具。

不同于中央层级的政党主导,法国地方选举的现实是精英主导,选民选人更甚于选党。在某些规模较小的市镇,或者市长长期在职的市镇,市长相对于市议会的优势必然导致市长权力的扩张,市长的联合职责与委托职责更是助长了其权力的扩张。地方熟人社会的选举中,直接与选民打交道负责地方自治的市长,作为地方名人在选举中起着至关重要作用。最重要的是,法国政治体系中的兼职原则普遍存在,市长往往在更高一级地方层级立法机关或者国家机关兼职。法国大城市的市长往往兼任参议员或国民议会议员。

三、职能领域与多头参与者

在职能领域划分中央与各级地方政府权责是 1982 年地方分权改革的重要内容。职能领域是国家提供公共服务与产品的领域,涉及文化教育、医疗卫生、城市规划、路政交通等基础设施与公共服务的提供。该领域的"治理"属性强于"统治"，这是中央放权让权的原因。

国家职能领域权责的划分按照下列原则，一是地域属性原则，比如路政维护，市镇负责市镇道路，省负责省内道路，大区负责制定大区交通纲要；二是按照层级能力原则，比如市镇负责小学教育及建筑维护，省级负责初中教育、建筑维护与服务条款，大区负责高中教育与职业教育，国家负责大学教育，包括人事安排与建筑维护，以及各种教育政策的制定实施；三是共有共负责原则，比如机场、海港航路等分属不同地域所有，则由共有地域共同负责；四是按国家规划各有侧重原则，比如市镇偏重地方自治事宜，省级负责社会福利与社会融入，而大区负责经济发展与大区规划。

下放与转让到地方层级的各种职责构成地方自治的基础。但法国地方层级规模与性质差异带来能力差异亦是不争事实，下放的权责单靠地方自治政府一己之力难以完成，法国社会存在的各种公务法人也成为履行地方治理职责的重要主体。而公务法人的分权构成法国社会领域分权的重要内容。

四、社会领域与公务法人

法国社会中的普遍存在的公务法人是以公务为基础的分权主体，是对中央集权的一种限制。法律规定某种公务脱离一般行政组织，具有独立的管理机构和法律人格，能够享权利、负义务，这种组织就构成公务法人。公务法人作为一个法律主体是权利义务的统一，能处分财产进行诉讼，有自己的机关和预算。作为专门权限的行政组织，公务法人广泛存在法国的文化教育、商业和各种行会中。市镇治理能力的不足促使市镇联合体等公务法人在市镇治理中扮演重要角色。市镇联合体作为公务法人中的重要一种，其职责在于提供单个市镇所不能完成的职责，因此类似省级政府同时也与省级政府形成某种程度上的竞争关系，本研究公务法人与市镇联合体合并在一起，置于省级政府一章进行比较研究。

五、监督咨询领域与独立机构

地方分权改革下放与转移权力的同时，存在诸多监督与审计机构确保改革的顺利进行。监督机构约束中央权力真正下放，确保地方政府有权实行自治，又严禁地方政府越权越位损害国家统一，因此监督与审计机构是良性府际关系发展不可缺少的制度机制。

咨询机构作为专业意见的提供者，虽不具有强制约束力，但其专业性大多会被咨询者重视，确保决策实施的专业性不偏离。由于监督审计机构对调节府际关系的重要性，本文将这部分内容后移至府际关系处展开论述，此处只列出其主要职责不展开。（见表 5.2）

表5.2 地方治理中的监督机构与咨询机构

类别	职责
独立行政机构①	法规制定权、调查权、劝告建议权、报告权、处罚权
调停人②	调查权、调停权、建议权、报告权、命令权、追诉权、促进改革权
行政法院	提供行政咨询、管理行政诉讼
审计机构	审计庭独立审查公务法人的财政
咨询机构	就经济与社会问题提供咨询

表格来源：作者根据材料整理。

第三节 外自治内集权的市镇治理

法国的市镇治理过程中市长处于纵向与横向权力的交点上。纵向是中央向市镇的权力下放与转移，一般市镇由于规模与人口所限缺乏分权主体，下放与转移的权力都集中到市长身上。横向上市长是地方行政机关，又是立法机关市议会的主席，横跨行政与立法机关的兼职具有英式"议行合一"的特点。市镇作为最基层的治理单位，按照共和理论决策的执行在民众参与和代表讨论之后需要拍板者，拍板者的责任责无旁贷地落到市长身上，市长因此成为市镇治理中不可或缺不可替代的角色。

市长角色在地方分权改革前后的变化体现着市镇自治程度的变化。地方分权改革前，先有市长后有市议会主席，先由国家任命市长再由其兼任市议会主席。分权改革后，先有市议会主席后有市长，先由议会选举产生市议会主席，再由议会主席兼任国家驻市代表市长。市长与市议会主席的

---

① 法国的独立行政机构主要有：最高视听委员会、民意调查委员会、国家信息与自由委员会、银行监督委员会、出版与通讯社对等委员会、法新社最高委员会、国家竞选运动监督委员会、广播电视质量委员会、竞争委员会、接触行政文件委员会、滥用条款委员会、证券交易委员会、市场委员会、消费者安全委员会等。潘小娟：《法国行政体制》，中国法制出版社，1997 年版，第 51 页。

② 调停人属于独立行政机构的一类，此处单独把它列出来，因为它作为跨领域的机构，与上述专注于某一领域的独立行政机构不同，所有对国家行政机关、地方行政机关、公共机构以及所有负有公共服务使命的机构的运行的申诉都归调停人负责。

兼职没变，变的是两者产生的先后顺序。顺序的先后决定了权责的偏重，地方分权改革将代表地方自治的市议会主席提到代表国家驻地代表的市长前面，也就是将地方自治置于前面。

在法国地方层级治理中，只有市镇层级存在民选代表兼职国家驻地方代表的状况，而且是将市镇的自治职责置于国家的统治职责之前，这体现出法国市镇的自治程度是省级与大区难以企及的，市镇层级拥有地方治理中程度最高的自治。地方分权改革是否提高了法国市镇的自治，市镇自治体现在哪些方面，又是什么性质的自治，自治程度如何，这些问题的答案需要从市镇的组织结构与治理活动中寻找。

法国市镇的"外自治"侧重组织整体与外部相分离的独立性，"内集权"指的是组织内部成员普遍缺乏对自治的参与。

一、市镇层级的对外自治

（一）机构设置上的自主

对生活在市镇的居民来说，具体而熟悉的市镇要比抽象的国家重要得多。居民说着自己熟悉的方言，与熟悉的市镇居民打交道，按照传统的市镇规则生活，而国家以及法律是遥远的事项，法国在底层市镇的普及并不顺利，一战乃至二战时期来自底层市镇的士兵甚至听不懂法语，与底层市民的身份证明最有关的一切，比如出生的洗礼、结婚的证人与证书、死亡的丧礼等，这些世俗事务仍有教会来完成，而且世俗事务从教会还给世俗国家的过程缓慢进行。

在这缓慢过程中，战争与改革作为外力起到加速作用。战争中的征兵加强基层市镇与国家的联系，使得世俗国家对市镇民众不再是陌生而遥远与己无关的事项，面对外敌入侵国家从最初的"聚合体"向"有机体"发展。而市镇改革则希望通过将自然发展起来的地方组织的合理化，以实现公共产品与服务提供的更高效率与更大效益。不幸的是，历次改革中对市镇缩减、合并、调整并没有多大进展。

第五共和国甫成立德勃雷就着手进行地方改革，鼓励市镇合并与重组，改革地方财政，极力大城市增强权威。由于不想过度惊扰地方精英，改革措施不了了之，改革成效的有限性导致更激进的改革。1982年的地方分权改革目标之一就是缩减市镇数目，结果证明这又是中央政府或政治家们的一厢情愿。法国有三万六千多个市镇，改革并没有大幅削减市镇的数目。

欧盟主要国家在城市化运动中都出现市镇的合并与削减运动，表 5.3

中显示的是 1950—2007 年欧盟 14 国的市镇变化状态，法国以两个重要指标异于大多数国家而脱颖而出。一是从市镇合并与消减的比例上来说，大多数国家的市镇削减数目都在 40%以上，德国达到 41%，英国达到 79%；逆合并与消减潮流而动国家，除去意大利与匈牙利市镇数目不减反增，就是法国市镇仅有 5%的削减基本维持不变。二是在市镇的绝对数目上，法国更是以 36783 独占鳌头，大比例超出排位第二的德国 8414 和第三的意大利的 8111，更是与英国 238 的市镇数目形成鲜明对比。

表 5.3　1950—2007 年间 14 个欧盟国家市镇数量变化状况

国家	1950 年	2007 年	（%）
德国	14338	8414	−41
奥地利	4039	2357	−42
比利时	2359	596	−75
保加利亚	1389	264	−81
丹麦	1387	277	−80
西班牙	9214	8111	−12
芬兰	547	416	−24
法国	38800	36783	−5
匈牙利	3032	3175	+5
意大利	7781	8101	+4
挪威	744	431	−42
捷克	11459	6244	−46
英国	1118	238	−79
瑞典	2281	290	−87

表格来源：转引自上官莉娜（2012：144）。

　　法国的超高的市镇数目决定法国市镇的平均人口在欧盟最低。欧盟市镇平均人口 5700 人，而法国以 1600 人的平均数之战欧盟平均数的不足三分之一，比倒数第二的奥地利 3400 还少一半多，不到德国平均数的三分之一，与爱尔兰的 47200 甚至有将近 30 倍的差距。[1]

　　法国市镇的人口不足导致缺乏执政所必需的财政、物力资源和专家资源，甚至缺乏必要的办事机构和行政人员。从现代国家治理的效率效益为标准分析,公共产品与服务的提供只有在规模经济下才能实现效益最大化。从法国本土市镇数目与规模的表格不难看出，千人以下的市镇占总数的

---

[1] Ben Clift: Local Finance in the Fifteen Countries of the European Union, Dexia Edition, 2002, p.23.

76%，人口三十万以上的市镇有 5 个，而巴黎及其郊区更是以近千万的人口数占据全国总人口的六分之一。通过对比不难看出，同属一个层级的市镇本身规模不一，人口差距巨大。如此差距如何应对地方分权改革转嫁而来的各种职责，难免出现"大脚穿小鞋"与"小脚穿大鞋"的不合理局面。因此，中央政府从大局出发通过分权改革合并重组市镇是职权所在，是发展所需。

同时，现代化的治理应该是"以人为本"的治理，以人为本既需要考虑效率效益，又不能忽略人的情感需要。市镇作为民众的情感归属地与精神家园，是民众生活于其中并参与地方治理的活动场所。张康之在论述合作治理时提到，合作治理打破了公共政策唯政治目标论的单一性，将合作治理下治理任务的完成只看作是目标之一，更将"合作"的治理过程本身也看作目标。按照合作治理的理论，法国在市镇层级保留自然发展出来的市镇数目不作改变，不管是中央有意为之还是中央迫于市镇压力无奈为之，都是在中央与市镇的关系中保留市镇的自治权力，是市镇在层级结构上的对外自主。

（二）层级设计上无等级

法国地方分权改革对地方层级的改变表现在两方面，一是提升地方行政机构为地方政府，市镇、省级与大区作为三级地方自治政府改变了法国无地方政府的政治格局。二是地方分权改革在法国单一制国家结构里添加分权成分，法国仍然是单一制的国家，只不过是分权化的单一制国家。分权化既体现在法国地方产生三级地方自治政府，更表现在地方三个层级的关系上。不同于单一制国家的地方政府之间的等级关系，法国地方三个层级间无上下级的等级关系，是各自负责的地方一级政府，都直接与中央政府打交道，对中央政府负责。

地方层级间无等级对最底层的市镇来说是个利好规定，市镇可以不受省级与大区打扰，自主进行地方治理。单一制国家的最底层政府一直受困于面对顶头上司与中央政府难以作出抉择的难题，法国通过将分权改革在单一制结构里添加分权因素，免除市镇面对县官与现管时的艰难抉择。市镇层级通过公民选举议员组成议会，再由议会选举议会主席作为市镇的执行机关。市议会主席兼任市长，将国家在市镇的职责置于市镇自治的框架内。

二、市镇层级的对内集权

市镇规模的差异导致现代化治理过程中治理主体的差异，数目极多但规模极小市镇与数目极少但规模极大的市镇形成不同的集权。小市镇很大程度上依然是地方性的，是地方精英之间的竞争；大市镇议题是国家性的，党派特征和国家色彩浓厚。地方分权改革后市镇存在三种形式的集权：小市镇由精英主导，大市镇由政党主导；所有市镇沿袭中央的行政集权。民主化是地方分权改革的主要依据与目标，与改革目标相悖的是地方分权改革在市镇形成一种"市长集权"的体制。

（一）精英集团的集权

市长与市议会议员共同构成地方精英，主导地方治理。人口少于 3500 的市镇议会选举采用多数代表制，在小市镇的治理过程中精英政治压倒政党政治，往往是先有当选市长，然后由市长带动所在政党成为执政党，"市长世家"的普遍存在造成政党依赖地方精英。小市镇具有浓厚地方色彩，小市镇选举中民众对市长的认同远远超过对市长所属政党的认同。小市镇选举最重要的是谁有号召力或者说谁可以成为市长，市长的选举方式不是最重要的，哪怕市长是议会选举而非直接选举产生，一般认为市长就是领导获胜党的那个人。

法国的兼职现象普遍存在，在地方尤其如此。尽管已经出台了一系列法律限制地方兼职，但这些限制一般发生在人口大于 3500 人的大市镇，法国绝大多数的市镇人口在 3500 以下，因此地方兼职仍然遍地开花，粗略算来仍有 3/4 的国民议会议员兼职市长之职，这表明地方政治呈现个人特色。这种个人特色表现在市长作为处在纵向"条条"与横向"块块"的结合点上，既影响横向层面市镇的自治，又与纵向国家在市镇职责的实施有关。

法国市镇的政治结构类似于"议行合一"下的英国责任内阁制，兼任市长的市议会主席是市议会多数党的领袖，因此市长横跨立法与行政两领域，可以通过手中握有的民意将自治的治理理念付诸实施。市长长期在职，握有对市镇雇员的录用、晋升和辞退权力，加之国家职责在市镇的实施采取"客随主便"的方式，也就是要仰仗市镇来完成国家职责实施，这都加剧市长的集权程度。

法国地方三级议会连同国民议会选举全部直选，这样掌握基层的市镇长的权力水涨船高。而参议员由选举团间接选举产生，选区以省为单位一个省组成一个选举团，成员由该省国民议会议员、省议会议员、市议会代表参加。议会系统虽有对得兼原则的限制，但一些市镇长本身就是参议员，某种程度上参议院可以看作市长的人脉圈子。有些市镇长遇到问题时绕开国家在地方的代表直接向巴黎寻求支持。参议员与市镇长的这种非正式关系在地方政治运作中起到重要作用。

（二）政党政治的集权

人口超过 3500 的市镇议会选举实行多数与比例混合的制度，政党在这些大市镇的作用逐渐显现。尽管法国市镇治理中都存在集权性市长，但大小市镇集权市长的产生方式不同，大市镇中市长更借助于政党的力量，比如选举中政党的提名与助选，因此大市镇市长对政党依赖较大，在个人与政党组织的较量中，政党的组织优势最终体现为政党在大市镇的集权，市长在施政过程中受政党限制较多，需要服从政党在全国选举一盘棋的利益。因此，大市镇选举中会出现政党空降候选人去某一选区竞选的情况，获胜后的市长自然会帮助政党加强与巩固所在地区的本党势力。

大市镇的集权市长体制的形成与左右翼在地方的政治实践有关，也与法国独特的政党和选举体制脱不了关系。1982 年地方分权改革对法国政治的一大影响是政党对地方政权的重视。失意于中央的社会党转战地方，最终崛起于地方以地方包围中央之势重新执掌中央政权，上台后的社会党某种程度上为兑现竞选承诺掀起地方分权改革。社会党崛起于地方的做法给右翼政党启示，"失之中央，收之地方"，随着右翼政党也加强对地方局面的重视，地方选举进入中央层级政党的视野，某种程度上将中央层级的政治竞争扩展到地方，更将中央的行政主导传输到地方，在地方也形成行政集权。虽然大市镇中是政党集权，意识形态和政党政治变得重要，市长与地方民众的联系不像小市镇那样密切，但大市镇市长仍然是主导性角色，仍然握有对市镇雇员的录用、晋升和辞退权力。

三、外自治与内集权的悖论

据对国民公会议员、省议员与市镇议员的调查显示，高达七八成的人认为进入公共事务的行政决策者太多因此需要削减参与人数，而不是参与决策者太少需要扩大决策圈允许更多人进入。[①]日益增长的参与地方自治的要求并没有因地方分权改革而得以满足，中央的行政主导特征传入地方，有人说法国地方是由三千名市长在统治，而独独缺乏民众的参与。

地方分权改革中的权力下放与地方分权，下放到市镇的治理权力大多因市镇自身治理能力不足而削减。面对治理资源人财物上的缺乏，市镇不是引入民众参与或者借助市场的力量，更不是向辖域范围更广的省级或者大区求助，市镇在治理中大量引入公务法人尤其是作为地域法人的市镇联合体。市镇联合体等公务法人的引入，就在地方三层级以外新增另一层级。

---

① Vivien A. Schmidt: Democratizing France —The Political and Administrative History of Decentralization, Cambridge University Press, 1990, p.206.

这不仅重新激起市镇合并与重组的呼声，也对省级的存在形成冲击。这样一来地方治理主体更庞杂，结构性碎片伴随着治理活动碎片化。改革让权放权对大多数市镇形式意义大于实际意义，市镇议会早就自行决定市镇事务，市长由市议会选举。反而是一些市镇因辖域、人口和经济发展等诸多限制，转而主动寻求国家支持来进行地方治理。因对省议会的不信任，市镇更愿意与作为国家代表的省长打交道。

市镇层级地域性分权的局面既出于市镇固有自治传统考量，又出于效率效益的考量。国家对市镇的统治与管理不得不考虑市镇的自治传统，这既是市镇的活力所在又是法国地方的民主所在，贸然像控制省级与大区那样通过下派国家代表收权，必然会引起地方反感。市镇数目巨多而规模一般较小，下派国家代表成本巨大从效益来说不划算。对法国一般的市镇来说，国家早在地方分权之前就下放市镇的治权，将国家在市镇的公务交由市长打理，借市镇人员与机构处理国家公务。市镇不同于省级与大区，即使因地域性分权形成市长集权体制，中央政府也不会担心其分离主义倾向，这是市镇不同于省级与大区的独特所在。

不管是市镇治理的实际情况还是中央政府对市镇自治的设计，法国市镇的自治都不是真正意义上的自治。诚然，地方分权改革提高地方自治程度，但这种提高仍然是以政府为主导的地方自治，按照张康之关于合作治理的论述标准，这是"外自治、内集权"的治理模式。无论是统治型政府还是参与型政府，都满足不了合作治理的要求。合作治理从根本上排除了任何政府中心主义的取向，不仅拒绝统治性的集权主义政府中心主义的取向，也不赞成旨在稀释集权主义的民主参与型政府中心主义取向。合作治理打破了公共政策唯政治目标论的单一性，换句话说，合作治理下治理任务的完成只是目标之一，而"合作"的治理过程本身也是目标之一。

合作治理的本质在于合作组织内部成员的普遍自治，只有其成员作为合作主体能够自由自觉地自我治理，组织才具有自治特征。换言之，任何不能使其成员实现自治的组织，也就不会在总体上实现自治。当它伪称为自治组织时，其实是指它与社会的分离甚至相对立的独立性。在它内部的组织结构以及运行过程中很可能存在严重的集权问题。因此，合作型组织的自治性质不仅停留在组织整体层面，而更应有组织成员的自治。法国市镇声称从层级控制中摆脱出来，但在市镇具体的施政过程中却将民众排除在外。

地方分权改革赋予市镇自治职能，但职能的扩张不等于自治程度的扩张，有时反而适得其反。①地方政府职能的扩张本是地方走向自治的必需，但地方政府职能权力的扩张不伴随着可支配的财政权力的扩张，中央政府的做法无异于"只让马儿跑，不给马儿草"。市镇政府作为最接地气的一级，负责城市交通、城镇规划以及小学教育等具体民生问题，但大多数市镇都面临财政不足问题。法国的税收中地方层级采取"量入而出"的原则，不同于中央政府的"量出而入"，除了被赋予的少数税收科目，地方财政大量需要中央政府拨款，而财政控制正是中央政府控制地方政府的重要手段。

市镇政府直接与基层民众打交道，事情繁杂而具体，往往出力不讨好。有学者指出在政府层级中民众往往有"亲远疏近"的心理。社会生活的改善常被认为是中央或者上层政府的决策得当，政策产生不利后果则被认为是下层政府歪曲所致。本来，市镇政府作为具体的沟通和执行层级，是最能体现民主性和公民自治的地方政府，却常要背负政策失利和民众怨气的包袱。"亲远疏近"心理结合现实生活中的冲突和不满常会起到晕染效果，不利于民众对市镇治理的参与。

兼职原则更是精英集团限制民众对地方治理参与的体现，对精英兼职的限制不仅微薄而且很容易被绕开。精英绕开限制通过自己保有市长和议员的职位使得更少的职位为他人所把持。本来促进民主化进程是地方分内之事，地方分权对此几无建树。第五共和国行政权力的过度主导的原罪已在地方层级得以复制。地方分权实为加强已经掌权者的权力而已。市长身兼市镇的主要执政者、行政长官、议会多数党领袖，加上现在消除省长控制后的各种权力。地方政治中相对于市长所在的执政党而言的地方在野党，几乎毫无例外地被边缘化却无能为力。1981年左翼改革前直接民主曾激发许多城市社会运动，但地方分权对直接民主议题却没有涉及，1992年以前几乎没制定过增加公众直接参与地方政府的规定，地方层级的社团联合体常为当局意图所左右。

法国地方政治中存在从政党控制到精英控制的谱系，以大市镇几乎完全政党主导和小市镇几乎完全地方精英主导为两极，两极中间存在政党与地方精英程度不一的联合。在这连续谱系里只见组织与精英的把持，未见普通民众的身影，而且地方政治发展的趋势是政党加强基层建设，政党政治通过中央层面的选举和人事兼职向地方渗透。在地方治理过程中，无论精英还是政党都是通过民众的选举而实施治理，但他们所具有的代表性不同于回应性，民众选举官员的逻辑里内含着官员对民众的回应性，但现实

---

① 冯兴元：《立宪的意涵:欧洲宪法研究》，北京大学出版社，2005年版，第227页。

中往往与之相反。市镇获得的地方自治，不是民众的自治，而是精英或政党获得的相对于中央的相对独立而已。

第四节　地域性分权及巴黎的独特结构

一、地域性分权与"客随主便"

德国洪堡大学教授赫尔穆特·沃尔曼对各国地方政府作比较研究，选取英国、瑞典、法国、德国、西班牙和匈牙利六个国家，从地方政府的制度身份和概况、区域规划改革、功能改革、政治制度改革和行政改革方面进行比较。[①] 沃尔曼和比利时鲁汶大学教授波科特提出国家设置的两大原则，"功能性原则"和"地域性原则"，前者是具有单一目的的治理模式，而后者是具有多重目的的治理模式，当然两者并非独立或对立而是相互渗透指导一国政府间组织的设计。[②]

国家公务在市镇的实施保留了自第三共和国以来的传统，采用"客随主便"原则，国家借用市镇机构与人员执行国家在地方的公务。法国市镇层级的分权类似于德国在地方的地域性分权，而不是法国省级与大区的职能性分权，市镇在地域性分权下形成由选举产生的市议会主席兼任市长的局面，这是市镇层级的独特之处。保留地域分权除尊重市镇自治传统外，还因为市镇数目多差异大，国家在地方公务的执行难有统一标准。更重要的是市镇事务靡细繁杂，国家直接出手难免出力不讨好。因此在地方分权后的"条条"与"块块"相结合的纵横治理结构里，市镇形成的是"以块为主，以条为辅"的结构。市镇职责的实施主要体现在横向块块领域，从政治领域、立法领域、行政领域、职能领域到社会领域。

二、巴黎独特的政治结构

无论政治活动、组织结构还是社会影响力，巴黎在法国绝对是个独特存在。作为横跨大区、省、市以及市下辖区政府的四层级机构，巴黎适合作为个案来分析法国地方各层级政府组织机构以及改革后地方的实际运行情况。

---

① 赫尔穆特·沃尔曼：《在连贯和变革之间实现地方政府现代化——基于英国、瑞典、法国、德国、西班牙和匈牙利六国的跨国比较》，《经济社会体制比较》，2008 年第 6 期。

② 赫尔穆特·沃尔曼、吉特·波科特：《居于"地域性"和"功能性"之间的国家组织——基于法国和德国的比较研究》，《经济社会体制比较》，2010 年第 5 期。

政治上来说，巴黎是法国的政治权力中心，对单一制中央集权的法国影响尤其巨大。自大革命以来历次革命都从巴黎开始，巴黎成为革命和动荡之地，直接威胁着中央政府的权力，因此上收巴黎的警察权力成为各届政府共识。政治因素在巴黎及周边地区影响巨大，巴黎市与塞纳省的组织一向受到中央政府高度控制。巴黎及其郊区占据全国人口的 1/6，远不是一般市镇人口所能比，这些居民分属于不同的市镇与不同的省，这不符合巴黎在政治上与经济上的一体化所要求的行政上的一致，因而在 20 世纪 60、70 和 80 年代巴黎经过三次改革。

20 世纪 60 年代以前，巴黎地区包括一个市镇和一个省，巴黎市与塞纳省。巴黎市与一般市镇的最大区别是没有民选市长，市长的职权分属中央任命的塞纳省省长、警察总监和区长行使。20 世纪 60 年代的改革，巴黎成为地位特殊的地方团体，兼具市镇与省的地位，但巴黎市仍然没有选举产生的执行机构。1975 年的改革规定巴黎同时是市镇与省两个地方团体，除法律另有规定外，巴黎市适用于市镇法典的规定与全国其他市镇相同；巴黎省适用于 1871 年及以后关于省职权的法律。巴黎议会同时是市议会与省议会，巴黎市长同时是巴黎省议会主席。1976 年法律创设法兰西岛大区，成为具有自治权力的公务法人，包括巴黎及周围 7 个省。1982 年 3 月 2 日关于市镇、省与大区的自由和权利法，巴黎省议会主席成为省的执行机关，国家任命的巴黎省长失去地方自治事务的执行权力，只保留作为国家代表驻省的权力。

（一）跨层级的兼职

作为千万人口规模的大都市，巴黎地区具有复杂的行政层级，横跨市镇、省级与大区三级，市镇下还有分区的层级。巴黎人口虽多，但辖域规模有限，在规模有限的地方存在四级政治组织，跨层级的兼职不可避免。从表 5.4 可知，为了行政方便巴黎地区的主要机构和职位存在跨层级的兼职，巴黎议会作为巴黎市与巴黎省的自治机关，拥有地方自治的决策权力；巴黎市长作为巴黎市与巴黎省自治事务的执行机关，兼有市长与省议会主席之职，执行省市议会的决策；巴黎省长由国家任命，兼任法兰西大区区长之职，作为国家在巴黎省与法兰西大区的代表执行国家事务。前者是地方自治的兼职，后者是国家代表的兼职，地方自治与国家统治同时呈现出来。

表 5.4　巴黎地区现有组织机构

机构	产生方式	职责
巴黎议会	直接选举，分区进行，两轮多数比例代表制	兼具省议会与市镇议会职责
巴黎议会主席	议会选举产生，兼任巴黎市长	巴黎市与巴黎省自治行政的执行机关，兼具市长与省议会主席权力
市辖区议会	市议员与区议员共同构成区议会	市辖区的自治机关，将本区事务与巴黎市事务链接，为本区争取最大利益
市辖区区长	区长从市议员中选举	市辖区自治行政的执行机关
巴黎省长	总统任命，兼任法兰西大区区长	执行国家行政事务
警察总监	部长会议任命	行使巴黎警察权力
大区议会	公民选举产生	经济发展与社会事务
大区议会主席	议会选举产生	大区自治执行机关

表格来源：作者根据材料整理。

（二）中央对巴黎的控制

巴黎在政治经济文化领域的重要地位，尤其是作为历次革命的发源地，中央政府在给予巴黎地方自治的同时，竭力确保对巴黎的控制与影响力。为免其一家独大影响全国布局，国家或中央政府加强对其掌控，一些职位不允许兼职。比如，巴黎地区的警察权力由单独设立的警察总监负责，不像一般地方政府那样由驻地国家代表兼任。而且，随着社会的发展，警察权力上收到国家的做法由巴黎地区扩展开来，大市镇警察权力上收成为趋势。更重要的是，鉴于巴黎市长在地方自治方面的巨大权力，其在兼任巴黎市长、巴黎市议会主席、巴黎省议会主席之后，不允许担任大区议会主席，将其权力限制在市镇与省级，严禁往大区层级扩展。

第六章　上下夹击的省级政府

　　无论在央地关系还是地方层级中，省级政府都是法国政治体制中的独特存在。央地关系中，省级政府在地域上虽属于地方层级，在政治上却归属于中央，是中央在地方的耳目和手臂。在地方层级中，省级处在地方三层级中的中间位置，似是地方层级的中坚，但因其不上不下的处境，上既缺乏大区政府整合地区经济的规模，下又缺乏市镇接近民众的地气，在地方层级中处在上压下挤的尴尬状态。又因其不大不小，不能填补小市镇在公共产品与服务提供方面的欠缺，因此横向受到来自各种市镇联合体的冲击。各种市镇联合体作为地域性公务法人，在地方公共产品与服务提供方面起到重要作用。虽然如此，省级政府在法国社会发展中仍有其无法取代的作用，它是社会治理中纵向"条条"与横向"块块"的汇合处，是研究法国国家统权与地方治权结合的最佳观察点。

　　法国地方行政结构的层级与欧洲其他发达国家相比明显偏多，存废取舍一直存在争议，逐渐形成了两大派别。省级主义者（departmentalists）主张将市镇和省级作为传统地方政府层级，由直接选举产生的议会赋予其作为地方自治政府的权限，同时不改变市镇联合体和大区议会的间接选举，避免前者对市镇层级的冲击，避免后者对省级的冲击。而大区主义者（regionalists）设想仍将大区和改革后的市镇联合体作为法国地方领域的主要层级和体制结构，主张直接选举产生议会。[①]市镇与省级作为法国历史中较早的存在，大区和市镇联合体作为后起之秀，两者之争提供了一种对法国地方的比较研究视角。

　　政治层面"省级主义者"在参议院根深蒂固，参议院某种程度上已成为市长在巴黎的人脉圈，同时市镇与省级在驻地方的国家代表那里也受欢迎。省级政府作为传统地方层级的存在，市镇作为法国人主要的生活圈子与情感归属之地，阻碍着直接选举市镇间机构委员会的立法提议。在经济

---

① John Loughlin: Subnational Government—The French Experience, Palgrave Macmillan, 2007, p.110.

层面上，大区与市镇联合体更能促进经济的发展，经济发展需要一定的地域规模以便统筹规划，省级与市镇大多因辖域有限人口不足不能担当重任。因此，省级主义者与大区主义者的争执与较量难决高下，改革后关于法国地方层级的争论依然存在。

在开始法国省级的正式研究之前，需要先对法国地方层级译名作一番梳理。原因之一是在中国与法国的地方层级中，省市名称相同但层级不同。法国地方层级主要有大区（region）①、省（department）②和市镇（community），外加作为地域性公务法人的市镇联合体。省级与市镇在两国所在的层级顺序不一样。省级是中国最高的一级地方政府，其下一般辖有市县乡三级，从辖域上来讲中国大部分的省级辖域面积都超过法国国土面积。法国省级位于大区与市镇之间，在辖域上法国省级不过相当于中国县级面积。市级处于中国地方政府层级的中间，一般统领县与乡镇。法国市镇作为最基层地方单位，一般是围绕教堂发展起来的居住单位。

原因之二源于海峡两岸的术语差异。基于台湾地区的政府层级设置，有一批台湾学者在翻译法国地方政府时对应台湾的层级术语，如张台麟教授将法国地方政府的层级翻译为"共和国地方自治团体为市、县、区、特别自治团体以及依宪法第七十四条所规范之海外自治团体"③。两岸学者在法国地方层级的翻译中用语不同，台湾译为"市—县—区"，大陆译为"市镇—省级—大区"，因此文章引用时要有所注意。

第一节　省级政府的改革历程

拿破仑为更好地实施中央对地方的控制，出于"统治之需"设立省级层级，省级作为中央在地方集权的节点，其职责被保留延续下来。省级从拿破仑时代起成为地方最大的行政区域，也是中央控制地方的手段。楼邦彦在提到第三共和国时认为法国的省长和市长都具有双重地位，一是中央

---

① region 一词在中文世界里常常被翻译为"地区"，这样，regionalist 到底该翻译为"地区主义者"还是"大区主义者"便有了歧义。本文倾向于将其翻译为后者"大区主义者"，与地方层级中的"大区"相对应，因为 regionalist 主张的是大区实权化，而不是泛指的地区实权化；中央政府对 regionalist 分离趋向的担心也主要是大区作为分离运动的中心。

② 在法国省级对应的是 department 一词，而不是 province，所以有学者误翻译为"部门"，或者像德国那样的"州"。

③ 引自张台麟据法文版所翻译的法国宪法。张台麟：《法国政府与政治》，五南图书出版股份有限公司，2012 年版，第 300 页。

政府在地方的代理人，二是省市的最高行政长官。省长与市长的双重地位产生的最主要结果是，国家在地方的公务皆由中央政府授权地方政府办理，而不是另行委派中央公务员直接负责。法国省市固然是地方自治的单位，但又是中央集权的工具，当中央的法令规定国家公务必须实施于地方时，中央政府并不直接委派中央公务员，而是以现成的地方政府为实施中央法令和执行国家公务的工具。[①]在侧重国家职责方面省长表现更明显，"省长代表中央政府的地位，是比他的代表省政府的地位更为重要，当两者不相容的时候，以牺牲后者为原则。"[②]

但省级辖域太小不适应现代行政发展的要求，为了行政上的方便一些部门建立包括几个省的专门行政区域，例如大学区、邮政区等。法国曾长期辩论，是否在此专门行政区域基础上扩展综合性的行政区。二战前和维希政权时期都曾经试图设立这样的行政区，由于各种原因没能存活下来。1982 年 5 月 10 日条例规定省长改称为省共和国专员。1988 年 3 月后取消专员名称仍称省长。法国现行体制中的 100 名省长，他们构成中央政府驻地方的代表体系，在地方执行国家行政事务。

民调数据显示了省级在法国政治体制的地位。2020 年法国全民大辩论中关于地方层级的认知，在区划改革优先的解决方案问题上，37%的参与者认为需要"减少大区及省的数量"，16%的人认为首先需要"取消法国各处的省"，19%的人把"减少大区及省的数量"放在首位，9%的人把"取消法国各处的省"放在首位。不难看出，省级的存废成为区划改革中的焦点。同时，改革国家地方组织的首要考虑偏向节省开支而不是提高政策效率。75%的受访者认为改革要"考虑地区实际"，66%的人认为要以"减少国家负担"来增强地方行政责任，43%的人认为应"减少关于地方行政的公共开支"，只有 18%的受调者选择提高"政策实施效率"。在"地方分权可使官员更多倾听居民的心声"这一问题上，48%的认可与 51%的不认可比例大致平衡。[③]

民意调查数据显示，在地方分权改革多年后法国依然受困于其地方组织的碎片化。法国人对地方组织机构的复杂感情，一方面受其碎片化之害，另一方面又不愿意为效率效益而牺牲掉自己的精神家园。这一点到今天依然如此。近年来随着全球化经济衰退民众购买力下降，马克龙政府未能及

① 楼邦彦：《各国地方政治制度　法兰西篇》，商务印书馆，2012 年版，第 38-39 页。

② 楼邦彦：《各国地方政治制度　法兰西篇》，商务印书馆，2012 年版，第 44 页。

③ "organisation de l'etat et des services publies", pp.91-103. https://granddebat.fr/pages/syntheses-du-grand-debat, "Le grand débat national Rapport final", last accessed on 4 June, 2019.

时感知民众的不满情绪，依然提出 2019 年继续提高燃油税，这直接引发 2018 年 11 月 17 日各地抗议油价上涨的街头运动。其实，燃油税上涨只是导火索，民众借此走上街头将对政府的不满宣泄出来。后来即使马克龙政府取消燃油税，街头运动依然汹涌地从巴黎向地方扩展起来。最后马克龙政府只能发表《告法国同胞书》，倡议以全民大辩论将民众的愤怒转化为解决问题的办法。

在《告法国同胞书》里，政治体制方面马克龙以四连问的形式抛出问题：地方行政级别是否过多？是否该加强权力下放？在哪些方面下放？下放到什么程度？①马克龙急切发问的背后，是法国 20 世纪 80 年代地方分权改革后中央权力的空心化，过度的权力分化和下放使中央政府丧失整体调控能力，同时下放的权力被地方精英截留，造成基层行政的荒漠化和民众参与的形式化。②

"两头升，中间降"是国家和地方组织方面民众建言的总趋势，即加强政治组织两端中央政府和基层市镇的权力，而削弱甚至取消中间层级的省级政府。加强中央政府权力的建言要求在政治领域体现"文降武升"，在经济领域体现"资产国有化，贸易保护主义"。

政治领域"文降"表现在限制公务人员尤其是高级公务人员的人数、报酬和权力，高级公务人员遭遇"裁员""降薪""取消特权"的三部曲，低层级公务人员虽然加薪但建立在裁员的基础上。③市镇与省级作为地方的两级自治政府获得截然相反的民意要求，"加大向市镇长下放权力"和"取消省层级"并存，取消省级涉及政治体制改革，这超出这次大辩论的范畴，加大向市镇放权的前提是市镇规模的合理化，但在法国市镇的规模不一，难以实行统一的政策。

民众建言中的"武升"提议表现在加强军队、警察和宪兵力量，加大对恐怖主义的打击力度，维护公共场所的安全，部分民众甚至要求恢复死刑。④在法国地方政府的职责配置中，地方武装力量掌握在代表中央的省长手里。因此，民众要求的"中间降"的机构改革，有违法国制度设计中

---

① https://www.elysee.fr/emmanuel-macron/2019/01/13/lettre-aux-francais.（访问时间：2019 年 7 月 20 日）

② "Le grand débat national Rapport final", "démocratie et citoyenneté", pp.62-66, pp.72-73. https://grand debat.fr/pages/syntheses-du-grand-debat, last accessed on 4 June, 2019.

③ "Le grand débat national Rapport final", "organisation de l'etat et desservices publies", pp.94-96. https://grand debat.fr/pages/syntheses-du-grand-debat, last accessed on 4 June, 2019.

④ "organisation de l'etat et des services publies", pp.94-96. https://grand debat.fr/pages/syntheses-du-grand-debat, "Le grand débat national Rapport final", last accessed on 4 June, 2019.

省级在地方秩序方面的作用。为确保省级在秩序方面的职责，存在于省级与市镇之间各种市镇联合体，担负起公共产品与服务的提供职责，也因此本书将市镇联合体置于省级章节展开研究。

第二节　省级政府的制度设计

法国地方层级中，省级政府的制度设计痕迹最重，从大革命时期到现在一直如此。不同于市镇源于地方自治的发展，也不同于大区源于地方治理的需要，省级政府的设置本身就是源于中央在地方的统治之需。作为驻地方代表的省长，不仅任命来自中央，而且职责贯穿于地方三个层级，即使在地方分权改革后，其在地方条块结合的治理网络中依然处于枢纽地位。

一、政治领域与省长

（一）省长的职权

省长由内政部长和总理提名，经部长会议决议以后由总统以命令任命。省长作为国家派驻省的代表，掌握省内的全部国家行政权力。其在省内的地位相当于总理在中央政府的地位，具有政治性质应随选举而变动。实际情况是除非特殊情况省长一般长期在职，新上台的总统对省长的任命一般是程序性的，省长的政党属性已经弱化，但为保持中央对省的控制，省长对中央政府的政治忠诚性得到加强。没有中央政府的同意省长不能离开任职的省境，省长不能参加工会组织，不能参加罢工，但可以组织民事会社。省长某种程度上是中央与地方尤其是与省级地方的一个连接点，省长所具有的各种职权是作为不同层级连接点的职权。（见表 6.1）

表 6.1　省长职权范围

权力类型	代表部门	职责活动
国家权力	国家	签订合同；管理国有财产；进行诉讼；执行国家在本省预算
政府权力	中央政府	反映省内政治情况，舆论动向，力争与中央政府保持一致
行政权力	地方国家行政机关	维持公共秩序，保护公共利益，行政警察权、司法警察权
职能权力	中央各部	对各部在省内的分支机构，在有关部长的监督下有指挥权
社会权力	国家	执行国家在省内的经济计划、领土整治计划，决定国家在省内投资的使用，对省内企业请求国家援助和省内劳动市场向政府提供咨询意见

表格来源：作者根据材料整理。

（二）显性的省长放权

1982 年 3 月 2 日《关于市镇、省和大区权利和自由法》颁布后，派驻地方的国家代表职权出现分离，保留政治职权，转移行政职权，法国集权化的央地关系开始转变。国家代表被剥离出来的行政职权转移到地方议会主席手中，诸如召集主持议会、准备预算提案，监督政策实施等具体执行权力都在转移的范围之内。议会主席取代国家代表成为地方议会决策的执行机构。省长不再是地方议会决策的执行机关，只留下代表国家的政治权力，回归其作为政治官员的本职，管理着地方上与国家有关的相关事宜。地方层级议会开始实权化，逐渐摆脱驻地方的国家代表监管，走出国家权力笼罩的阴影，在"属地原则"指导下制定适合地方发展的政策。不仅如此，国家代表的事先监管也转变为事后监督，比如对预算案和其他法案实施的事后监督，国家代表可以就预算案向大区审计院提交反对意见，就其他法案向地方行政法院提交反对意见。

（三）隐性的省长收权

地方分权改革对省长职权领域的影响是，省长职责后退与省长影响前进并存。从三十年改革的现实来看，省长职责的后退伴随着省长影响的扩大，省长对地方事务的介入效果与深度反而更深。分权改革剥离省长作为省立法机关决策的执行机关职责，省长仅作为国家驻地方的代表回归国家领域，坚守国家对地方的"统治"职责，把地方事项执行权交给省议会主席，由后者担负起地方自治职责。地方治理中，从显性规则来衡量国家是后退，以隐性规则来看国家反而更往前。省长与地方治理的参与者一起，早就绕开正式制度规则，发展出一套隐性的交往模式。省长常年居于地方，往往与地方精英形成密切合作关系，在代表国家与服务地方之间通常会为地方争取最大利益。改革后虽然省议会成为地方自治机关，但中小市镇缺乏执政资源，向上寻求帮助时大多不愿与选举产生的省议会打交道，而是继续转向作为国家代表的省长。

二、立法领域与省议员

（一）改革后法国省级议会

省议会采用两轮多数代表制的直接选举，类似于国民议会代表选举。候选人若想在第一轮选举当选，需获得绝对多数票数且投票人数需达到注册投票人数的 1/4。否则需要进行第二轮选举，这次只需要简单多数即可。若想参与第二轮选举，则候选人需在第一轮中获得 10% 以上选票，若没人达到这门槛，则第一轮选举中获得票数最多的前两人参与第二轮竞选。一人不能同时担任两省的省议员。省议员任期 6 年，每 3 年改选一半。选举通常与市议会或者大区议会同时进行。1990 年通过的一项法律废除半数改选以便省议会与大区议会同时完成更新,但这项法律后又被右翼政府取消。

议员任期 6 年,每 3 年改选其中一半,每个选区选举一名议员。但总体相对城市来说农村地区被过度代表,因此省级政府层级有保守倾向。省级政府作为传统的、文化的存在有根深蒂固的影响,现阶段在大区和市镇上下夹击下艰难地防卫和保守其传统功能。省级衰落还表现在限制兼职的法令出台后,国民议会代表更愿意兼任大市镇镇长或者大区议会主席,而不是中间层级的省议会主席。原因在于,大市镇和大区具有更多的政策创新空间,省级创新空间遭受上下挤压所剩无几。在政治和技术官僚阶层,认为省级政府是日益过时的地方政府的感觉增强。

有人批评现行选举体制不合时宜、不公平和具有性别歧视。不合时宜表现在省议员的超额代表更多地反映和代表农村保守势力利益。不公平在于即使在一个省内,也有巨大的人口和财富不均衡。性别歧视表现在女性只占总议员的 10.4%,代表严重不足,这与大区议会中女性占据 47.6%,法国欧盟议员中女性占据 43.6%形成鲜明对比。

省级层面仍有必要进行深度改革,有人主张废弃现行的省级选区,以更能代表法国社会经济和人口分布状态的来代替,考虑到从乡村到城市的大规模人口流动,现行选区确实不合时宜。关于选举制度有人提议在只选一个议员的选区保留现行体制,在多于 1 人的选区实行多数制与比例制的混合,类似于大市镇和小市镇选举体制的区别。地方分权早期社会党人对大区选举制度设计的漫不经心严重阻碍了大区的发展。20 年来采用大区单一选区和门槛票数的提高是避免碎片化和不稳定的纠错措施。

（二）省议会的职权

省议会的职权主要体现在 1871 年 8 月 10 日的省议会组织法中。1982 年 3 月 2 日"关于市镇、省和大区的权利和自由法",以及 1983 年和 1984 年根据该法制定的国家职权转移法,进一步完善了省议会的职权。省议会作为省自治的决策机关,职责体现在以下几个方面。

首先,创设和组织省自治公务。省自治公务的范围由法律采取概括方式规定,凡性质上专属一省的事务是省自治公务。1982 年法律规定:"法律决定市镇、省、大区和国家之间的职权分配。"这条法律从性质上扭转了省议会的职权范围,不再是传统概括式的凡专属一省的事务都是省自治公务,而是以法律所指明者为限。但该法律并没有具体列举省自治的具体事项,而是留给其他法律补充,1983 年的权限划分法规定省议会的专属职权、共享职权和委托职权。

省议会的专属职权是性质上属于省，而法律未规定由其他地方团体共同执行的事务。省的共享职权包括领土整治、经济发展、社会、卫生、文化科学、环境保护和生活改善等方面。委托职权是属于国家公务而由法律规定转移于省的事务。由于省之间的巨大差异，属于省议会范围的公务分为共性和非共性的。共性的是指法律规定必须创设的，不存在省之间的差异，例如省道路的维修，疯人院的设立，实施某些救济和公共卫生服务。非共性的公务由省议会据各自情况决定是否创设，比如各类职业教育，某些公益事业补助等。

其次，通过省预算。省议会主席在省议会规定的基本方针下制定预算草案，再由省议会通过。预算中的开支分为强制性开支和任意性开支，前者包括还债支出和法律规定必须设立的公务的开支。省的收入来自税收、中央补助金、事业收入和财产收入、借债等项目。省的税源为汽车税、不动产登记税等直接税。管理省的财产和利益。省议会决定省公共工程建设，省有财产的使用和保管方式，决定签订合同，进行诉讼等一切关于财产的管理事项。

在与其他层级的关系上，虽然地方各级议会之间不存在隶属关系，各自行使自治权，但在某些情况下法律规定市镇的某些活动由省议会决定或表示意见，例如市镇议会的选举的分区，市镇城市规划的意见，或者在市镇请求时提供技术、法律和财政援助。与国家层级打交道表现在，省议会可就经济计划的制定提供意见，可以就国家的行政和政治问题表达愿望。

三、行政领域与省议会主席

省议会主席地位的质变出现在 1982 年地方分权改革法之后，议会主席代替省长作为省议会决策的执行机关，是省行政组织的一项重大改革。从此，省级公务分为两部分，一类管理国家的公务，由省长作为国家代表来领导；一类是管理省级自治公务，由省议会主席领导。省议会主席领导下的省级行政是改革从省长领导的中央行政下分离出来的省级地方自治的行政。

省议会主席作为省级行政机关，主要职责有准备和执行省议会的讨论和决议；在省议会决定以后代表省签订合同进行诉讼；根据省议会所通过的基本方针准备预算草案，预算通过后执行预算；签署支付命令，除国家代征的税款外规定执行收入的措施；管理省有财产，制定公产保管的违警处罚措施；指挥省政府中执行自治行政的单位。

省议会主席的权力是从省长权力中剥离出来的省自治行政权力。省长代表国家与中央政府是纵向中央与地方关系中的一环，而省议会主席代表省自治的行政机关主要活跃在横向层面中。无论是向上与中央政府或者欧盟政府，还是地方层面中与大区或者市镇，凡与纵向层级关系打交道，一般由省长作为代表出面。省议会主席主要在横向省级层面代表省政府行使具体治理权限。分权改革向地方转移职权与资源，中央驻地方部门在财政上依赖地方与地方联系加强，省议会主席为执行业务可以对省内中央各部的分支机构发出必要指示，这是地方借助国家力量实施地方自治的表现，与中央借助地方机构与人员完成国家任务一起，构成中央与地方在职责人员及机构上交织的关系网络。

四、职能领域与多头参与

地方政府虽然职责重叠交叉，但中央政府对大区、省级和市镇的规定各有侧重。大区重经济发展，省级提供社会福利，市镇负责日常行政管理。从表面来看这分工很合理，各级政府像大小不一却相互咬合的齿轮一起推动地方发展。经济发展规划易在较大区域内实施，而大区作为辖域最广的地方政府理应担负起这一职责；省级政府作为传统存在，在地方经济、文化和民族多元化背景下负责社会福利的提供，易平衡民众因比较而起的不平衡心态；市镇作为最接近民众的基层政府，负责与民众息息相关的日常管理，尽量扩大行政管理与服务分量而削减政治的影响。

然而理论的完备并不能自动带来实际操作的完美。就法国地方政府的分工而言，实际操作有利于大区而不利于省市。不同于传统的"守夜人"政府，现在政府的一项最基本职责是发展本地经济。大区政府掌握经济规划大权，向上可以要求中央政府的财政支持，可以申请欧盟的组织发展补助；对下掌控国家对省市补助的分发以及大型经济发展项目的选址。相对省市来说大区掌握的是宏观层面，而民众最直接的感知则是与之生活息息相关的微观层面。最重要的是即使宏观层面出现问题，民众一般认为是非人为因素所为所以苛责不多，即使苛责在大区之上，还是有国家和中央政府为之顶罪。但在民众直观感受的微观层面，抱怨苛责就会严格得多。

有学者曾分析指出在政府层级中民众往往"亲远疏近"，社会生活的改善常被认为是中央或者上层政府决策得当，而政策产生不利后果则往往被认为是下层政府歪曲政策所致。地方政府作为民众与中央之间的沟通和具体执行层级，往往被认作阻碍、障碍和罪魁祸首。这种心理与现实生活中的冲突结合起来，加大民众对地方政府的不满，尤其是对作为中央在地方代表的省级政府的不满。

第三节　上下夹击的省级治理

省级是法国地方层级中的独特存在，是中央在地方的重要驻点。省级"统治职责"的定位，其不大不小、不上不下的规模与层级，决定其在注重效率效益的现代化治理中的尴尬地位。大区层级的下压，市镇层级的上挤，左右市镇联合体的竞争，省级处在层级取舍存废的风暴中心。

一、省级治理：上压下挤，左冲右击

从组织机构上来讲，省级发展存在绕不开的短板，法国地方存在三个层级，这不符合组织机构扁平化的原则。1982 年对地方分权改革的一项批评就是没在大区与省级之间作出层级取舍，而是让其职责混杂地共存下来。在大部分批评者的取舍里，暗含的是取大区而舍省级，将 100 个省级机构与职责归拢到 13 个大区机构中。某种程度上这也符合效益原则，国家提供的服务集中在大区层面，地方行政区域有三分之二机构在市镇层面运行，原来作为主要地方行政机关的省级机构，在大区和市镇的发展中权限萎缩。规模不够大，在经济发展和国土整治等宏观民生发展方面优势不及大区；规模不够小，在社区事务等微观民生发展方面优势不及市镇；上代表不了国家，下联系不上民众，在上下夹击中求生存。

从感情角度而言，省级作为传统的历史存在在社会服务和社会救济方面贡献颇多，民众的认知程度远大于大区，尤其在边远农村地区认同感更高。针对省级存废的一项调查显示仍有过半数的人支持省级的存在。从中央政府的角度也倾向于保留省级的存在，省长作为国家代表在地方发挥无可替代的作用，是中央控制与影响地方的重要机构与渠道。大区作为地方分离主义的倾向一直未消除中央的疑虑，市镇太杂太散又有大众民主的倾向难以得到中央政府的信任，对国家或中央来说处于中间的省级正是不二人选。民众认同感与中央政府支持是省级发展的助益力量。

从治理角度而言，省级政府在改革后的政府层级间主要负责解决社会福利的提供和社会融入问题。社会福利是一项只可向上增加不可向下削减的项目，增加民众可能没有反应，削减绝对会导致民怨反弹。而福利的实施是与经济的发展紧密联系在一起的，经济高度发展当然可以提高福利待遇，理论上讲，经济萧条也当然可以削减福利，但这在实际操作中往往行不通。法国地方在经济、文化和民族方面呈现多元化特点，因此福利和社

会融入问题的解决并非易事。社会融入是指使社会全体成员都感到自己的价值和重要性，在一个多元化的社会里，民众的价值追求当然也是多元化的。如何使个体民众多元化的追求得到满足，如何使整体民众的价值追求和谐统一，此绝非省政府力所能及，甚至连中央政府也力所不逮。把一项充满理想色彩的职责交由省级政府去执行，无疑是中央政府在向地方政府转嫁其本该担负的职责，转嫁民众的不满和怨气。

不难看出法国省级政府位置与身份的尴尬，其身处地方但却被要求心向中央。省级作为一级地方自治政府，这显性身份要求其以促进地方自治与发展为首要职责。但从拿破仑时期始，省级政府的设置目的在于对地方的监督和控制，省级第一忠诚应指向中央。虽然现在省级政府的忠诚职责已转向隐性，但这依然是其最核心的职责。省级不能像大区那样放手发展经济，也不能像市镇那样放手发展地方自治，只能在大区下压与市镇上挤中左冲右突，艰难寻找发展空间。

二、治理格局：以条为主，以块为辅

省级政府作为中央政府"耳目"与"手臂"的职责设置，决定法国省级政府层级在国家与地方之间更倾向于国家，其治理格局偏向国家纵向的条条治理，而不是地方横向的块块为主。

法国单一制国家体系里中央控制与影响地方的努力与企图不变，变化的是控制方式与手段。中央职能部门90%以上的人员分布在地方，就是中央政府试图影响地方的表现。省级偏重以条为主的治理主要体现在省长的各种职权中，省长作为中央各部在省内的统领者，拥有直接对省内各分支机构行使的指挥权，法律规定一系列措施保障省长的指挥权的独占和实现。只有省长能够接受部长在省内的权力委托。中央政府或大区与省内国家行政机关之间的公文往来必须通过省长。各部在省内分支机构负责人的考绩由省长提出建议，分支机构负责人的任命与调动必须事先通知省长。一切公共机构、国营企业、受国家援助的企业负责人，必须把对本省有重大影响的事件通知省长。省长是省内国家行政机关之间行政委员会的当然主席。

分权改革后省级在完成"统治之需"职责时足够，也就是作为国家控制地方维持秩序的能力足够，但引领和带动地方经济发展的能力不足，这为大区作为一级地方自治政府预留发展空间。国家在省级的排兵布阵更多是出于国家统治的需要，而不是促进地方自治与发展。

省级的统治职责源于历史遗留的法国组织机构碎片化。改革前法国地方有三万六千多个市镇，一百多个省和22个大区以及一些市镇联合体，这些共同组成法国的地方行政机构：两级正式行政机构市镇与省，两级准行政机构大区与市镇联合体。法国地方层级既存在机构属性的混乱，行政机构与准行政机构并存，又存在机构层级的混乱，两级正式行政层级外还有准行政层级。分权改革使得市镇与省由地方行政机构变身为地方自治政府，同时提升大区层级为地方自治政府，唯独未动市镇联合体的地位。改革后的法国地方层级，自治机构与准行政机构并存，地方机构属性混乱的本性未能改变。正式三级地方自治层级外，非正式层级市镇联合的存在，层级混乱本性依然。机构属性的混乱与组织机构资质的碎片化，导致治理主体的碎片化。在法国地方碎片化的治理中，省级政府心向中央，偏重条条治理的逻辑也就在情理之中。

第四节　公务法人与地方治理

法国有关市镇联合的各种组织形式是个独特的存在，其形式多样、存在已久且成效显著，但得不到法律认可成为一级地方政府，只能作为地域性公务法人。按理说法国地方层级已有大区、省级和市镇三级，各种市镇联合体的存在似乎没有必要。但就如大区主义者认为的那样，大区和市镇联合体才是地方治理与发展中的有效层级。法国大部分市镇人口在千人以下，缺乏作为地方政府履行职责的最基本的人财物条件，更遑论发展经济。这些市镇的一些公务活动，比如供水供电，垃圾处理等就是通过市镇联合体解决的。各种市镇联合体包括新城市群，其作为公务法人在地方治理中发挥重要作用，逐渐进入改革者的视野，1999—2000年通过了三个关于市镇联合的法律约束和规范联合体的发展，解决市镇碎片化和缺乏市镇构建能力的问题。

一、地域公务法人

法国市镇的合并与联合大致分为四类：一是为执行一种或几种公务，比如供水供电等而设立的市镇联合会；二是1959年为解决城区市镇的联合而设立的市镇联合区，这一形式于1970年扩展到乡区市镇并主要适用于乡区，城区市镇的联合后来主要采取城市共同体；三是为解决大城市及郊区市镇联合而设立的城市共同体；四是为平衡全国经济发展而新设立的城市。

（一）市镇联合会

市镇联合会的设立是为解决具体公务如供水、供电等公用事业，或为其他目的而设立。作为事务性的组织市镇联合会的设立采用自愿原则，需要参与市镇一致同意，省长批准成立。各市镇意见不能统一时，在两种情况下省长也可以宣布成立市镇联合会。第一种成立的条件是 2/3 的市镇议会同意设立市镇联合会，且同意的市镇人口占到市镇联合会总人口的一半。如果所涉及的市镇有人口较多的市镇其人口占到总人口的 1/4，这时需要该大市镇的同意。

第二种成立条件是一半的市镇议会同意设立市镇联合会，且同意的市镇人口占到市镇联合会总人口 2/3。成立市镇联合会的条件就是在人口数与市镇议会数目两种条件上满足过半数的 1/2 与绝对多数 2/3 的组合，此举确保无论是人口数还是市镇议会数都达到最低的过半数，既以人口数确保大市镇的利益，又以议会数兼顾小市镇的利益，从两方面确保市镇联合会的合法性。创设时没有参加的市镇以后可以申请加入。

市镇联合会的管理机关体现各市镇平等原则，各市议会选派两名代表，组成联合会的管理委员会。委员会选举主席，执行委员会的决议。委员会活动规则与市议会相同，通过委员会预算。委员会经费来源于各市议会分摊，其他收入还有补助费、借款和公务活动的收费。市镇联合会可以是永久性的，也可以约定存在期间。期限届满任务完成，或者全体会员同意解散，或者成立市镇联合区取代联合会时，市镇联合会可以解散。经多数市议会请求在咨询有关省议会和最高行政法院意见后，政府有权命令联合会解散。

（二）市镇联合区

市镇联合区 1959 年创设时本是解决城区市镇的联合，但 1970 年扩展后主要适用乡区市镇的联合，城区市镇的联合为城市共同体所取代。

市镇联合区与市镇联合会同为公务法人，但前者要比后者正式得多。在公务范围上，联合会所执行的公务由各市镇在所从事的公务范围内自由决定，但联合区依法律规定有必须执行的最低限度公务，即住宅服务和火灾救济。某种程度上联合区是对联合会的取代，各市镇的这两种公务在联合区成立后转移到联合区，联合会自然被解散。联合区还可以执行其他属于市镇的公务，或者各市议会委托管理的某些公务。在管理层面上管理机关不采取市镇代表同等参与原则，依各市镇重要程度按比例参加，在法律地位与组织机构上体现市镇真实的水平。在经费来源上由联合区理事会以 2/3 多数决定，市镇税收的一部分转移于联合区，各市镇委托事项费用由委托者承担，有一定的税收权显示联合区要比联合会正式得多。联合区可以是永久性的，也可以有时间限制，可以据创设联合区时多数市议会的请求而解散。

（三）城市共同体

法国市镇既有人口不足千人的小市镇，又有像巴黎这样人口接近千万的大市镇。随着工业化的发展大城市不可避免向周边地区扩展，经济生活与社会生活上大城市与郊区市镇已融为一体，但行政设置上两者的分离使得无法执行统一的政策，这阻碍两者的进一步融合发展。1959 年设立的市镇联合区因职权与资源有限无法解决这一问题，1966 年 12 月 31 日法律设立更加正式的城市共同体，作为城区市镇联合的主要形式。

城市共同体的设立首先有人数限制，居民人口必须超过 5 万人。原则上自愿设立，但波尔多、里昂、里尔、斯特拉斯堡四个城市共同体由法律规定设立。有关市镇一致同意时，由部长会议以命令批准；意见不一致时，按照市镇联合会成立时的议会多数与人口多数，2/3 与 1/2 相互匹配的原则设立，由政府咨询最高行政法院后设立。

城市共同体的职权遵循转移与委托原则，各市镇转移来的职权有些是强制性的，范围广泛且重要，主要有城市规划、近代化计划、装备计划、新住宅区和工业区的创建与设备、防火、城市交通、旅游、供水和排水、道路、中等教育等。没有规定转移的职务仍由各市镇保留，各市镇可以自愿将保留职务的全部或一部分转移于共同体，例如文教设施、卫生、娱乐等。同样地，共同体也可以将某些职务转移给其成员，但必须伴随资源的转移。为更好地执行职务，共同体可以与国家签订长期计划合同。不难看出，城市共同体所履行的职责都是现代城市生活中最基本的治理职责，法国已经有三个地方层级政府却依然不能解决最基本的治理需求，还需要作为公务法人的城市共同体来承担，这意味着法国地方的千层饼状的碎片化格局依旧存在。

共同体理事会作为共同体的管理机关，理事会人数按照共同体居民数和市镇数而定，由各市镇的议会选派代表参加。各市镇名额的分配，按照上述 1/2 与 2/3 相结合的原则确定，如若还不能确定时由省长按照各市镇的重要程度按比例分配，但须得保证各市镇在理事会至少有一个名额。理事会选举主席与副主席作为执行机关，还可以组织咨询机关。城市共同体有自己的管理机关、执行机关和咨询机关，某种程度上这与作为地域性公务法人的市镇与省政府形成重合，特别是对省级政府组织的存在与职权形成巨大冲击。从组织管理与行政效益角度而言，两套职权类似的机构确实造成行政臃肿与资源浪费，与简化地方组织的地方分权改革不符。同时，市镇职权转移给共同体易造成基层市镇行政荒漠化，也冲击着市镇作为基层治理单位的存在。

共同体的财政收入主要来自租税，共同体理事会可以对市镇所征收的建筑物、房租、职业活动三种直接税规定附加税，以保证稳定的经济来源。共同体作为公务法人可以对地方征税增加附加税，是在税收方面对地域性公务法人职权的冲击，更造成地方税收负担加重与税种的复杂性。共同体还有一些次要收入，例如收费的服务、财产的收入等。

共同体一般是永久性的，没有时间限制，但其可以解散。城市共同体按照上述居民数与议会数 1/2 和 2/3 匹配的多数原则议决解散，但须经部长会议批准才能生效。

（四）新城市的建立

如果说上述三种市镇联合组织都是为解决基层治理问题而设立，那么宏观层面上领土整治与经济平衡发展问题促成新城市的建立。法国在二战后为解决工业区过分集中的问题，鼓励向落后地区迁移工业，创设一些新的城市。新城市区域往往包括几个市镇区域的全部或者一部分，有些跨越两个省区，这不仅遇到工程技术问题、经济问题，更涉及行政组织与地方治理问题，法国在此采用市镇合并与市镇联合的规定。

新城市的创建要尊重已有的地域性公务法人，首先由省长咨询有关市议会、省议会和大区议会意见。若意见一致，省长以命令规定设立；若意见不一致，则由政府咨询最高行政法院意见以命令规定设立。

新城市的管理机构，有关市镇按照市议会与全体居民 1/2 与 2/3 相匹配的多数原则，在三种制度中自行选择。第一，按照市镇合并规定建立一个新市镇，可以是融入式的合并，原有市镇在新市镇成立后不复存在，也可以是嵌入式合并，原有市镇继续存在享有联盟市镇的地位。第二，建立一个临时性质的新城市共同体作为一个公务法人，适用城市共同体的制度。作为管理机关的理事会，其代表由相关市镇的居民直接选举产生，投票方式和时间与市议会选举相同。根据市镇居民数确定每个市镇代表的数目，但不允许任何市镇在理事会中占多数席位。第三，建立临时性质的新城市联合会，作为公务法人处理新城市建设问题。新城市联合会类似于市镇联合会，存在一个由各市议会代表组成的委员会作为管理机构，负责新城市建设中的城市规划、排定建设步骤和进行各项投资等。

在政府以命令形式确定新城市完成建设之后，虽然有关市镇认为必要时可以申请延长期限，一般情况下作为临时机构的新城市共同体和新城市联合会完成职责功成身退，有关市镇必须决定最后的管理制度，要在市镇合并制度，市镇联合制度和市镇共同体制度中选择其一。

二、其他公务法人

公务法人是一个法律主体，享有权利负担义务，管理财产进行诉讼，有自己专有的机关和预算。二战以后随着国家对社会事务的介入越来越多，法国大量采用公务法人作为实施公务的方式。1972 年法律赋予大区公务法人的地位，但大区与市镇和省级作为地域性公务法人不一样，源于中央对大区作为地区分离因素的忧虑，大区虽具有广泛的经济公务但不具有全部地域公务，要等到 1982 年的地方分权改革甚至到 1986 年大区议会直选后，才具有同市镇与省级同等的地域性公务法人的地位。在法国地方各种市镇联合体作为公务法人也从事着广泛的公务，如供水供电等。一些原本属于国家行政职责范围内的事项也因便宜行事之计采用公务法人形式。为保持文化教育领域的自由，避免官僚习气的侵袭，法国的学术机构和文化团体采取公务法人的形式，例如大学、中学，研究机关如全国科学研究中心，某些文化机关例如图书馆、博物馆等。

二战后法国政府经营的某些工商企业，例如法国的电业、煤气业、石油研究和开发企业等，需要财政上的独立和经营上的灵活性，同时还追求一般利益，也采取公务法人形式形成工商业公务。在这些关系国计民生的行业，既要坚持公共目的又要兼顾企业盈利，完全由国家专营不利于按照市场经济规律发展，完全交由私人企业打理不利于企业的公共服务性质，工商业公务法人正好兼顾两者满足需要。工商业公务的对象是经济活动，但行政机关的经济活动不全是工商业公务，例如国家的经济计划、物价管理和香烟火柴专卖等是行政公务不是工商业公务。

法国存在大量提供社会服务的公务，对生活上有某些困难的公民提供某些帮助，以避免或减少社会风险与矛盾。法国最初的社会公务是社会救助，由政府对生活困难的人进行救济。二战后社会保险进一步扩大，成为社会保障或社会福利制度。法国社会公务是个公私法混合的领域，社会救助适用于公法，社会安全保险适用于私法，还有许多私人机构管理的公务，比如抗癌中心、输血中心等。社会救济和医疗事业作为需要大量资金运作的单位，在法国一般也采取公务法人形式，一是易取得捐赠人的信任获得大量募捐，二是避免行政机构插手，杜绝腐败嫌疑。

某些职业组织例如商会、农会等，为便于执行政府委托办理的某些公务，需要一定独立性和灵活性的集体组织，也采取公务法人的形式。二战后，法国把某些职业公务和社会公务委托给某些社会团体实施，职业公务主要是指从事自由职业的人之间维持职业纪律和自治管理的一种行政活动，管理人员来自受管理的职业内部。职业公务法人从事某些职业资格的审查和职业道德的维持，这既维持该类组织的独立发展的要求，又有利于国家对该领域的掌控。

同行业工会是职业公务的管理方式，由同行业的人选举产生，又称同业公会。同业公会在法国具有悠久历史，中世纪封建时代城市手工业者按照各自行业结成行会，大革命时为避免自由竞争禁止组织职业团体，19世纪公会获得合法性为行会发展提供机会，二战期间维希政府为应付战争期间的经济困难，加强对经济和职业的管理广泛采用行业组织，这传统一直持续到现在。同业公会的管理机构是理事会，一般分为两级或三级。基层理事会由地区内全体成员选举产生，上级理事会由下级理事会选举产生。上级理事会对下级理事会有监督权力，全部同行业公会受国家监督，有的决议需要政府批准，有的理事会有政府专员参加，对理事会的决议具有否决权。同业公会的组织受两个原则约束，一是同业公会成员包括该行业全体人员在内的全体性原则，二是从事某一行业的人必须加入该行业公会的强迫性原则，否则不能执行业务。同行业公会具有制定规章，审查成员资格和实施纪律制裁的权力。

公务法人大量涉足国家管理的各个领域，尤其是在事关治权领域，成为法国现行体制下网状管理与参与的重要组成部分，发挥着国家参与或介入所起不到的作用。但公务法人的存在也有弊端，公务分权和地方分权一样是行政上的自治形式，但地方分权的管理机关主要有公民选举产生，公务分权的管理机关很少由选举产生，这相较于选举产生的民选机关距离普通民众更远。公务法人分散行政上的集中和财政上的统一，不利于权责明确和财产运用上的公正透明。职业公务法人把持职业标准的制定，易于绑架标准为己所用。

无论是各类联合机构的出现与存在，还是文化事业领域、商业以及社会领域各类公务法人，都是法国地方治理碎片化、治理主体多元化的呈现，也是新公共管理合同制政府采用市场化方式运行公务的表现，在带来有效治理的同时也展现各种弊端，预设了后新公共管理时代整体性政府出现的必然。

三、公务法人与地方治理

无论是哪种形式的市镇合并与联合，皆出于具体的"治理"需要，是对现存三级地方自治政府无力解决问题的拾遗补缺。既是治理所需，联合机构的合法性系于参与者的自愿，联合体设立原则采用双重保障，既考虑居民数又考虑市镇数，要求两者必须是 1/2 与 2/3 相结合的双绝对多数结合，或者是居民数的 1/2 与市镇数的 2/3 相结合，要么是居民数的 2/3 与市镇数的 1/2 相结合，从而最大限度确保联合机构的合法性。

法国不同形式的市镇联合体大致遵循着戴维·盖昂里（David Gueranger）总结的四个逻辑。[①]地域逻辑意味着联合体要考虑涵盖的所有市镇的利益，按照地域逻辑辖域面积和人口多的市镇有高代表比例，此时地域实体转化为可以量化的面积与个人代表，进而影响权力的分配模式。沿用地域逻辑建立起来的各类市镇联合面临两方面的质疑。

地域逻辑虽强调联合体所包括的所有市镇的利益，但更强调辖域面积和人口多的市镇的高代表比例，联合体对政治代表性的强调盖过其对经济利益的考量，公共产品与服务生产中的最佳"规模经济"不是各类联合体的首要考虑，这不符合其作为治理机构本应追求的效率与效益原则，有违作为地方自治政府力所不逮时拾遗补缺角色设置的初衷。

同时，各类市镇联合体规避选举政治所带来的问责与追责。遵循选举政治逻辑运作的市镇、省与大区政府，须得回应民众的呼声接受问责和追责。而不被问责与追责的市镇联合体，其合法性、专业能力、效率与效益都无从保证。精简地方层级和削减市镇数目一直是法国地方改革的目标，大量市镇联合体存在于正式地方层级之外加大改革难度，旨在服务地方自治的各类联合体有成为法国地方自治障碍之虞。

从中央对地方的统治与规划而言，法国地方已经存在市镇、省和大区三个层级，但现在中央政府却竭力推行各种市镇联合机构的第四层级。省级治理四面楚歌，上有大区层级的下压，下有市镇层级的上挤，左右还有各种市镇联合体的竞争。省级政治当权派对中央对市镇联合体的力推不满，省级行政的功能在于弥补市镇行政的不足，尤其是那些数目太多实力太弱

---

① 技术逻辑代表个人素质，如职业、学历和政治经验对联合体的影响。法国地方治理是地方精英的治理，在正式层级如此，在非正式的市镇联合体也是如此。地方精英谙熟地方政治规则，在动员地方民众与议会方面具有优势，某种程度上地方民众的选择其实就是被地方精英动员与游说后的选择。党派逻辑显示地域归属与政党归属的冲突。政党不仅在中央层级竞争执政权，更是在地方抢夺地盘寻找票仓。地方票仓充足是问鼎中央政权的重要基础，也是政党培养本党精英的基地。制度逻辑显示个人见解与共识意识的冲突，对是否回归共同体进行制度性回应。在不同组织体系之间，究竟是合理化市镇的数目与规模使其既承担起最基层的政治职责与公共产品提供职责，还是在现有市镇之外寻找新的组织分担市镇未承担的职责，这之间存在分歧。盖昂里通过分析市镇联合体治理中的四种逻辑，认为在市镇联合方面每个行动领域的组织都扮演重要角色。

难以发挥自身功能的市镇行政，而市镇联合体的出现将使得省级政府的存在多余。与市镇联合体注重公共产品与服务的职能相比，省级作为中央控制地方节点的职能更不受地方欢迎。市镇议会与市镇民众可以通过投票权决定市镇联合体的去留，但却缺乏对省级政府去留的决定权。

因政治目的设置的省级政府却要在经济发展、争取外资与吸引国家投资等诸领域与大区政府竞争，在公共产品与服务的生产与提供领域与各种市镇联合体和各类公务法人竞争，在地方自治与民众参与领域与市镇政府竞争，无论哪个领域的竞争者都会因为省级职责的衰落而获益和发展。

第七章　后起之秀的大区政府

　　大区的出现既是科技和交通发展的结果，又是政治上盘活全国经济一盘棋的结果。第五共和国时期为合理布局全国经济发展，尤其是改变巴黎作为巨大脑袋与地方纤细身子之间的不协调，开始推行经济大区制度。大区设立目的在于国家行政的简化和合理化，设立大区是对国家战略计划政策、大区发展管理和国家分散化服务的重组。作为后起之秀的大区，其设立被寄予发展地区经济的厚望，但又因分离主义倾向和作为反对党的平台，其发展又总遭疑忌而被设置限制。好在经过三四十年的不懈努力，大区逐渐获得民众认可，已经成为法国地方治理中的重要参与者。

第一节　大区政府的改革历程

　　在法国地方层级中，大区相比于省和市镇是后来者，大区出现的时间比前两者晚，获得作为一级政府合法性的时间更晚。1955 年法国本土设立 21 个计划区域，1960 年改为区域行动区，1966 年巴黎地区成为法国本土第 22 个区域行动区。区域行动区作为国家的行动区划，在本区域内实施经济和社会发展以及领土整治计划。但这种组织过于散漫达不到设立的初衷，为扩大行动区的地位和职权，戴高乐就此举行全民公投，结果却因此而下台。1972 年蓬皮杜总统把区域行动区改为大区，并增加分权因素承认大区的法律人格。大区作为地域性公务法人有自己专有的职权、机构和收入，这是大区发展史上的一次重大改革。

　　中央和地方间在改革问题上存在两种冲突，一是中央政府和立法者竭力缩小改革范围，二是新成立的大区当局政府竭力扩大改革范围并增加其合法性和力量。改革并没有消除这两种冲突，冲突仍然持续存在并继续发酵。①大区晋升为一级地方政府的过程并不平顺，左右翼政党对大区地位持同样态度，亦即不希望大区的崛起破坏原有的政治层级和格局。因此，1982 年的地方分权改革虽然是大区制度的重大突破，改革扩大了大区的自治权力，并使其成为地方自治团体。但作为后发展起来的地方层级大区仍面临众多考验，分权改革法仅勾画出大区未来的轮廓，指出改革的总体方向，但留下众多问题悬而未决。

所有机构都存在一种潜力，竭力证明自己的存在以及功能的合法性，大区在这一点上概莫能外。大区作为后来者在实际运行中遇到诸多困难，但其竭力在地方行政体系中确立自己的身份地位。大区长负责的国家职责，大区议会主席负责的地方职责，两者都竭力推动大区发展为地方民主机构，使其融入法国政治行政体系，成为其中不可分割的一部分。地方分权改革带给大区机遇和挑战，能否作为后起之秀在地方层级中起到统领作用，对大区来说仍是个艰难的发展过程。

一、改革法与大区自治政府

从 20 世纪 50 年代起，法国公共政策制定中的大区因素开始持续增长。到 20 世纪 70 年代晚期，大区议会作为咨询机构创设起来，尽管权力依然有限。1981—1983 年两种因素强化了社会党的新大区主义主张：一是大区开始趋向于成为宏观经济的调整工具，二是直选产生的大区政府趋向于增加地方民主。1982 年的地方改革没有对 26 个大区作任何地理区划上的调整，但在政治地位上升格大区行政等级，大区从法理上正式成为一级地方政府，与市镇与省级一样成为地方自治团体。1986 年社会党选举失利后，尽管许多政策被希拉克的新自由主义政府修改或推翻，但 1982 年关于大区的改革措施大都幸免于难。德勃雷实施的密集立法确保了改革的不可逆转，左右翼也在大区问题上形成共识，大区发展成为大势所趋。

地方是否存在一个民选议会或者代表大会，拥有制定法规、作出决议权和编制预算的权力，是影响或决定地方政府自主权的主要因素。这些议会或代表大会与中央各部门的体系不同，不存在上下级隶属关系。若地方政府拥有代议机构并以代议机构为主则其自主权和作用大，若没有则中央政府的派出机构的自主权和作用大。法国分权改革前中央政府的派出机构——大区长和省长——行政权大，改革后选举产生的议会主席为行政

---

① John Loughlin: Richard Balm, The End of the French Unitary state? Frank Cass, 1995, p.12.

首长，此时地方政府的自主权较大。①

虽然同为地方自治政府，但大区与省级和市镇又有不同。法国实行刚性宪法，宪法与议会的一般立法存在等级差距，从法理来说大区的地位不免尴尬。在地方权威体系中市镇和省政府地位都由宪法创设，唯独大区由普通法律创设。普通法律作为子法其法律效力低于作为母法的宪法，修改和废除条件也比宪法低得多，因此大区要确保其地位就要确保今后不会有普通法律废止它。2004 年的宪法修正案解决大区的法理尴尬难题，大区政府的法律地位获得宪法认可。但作为后起之秀，大区需要通过法理之外的努力获得社会与民众认可。

二、失之中央与收之地方

外界预期左翼上台之后改革的关注点会放在传统问题上，秉持雅各宾主义的左翼向来有集权化的特质，早在 1945 年法国左翼就联合起来支持行政集权化的国家，并把这看作民主化的首要保证，经济计划有效性的根本。不料社会党一上台首先进行的是地方分权改革。法国左翼转向地方分权，源于其长期处于反对党位置，被迫发展出不同于右翼的主张。正是凭着这放权地方的主张，社会党在 1981 年的选举中胜出，回到中央政治舞台。

20 世纪六七十年代的典型特征是大区文化和政治运动复兴，这在社会党内部引起共鸣。社会党的转变与这两股潮流有关，1968 年以后，为地方自治代言作为调节国家与社会关系的方式成为一种时尚，这也是对中央计划幻灭后清醒的一种普遍反映，一些左翼知识分子开始成为大区分权的代言人，许多人后来更是加入密特朗 1971 年组建的新社会党。倡导大区主义的团体，在这种氛围下开始转到政治谱系的左翼，并积极参与到政治运动中来。

20 世纪 70 年代国际经济衰退期，大区间经济发展差异拉大，许多左翼人士产生发展大区经济战略的想法。经济和工业辩论也开始反对资本主义的中央集权，承认大区在地方发展中的战略特性。政党政治不可避免地卷入其中，处于中央权力的边缘的左翼，不仅在现实中转战地方，理论上更是改变原有的集权化特质，不再强调国有化和社会福利方面，反而转向主张地方分权改革，试图以地方的胜选换取登上中央舞台的机会。事实证明左翼策略得当，失之中央收之地方，最终以地方包围中央获得总统胜选。

---

① 此处涉及政治主权与行政主权的区分，在单一制国家里，中央政府以外的其他政府是没有政治主权的，不具备政治主体资格。但这并不妨碍这些政府拥有行政主权，只要他们是不隶属于中央政府的独立的行政法人。

三、大区议会艰难前行

1982 年以前大区议员由选举团选举产生，选举团由本大区的国民议会议员、参议员、大市镇的市长、其他市长的代表以及省议会的代表组成。1982 年地方分权改革规定大区议会直接选举，但社会党内部徘徊不去的雅各宾派阴影，对大区会侵蚀省政府权力的担心，以及对右翼在地方崛起的忧虑，出于种种政治考量，执政的左翼政府一直故意拖延大区议会的直接选举。在 1982—1986 年的四年里，大区议会并没有像省市议会那样由直接选举产生，间接选举使得大区议会缺乏与基层选民的直接联系，缺乏直接民意基础，大区政府的权力被架空。大区议会虽被划定新职责范围，却仍然被局限在原来的法律框架范围内。

从 1986 年大区议会首次直接选举，到 1999 年大区选举改革前，大区议会选举刚摆脱国家次级选举的阴影，又沦落为国家选举的中期测试。无论是在公众还是政治参与者看来，大区 1986 年进行的第一次直选选举影响甚微。无论是选举制度还是选举状况，都削弱了大区的合法性，并置这新制度于危险境地。

首先，社会党害怕右翼反对党派将大区作为工具，反对左派在中央的执政，故意长期拖延大区议会的直接选举。1986 年的选举证实社会党人的担忧非虚，右翼几乎在法国本土所有的大区选举中获胜。其次，第一次大区选举撞车国民议会选举，国家选举的重要性明显盖过大区议会选举，竞选议题被拉高到国家层面，主要围绕中央事项进行，而非真正的地方和大区议题，大区选举笼罩在国家选举之中，大区选举沦落为次级国家选举。大区议会利用省级选区进行选举，对民众来说这是削弱大区特征加强省级印象。

不巧的是，1992 年大区选举又撞车省议员改选，由于省级选举只是部分改选，1992 年的选举比 1986 年具有更多的大区色彩。即使如此这次选举主要反映国家议题或省议题，仍不是真正的大区选举，1998 年的选举也是如此。1992 年大区议会选举法国本部 20 个大区中，只有 4 个大区的选举中产生了能组阁的多数党，1998 年大区选举中更是只有 2 个能组阁的多数党，其他大区都是各党妥协组成的联合内阁，联合内阁艰难地维持着大区自治政府的运作。

更不幸的是，大区议会选举采用比例代表制，比例代表制获得席位的低门槛直接导致大区政治的碎片化状态。首先是分配议席所需的门槛票过低，这虽然确保了议会中政党的广泛代表性，但这也意味着大区很难形成一个多数政党。联合执政成为相当艰难的任务，某些情况下中右翼甚至要跟极右翼联合才能组成联合多数，此举某种程度上拖累中右翼在国家层面的选举，招致右翼巴黎总部的反感与非议。其次，大区议会中难以形成多数党，也就意味着难以产生由多数党推选出的大区议会主席。大区议会主席难产的后果是大区预算案的难产，这促使1998年法律规定未获通过的预算案在一定时期后自动生效。控制大区预算本是大区议会的重要职责，此举无疑冲击大区直选的设置初衷。

面对对大区议会设计的批评，阿兰·朱佩政府1999年通过法律力图改变大区选举模式。废除以省选区为大区议会选区的传统做法，整个大区为一个选区，采用多数制与比例制混合的选举制度，获得过半数选票的政党获得25%的奖励议席，其余议席按照各政党在选举中的得票比例进行分配。在政党名单混合的融票制度上，大区为3%而大市镇为5%，在可参与第二轮投票限制上，大区为5%而市镇为10%，这两者使得更多政党可以参与大区议席的分配。但大区议会议席分配各参数的设定，使得大区选举中的碎片化程度依然很严重。作为对这批评的回应，2003年法律恢复大区议员任期6年，参与第二轮议席分配的门槛提高到10%，获得5%选票的政党可以参与第二轮的融票制度。

2004年大区选举恰逢省议员改选，又处于中央选举周期的中期，这是对1999年提升大区改革效果的第一次检验，然而国家因素的重要影响依然存在。首先在名单形成过程中采取等值原则，获取席位的门槛也有提高，这些虽然减少了异议者的数量，但政治阵营尤其是右翼内部的不一致，抵消了改革措施的成效，导致选举名单的平均数量与以前相比并没有显著变化。其次，本次改革的时间点有点不合时宜，此时法国正遭遇严重的经济问题，而右翼政府试图引入的新自由主义改革模式不受欢迎。城市动荡不安，民众对总体政治不满，结果无一大区在第一轮选举中产生多数党，所有大区都进入第二轮投票。最终，在野的左翼政党整合得比右翼成功，在第二轮中拿下法国本土22大区中的20个。

这些选举中值得关注的是左翼支持者的态度。凡是极右翼出现的大区，左翼的投票率增加。虽对整体政治不满，但为阻止极右翼出线，左翼支持者衡量利弊之后仍然出来投票，有两害相权取其轻的意味。没有极右翼进入第二轮的大区，虽然这时极右翼的一些支持者转投右翼，左翼的胜算并不比在极右翼出现的大区更大，但左翼支持者认为没必要出来投票。左翼支持者的态度和行动表明，左右翼无论哪个出线无所谓，只要不是极右翼出线就行。某种程度上这是左翼支持者对左翼不满的惩罚措施，是失望于政党政治泛滥的表现。

现实选举显示国家性议题依然笼罩大区选举，大区的特征并不如预期明显。在传媒形象和大众利益方面，大区选举侵蚀省级选举。更重要的是，新选举规则容易产生为执政而妥协的联合多数，这无疑会改善民众眼中的大区形象。

调查显示出一个有趣的悖论，大区作为一级地方治理单位，尽管存在各种选举和治理不足的问题，尽管民众对大区情况不知情，但大多数民众开始把大区政府作为未来的治理层级，并对大区议会的表现满意的态度。虽然大区选举议题的国家化日益超过地方化，但媒体对大区选举的关注程度也日益高涨，这些对大区来说无疑是个好消息。大区历经痛苦而缓慢的挣扎，现在已经初具规模，并获得某些政治合法性和有效性。

第二节　大区政府的制度设计

大区作为后起之秀其设立是地方"治理之需"，大区职责主要被界定为负责经济发展与区域规划。虽然大区与市镇联合体作为地方治理主体，无论从历史存在还是法理基础来说都没有市镇与省级强壮与稳固，但就实际治理而言大区和市镇联合体才更有效率。大区的辖域规模便于协调经济发展与区域规划，而大区作为地方最高层级便于联系沟通欧盟。市镇联合体在供水供电等基础设施建设方面更是比单个市镇有效率得多，大区与市镇联合体被大区主义者视作地方最有效率因而应该大力发展的层级。

一、政治领域与大区长

大区长由大区所在地的省长兼任，是地方上的国家行政机关执行国家在大区的公务。1982年的地方分权改革法规定大区长在大区内代表国家和政府，代表总理和全体部长。

作为国家在大区的眼睛，大区长收集大区内的信息，为政府制定全国计划提供资料，为确保执政党的执政提供大区内舆情。作为国家在大区的手臂，大区长代表国家与自治的大区政府，或者大区的公务法人签订合同，执行国家的经济计划。在活动跨越本大区内两个省以上的机构中代表国家。大区长履行国家的监督职责，对大区的自治行政、大区的公务法人以及跨大区的管理机构设在大区的公务法人进行监督。大区长负责分配国家在大区内的公共投资，决定国家投资在大区内的使用。指挥中央各部以大区为活动范围的分支机构，但需在有关部长的监督下并尊重各省长的权力。大区长负有协调职责，协调大区内各省的发展计划，执行大区内国民经济计划和领土整治计划。

　　大区长与省长同为驻地方的国家代表，也同省长一样是中央与地方的联系"节点"，是地方与中央联系绕不开的关键人物。为保证联系的通畅，法国规定大区长有下列权力：（1）唯有大区长在大区内有资格接受部长委托的权力，大区长可以把受委托的权力再委托给大区内有关的行政机关行使；（2）大区长是大区内国家行政机关间行政委员会的当然主席；（3）中央各部和大区内分支机构间的公务往来必须通过大区长；（4）大区内中央分支机关负责人的考绩由大区长提出建议，但由部长会议决定任命的公务员例外。[①]

二、立法领域与大区议会

　　1982 年的法律规定大区议会"通过讨论决定大区的事务"，并列出大区议会"有权促进大区经济、社会、卫生、文化和科学的发展，促进区内的领土整治，有权维持大区的特性"。大区议会作为自治政府的议决机关，享有与省市自治机关类似的职权。最重要的就是管理大区事务，大区议会决定大区的集体装备事项，在其他公法人实施这些事项时，可以给予补助，或取得其他公法人的同意由大区实施。大区议会可以为了大区利益决定举办各种经济事业，参与或创设大区开发公司，分配国家对大区内投资企业所给予的补助。大区议会在国家计划范围内，并咨询有关地方团体意见以后，制定大区的发展计划，并对大区的发展进行研究。大区议会还可以接受国家或地方团体所委托的与大区发展有关的事务。

　　审议与通过大区预算是大区议会的基本职责，大区议会决定大区的收入和支出。除国家给予的征收驾驶执照费外，大区还可以在规定范围内对国家税收或地方团体税收征收附加税。大区可以通过借款和中央政府的补助增加大区财政收入。大区在接受国家或地方团体委托事务时，经费由委托者负担。

　　政府在制定国家计划以及关于大区内开发和规划的一切问题时，必须咨询大区议会意见。因辖域与人口优势，经济发展与区域规划是国家划归大区的重要职责。国家每年用于大区和大区内各省的投资拨款，也要咨询大区议会意见。大区议会对区内各地方团体向国家机构的借款表示意见。

---

　　① 王名扬：《法国行政法》，北京大学出版社，2007 年版，第 64 页。

三、行政领域与大区议会主席

大区议会主席作为大区自治的执行机关，首要任务是执行大区议会作出的决议，两者互相配合共同负责大区的自治事务，作为地域性公务法人在大区层面负责主要的治理活动。大区议会主席准备和执行大区预算，签发大区开支的支付命令，签订大区合同，代表大区进行诉讼，是大区公务机构的首脑。地方分权改革后原先由大区长兼职执行的大区自治公务向大区议会主席手里转移，转移方式由两者订立协定来规定。

鉴于法国中央各部90%的人员被外派地方，地方职能性公务法人发达，大区议会主席甚至要借力于职能性公务法人，必要时利用国家驻大区机构执行大区的自治公务。这既是地方自治能力不足客观现实所需，某种程度上也是单一制国家地方分权有意为之。两个或几个大区在其职能范围内，可以订立协定或建立从事共同事业的机构。边境大区可以和邻国的地方团体建立经常性的联系，但必须经中央政府批准。

四、职能领域与沟通欧盟

大区在除安全以外的各职能领域都负有职责，在职业培训更是负有专属责任。教育领域的职责按阶段划分，大区负责高中教育，与市镇与省级负责小学初中教育差距不大。交通方面大区负责铁路交通，在地方交通支出中占据较大份额。经济发展领域是大区的重头领域，大区负责制定大区发展规划，连接中央与地方也沟通法国与欧盟，参与欧盟大区发展协会，申请欧盟大区发展基金。

五、经济和社会委员会

经济和社会委员会是大区层级的重要咨询机构，由大区内经济、社会、职业、家庭、教育、科学、文化、体育各界代表，加上总理所委派的 5%的专家所组成。委员会原则上与大区议会同时举行，可就大区议会所讨论的一切问题在其决定以前提出意见。所提意见虽不具有法律约束力，但因其成员所涵盖领域面广又有一定量的专家参与，所提意见的代表性与专业性强，能弥补民选议员专业性不足的缺憾，这也是在辖域最广一级的自治政府层级设立咨询机构的原因。

分权改革后地方政府成为"议行合一"的自治政府，大区议会主席既是大区议会的执掌者，对大区议会预算负责；又是大区行政机构的负责人。议会主席所在的政党或者政党联盟作为该区执政党，不仅各大区的执政党

可能不一致，大区与中央政府的执政党很可能也不一致，法国中央到地方
形成结构复杂的执政党网络，加剧中央与地方的沟通难度。此外，参议员
和国民公会代表兼任大区议会议员，既是中央与地方联系的渠道，又是代
表在中央层面分享权力的筹码。大区作为地方自治单位既可接受欧盟发展
基金的资助，又可参与跨国组织和合作。大区的发展某种程度上得益于欧
盟属地原则的运用和大区联盟的发展。

第三节　拾遗补缺的大区治理

为避免同省长的指挥权限起冲突，大区行政长官只对超越省界、具有
大区性质的中央机构具有管辖权，纯属一省内部的中央分支机构只受省长
管辖。因"治理之需"设立的大区政府重在拾遗补缺，在履行职责时既要
兼顾省级政府的"自治"，更要考虑省级的"统治"职责。某种程度上，这
又是后起之秀与传统存在的职权竞争，也是大区主义者与省级主义者主张
的区别。

大区在地方治理中主要起"拾遗补缺"之责，遵循两条原则：一是尊
重省市治理权，只管理跨省界的中央外驻地方机构，市镇与省级能完成的
留给省市；二是尊重共和国的统一和领土完整。与省级的"统治之需"相
比，随着欧盟内部大区跨国合作的日益频繁，国家对大区潜在的分离主义
仍持谨慎态度。分权改革提升了大区地位，大区由地域性公务法人提升为
地方自治政府，职权的提升并未改变大区职责所受的上下夹击状态。政治
实践中大区一直努力改变自身拾遗补缺的角色，竭力向"引导协调"方向
发展。

大区计划合约是大区发展过程中的主要媒介与工具，计划合同的使用
源于德勃雷开启的地方分权改革。20 世纪 70 年代始，类似的协议就已存
在于中央政府各部、城市各区、中等规模的城市以及农村地区，这些协议
被用来协调中央政府各部的政策，确保中央政府与地方政府投资的相容性。
在大区层次第一次引入合同协议，是在第 7 个和第 8 个计划实施中。然而
在 80 年代地方分权之前，因为资源有限更因为大区执行长官是大区长，大
区很难与国家形成实质性的合同关系。从 1982 年 3 月 29 日法律实施起，
大区政府正式负责大区的经济发展，拥有可以与国家代表谈判的法律地位。
1983 年 1 月 21 日法律详细阐释这些合同的实施规则，将国家的发展计划
与大区发展以合约规范起来，正式开启大区的合同协议时代。

　　所谓大区计划合同其实就是将法国的国家发展计划与大区发展计划以合同方式捆绑在一起。大区第一代合同（1984—1988 年）正值法国的第 7 个国家发展计划期。大区计划合同在起协调作用的同时，本身也有不少问题。首先，法国的国家发展计划 4 年一期，而大区合同 5 年一期，两者在档期上不完全一致。其次，大区合同关系由于政治和组织原因，目标模糊并不清晰，目标模糊带来具体实施过程的不清晰，直接限制大区在其间调兵遣将的空间与权力，间接促使国家仍然在其中发挥重要作用。但不可否认的是，国家与大区间协商谈判制度化的确立作为大区与国家间讨价还价的渠道，对大区自治的发展，对大区与国家间关系的转变功不可没。

一、资源转移的方式

　　地方分权改革在向地方转移权责的同时亦有相应的资源转移，大区计划合同正是国家向地方转移资源的方式。大区长作为国家与大区地方联系的关键节点，分配国家在大区内的公共投资，决定国家投资在大区内的使用。大区计划合同作为国家向地方转移资源的方式，在地方分权化的具体实施中存在矛盾与冲突。地方分权化过程中各自治团体作为治理主体允许且鼓励竞争的存在，这必然导致大区间发展的不平衡，大区发展的不平衡招致国家力量的介入，这与地方分权的趋势与倾向不符。大区计划合同作为大区与国家间的协议，需要在分权与介入间艰难地拿捏分寸，既要适应资源配给方面的合作性，又要顾虑资源分配过程中的等级性。

　　大区计划合同的实施过程中，大区对国家的不满主要表现在，国家参与的低水平和决定资助分配的标准。就如教育和城市规划领域，超出大区治理能力的范围，本应存在更多的国家参与，但国家借助地方分权改革将治理职责转移给大区，却又单方面决定国家资助的重点领域，罔顾地方的实际能力与需要，合约化过程不可避免地陷入危机，并且迅速在参与者中间丧失合法性。国家对合约的拨款资助虽然对大区很重要，却只占大区支出的一小部分，政府更是随意动用大区基金作为手段，诱使那些倔强对抗的大区接受合约的提议。结果就是国家一再保证复活大区政策，但现在的合约计划过程完全与复活政策相脱节。

　　同时，大区计划合同的评估也充满矛盾，评估标准究竟是以大区政策促成的均衡发展为主，还是以实际政策功利最大化的有效性为主。从均衡发展角度出发，贫困大区从国家资源的转移中人均获益更多，但这种资源分配方式不一定带来资源分配效益的最大化。从结果的有效性角度出发，带来效益最大化的大区分配更多的资源，结果必然是大区发展差距的进一

步拉大。在大区间如何分配资源，如何评价资源带来的实际效益，成为大
区计划合同发展中的难题。

二、政策动员的方式

1982 年的地方分权改革重建中央与地方政府间合作，重新调整中央与
地方对职能部门政策的作用。这些创造出一种新型地区政策，计划合同的
扩展是这一过程的核心要素。计划合同的创建源于中央和大区之间的博弈
过程，目的是在多元政治结构下界定公共目标，并确保各方的财政合作。
在法国地方分权改革对组织中心与边缘关系的冲击下，计划合同成为一项
重要的协调两者关系的制度机制，被认为是地区整合新模式的关键性指标。
大区计划合同既区别于中央集权化的计划，又不同于传统的大区政策，作
为一种新的制度化机制确保各种参与者的合作。

大区计划合同是三种不同计划相互作用的结果，1946 年规划总委员会
（Commissariat général du plan，CGP）主导的传统法国的国家计划，1963
年国土整治与区域性的评议会（Délégation à I'aménagement duterritoire et à
I'action régionale，DATAR）主导的大区政策和 1982 年内政部主导的地方
分权改革。换句话说，大区计划合同是各种政策综合影响下的产物，国家
计划下宏观政策与大区计划下微观政策的相互博弈，地域性公务组织大区
的政策与职能性公务组织的部门政策的讨价还价。计划合同作为调节中心
与边缘关系的工具，必须适应不同领域政策的目标和特点，受到自上而下
与自下而上压力的夹击。

如果说第一代合同时期重点在国家向地区转移资源，那么第二代合同
清楚地显示出重点已经转移到地方资源的动员上。与第 9 个计划相比，国
家投入增长 25%，但计划支持的范围却缩小了，更多的资源集中到更少的
被界定为优先级别的政策实施中。在所有投入中，国家与大区参与的平均
比率为 1.19，浮动范围从 0.58 到 2.14。无论从相对角度还是绝对角度来看，
大区在其中都贡献良多，这与其说自上而下的分配资源，莫如说是有利于
国家的自下而上的动员，动员地方力量与资源促成全国一体化。

模糊的合约化目的更是引起大区不满，尽管 DATAR 在地域政策过程
中担负领导职责，合约政策的过程看起来更像是微观层面讨价还价的集合，
而不是为大区发展制定决策的程序集合。大区再分配只是计划合约的目标
之一，却并不能代表它。尽管合约化的目的非常模糊，但重点已经从地区
政策转向地区化职能部门政策。而且，地域性政策制定过程仍然高度依赖
政府层面和选举圈子间的政治妥协，政府换届很可能改变大区政策的地位

和方向，不确定性加剧了大区的紧张关系，就连大区政策与欧盟政策也不存在确定的一致性，这影响着大区合约的有效实施。合约计划的政策目标会随着公共政策文化背景而改变，随着经济危机的持续，政府放弃政策优先性和财政责任，在这种情况下大区计划合同被看作是公共开支控制期管理再分配成本的机制。计划合同作为动员大区力量支持国家政策的手段，更甚于作为提供国家支持辅助大区自治的机制。

三、地方力量凝聚的方式

虽然在国家计划与大区计划中，大区计划合同有动员地方力量促成全国一体化的倾向，但在地方发展中其作为有力工具，促使大区成为承担地方力量凝聚者的职责。首先，合同化更易促进国家补助向有优先权的职能部门的集中，大区计划合同更符合合同双方的目标，与欧盟大区政策的框架更直接相关，这种对资助部门与项目的挑选与欧盟资助基金的相关联，大区相对于其他地方组织更容易在其中发挥协调作用。其次，大区计划合同激励大区明确大区内的优先项目，按照有关程序改变以往按区间划定项目的做法，各种项目要想获得资助须得获得大区认可，此举增强大区在地方的分量。再次，计划合同被看作灵活的区域政策工具，它允许中央和大区对变化的优先项目自主作出财政反应，尤其是在培训、研究、道路等需要大区实施职能的政策领域，计划合同以其自主财政反应扮演重要角色。最后，大区议会决定国家对地方企业资助的分配，赋予作为后起之秀根基不足的大区在地方层级自治中重要权力，是大区凝聚地方力量的重要手段。

合约化建立起一种进化的关系网络，通过包括计划合同在内的大区政策的实施，参与者地位随着政治环境变化而变化，国家在关系中仍然是主导者。尽管诸多限制，大区已经开始与利益团体、其他地方权威，省长以及中央行政机构建立新的关系。计划合约已经促进大区机构的强化，更促进一种新型的大区政策，形成以组织间关系为主要特征的政策决策的联合中心。

四、融入欧盟的学习方式

法国大区的发展与欧盟有直接关系，同时欧盟对法国的影响很大一部分也是通过大区来进行的。某种程度上，法国地方分权和权力下放是对欧盟组织活动中的属地原则的借鉴，将决策权下放到尽可能接近决策实施的地方，给予地方尽可能大的自主权。同时，欧盟结构基金为欧盟成员国地方政府提供财政资助，资金的运用必须透明，受益国家和大区要拿出至少等额的配套资助。事实上欧盟鼓励和刺激了法国大区改革，只有组织良好、充满活力的地方政府才有可能符合欧盟的资助要求。

欧盟的资助条件迫使法国地方政府服从欧盟的新标准，逐渐融入欧盟一体化的格局中。1989 年和 1990 年生效的欧盟公共采购指令，要求对价值 13000 欧元的公共品供应和维护合同，价值 500 万欧元的公共品合同进行正式公告，并把对非国有企业的歧视视为非法。这些门槛的设定正好在大区政府开支的范围内，大区政府要服从新的标准，如劳动与环境标准、技术标准、健康与安全标准。欧盟的竞争性规则逐渐俘获以传统国家为主导的大区政策，使这些政策整合到欧盟一体化的框架中。申请欧盟发展基金的各级地方政府，需要准备细节完备的战略发展计划。从法国的发展情况来看，最初各级政府大多对准备发展计划束手无策，但几个回合后大都能慢慢适应要求做好申请，这是一种制度学习的过程。

五、地方间合作竞争的平台

法国地方自治的三个层级中，大区负责经济发展与国土规划等地方宏观治理，省政府和市政府负责更微观层面的治理。欧盟的大区发展基金最初主要作用于大区层级，随后敢于冒险的省和市镇也加入竞争。它们发现更接近信息中心才更有机会获得资助，为了地方利益它们开始直接向欧盟官员游说。在中央政府支持下省政府、市镇、城市和市镇联合都可以向欧盟寻求资金支持。

统一欧洲法案也鼓励跨大区之间的联合，这在 1982 年的德勃雷法案中已经明确认可。这些联合可追溯到 1971 年的欧洲边境大区联盟，1973 年的欧洲濒海大区联盟，以及传统工业区联盟等等。边境大区可以和邻国地方团体建立经常性的联系，但必须经中央政府批准。欧盟的大区政策并不能把法国地方政府从国家监护中解放出来，但欧盟的大区政策在各层次地方政府中，创造一种亦竞争亦合作的机制。申请欧盟资金的各级地方政府间是竞争关系，与其他欧盟国家间也是竞争关系。这竞争是相互学习的过程，也是地方政府跨出国门拓宽眼界的过程。

第四节　大区选举与分离主义

在法国的地方层级设计中，大区一直是被中央政府警惕的角色，这源于大区带有的分离主义倾向。在法国原有的中心与边缘体系里，大区是与巴黎作为中心具有凝聚力相反的角色，尤其在法德历史与领土纠葛中。第五共和国建立后左翼长期远离中央政权"失之中央"，最终通过深耕地方"收之地方"。左翼在 20 世纪 80 年代凭借在地方势力获得中央执政权，但左翼以地方包围中央的做法为右翼所效仿，右翼开始经营地方并在地方建立基层政党组织。大区成为反对党的最佳舞台，一再被拖入与执政党的争权过程中，成为中央政府所忌惮的地方层级，也因此在央地分权过程中一直被疏远和边缘化。

近年来随着全球极右翼的发展，法国极右翼国民阵线开始在政治舞台上活跃，法国现有的"两翼两党"为主的政党模式和选举体制，阻碍着包括国民阵线在内的小党在中央层级的发展，作为反对党的国民阵线亦努力经营地方以期继续走地方包围中央的路线，大区选举成为其重点经营的地方，被继续胁迫着成为反对党的舞台。极右翼国民阵线在欧洲议会选举中的活跃与胜利，将原本与欧盟直接有联系的大区往分离国家的道路上更推进一步。在欧盟一体化的大背景下，欧盟作为跨主权的存在对主权国家的冲击，责任被归罪到大区身上。

一、大区选举与反对党平台

经过二十多年在地方的经营，1981 年左翼终凭借在地方的势力拿下总统选举。中央选举失利的右翼学习左翼转战地方，与地方组织达成协议建立良好关系，以此作为反对社会党政府的平台。执政之后的社会党开始兑现承诺实行地方分权改革，市镇与省级改革很快进行，唯有大区改革一拖再拖。1999 年改革之后大区议会选举才开始以大区为基本选举单位。第一轮中获得半数选票的政党获得议席的 25%，其余 75% 按照政党所得选票比例分配，设置 3% 的选票门槛。若无过半数政党则进行第二轮投票，只要获得相对多数即可当选，门槛选票为 5%。这种分配方式有利于中间党派和党派联合的发展，既不利于极端大党也不利于小党。

大区议会选举制度的设定，实为中央抑制大区崛起带来分离的手段与方式。首先，第一轮选举中获得过半数选票的政党只分得 1/4 的议席，这既非多数代表制下"谁超过，谁全赢"，又非比例代表制下的按比例分配议席，某种程度上这实为抑制大区层级中多数党势力的策略，进而成为抑制大区崛起的策略。其次，设置 3% 或者 5% 的门槛排挤极端小党的生存空间，避免大区层级党派林立的局面。大区议会改革上的拖延，以及大区议会选举上的设计，社会党的策略都得到右翼政党的默许，亦即在大区实权化和地方分权问题上，左右翼暗中达成的共识是：大区作为在野党反抗执政的平台，可以；大区作为地方对抗中央的平台，不可以。右翼重新上台后废除左翼的一系列改革措施，却保留大区选举方式不动可见端倪。

法国近年来的选举显示，大区制度上的设计为极右翼国民阵线所用，被中央层级选举限制在外的国民阵线成为地方的活跃角色。在 2015—2017 选举周期中，大区层级的首轮投票在 2015 年 12 月 6 日举行。巴黎刚经历的恐怖袭击的影响出现在本轮投票中，法国社会安全感缺乏，民族主义和种族主义抬头，针对穆斯林族群的敌意和攻击行为显著增加。主张排外、反移民、反对申根协定的极右翼国民阵线，在选民中的支持率取得历史性突破，在 13 个选区当中的 6 个选区取得领先。① 法国内政部公布的首轮投票结果显示，玛琳娜·勒庞领导的"国民阵线"全国得票率为 27.96%，居第一；法国前总统萨科齐所在的共和党领衔的中右翼政党联盟获得了 26.65% 的选票，位列第二；时任总统奥朗德所在的执政党社会党得票率为 23.33%，仅排第三。值得注意的是，统计数据显示，玛琳娜·勒庞和她的外甥女玛丽昂·马雷夏尔-勒庞，在所在选区的得票率均超过了 40%，领先于其他两大党的候选人。而在此前，"国民阵线"从未控制法国任何一个大区议会。玛琳娜·勒庞在第一轮投票结果出炉后宣称，"国民阵线"是"法国第一大党"，并且该党"本来就肩负着实现国家所需要的团结全国人民的使命"。②

法国在当地时间 2015 年 12 月 13 日举行地区议会大选第二轮投票，左右传统大党执政社会党和右派共和党选情告急，各党纷纷采取策略，呼吁选民在第二轮积极履行公民的投票职责。社会党为了遏制"国民阵线"的势头，甚至宣布在首轮投票国民阵线领先的三个选区，南部的普罗旺斯-阿尔卑斯，东北部的加莱，东部的阿尔萨斯-洛林选区，社会党候选人退选避免反国民阵线大阵营的选票被分散，并呼吁支持者投票给前总统萨科齐领导的共和党。据统计第二轮投票率明显高于第一轮，没有出现极右党出山执政的局面，这让各党和法国民众暂时松了一口气。

从法国政治传统来看，过去共和党或社会党首轮失利后，都会呼吁其选民在第二轮中投票给对方政党，这一传统称为法国的"共和统一阵线"。国民阵线在第二轮选举中的溃败也许不是偶然。一方面，法国地方选举程序设计有意阻挡小党获得席位，大区议会选举采用大选区下比例和多数混合的代表制，既不是多数制也不是比例制，这是左右翼在阻止小党成为大

---

① http://news.xinhuanet.com/world/2015-12/06/c_1117370823.htm.
② http://news.xinhuanet.com/world/2015-12/09/c_128512021_2.htm.

区执政党方面达成的共识。另一方面，第一轮中对国民阵线的支持，某种程度上是民众借支持国民阵线发泄对传统左右翼的不满，但等到第二轮真枪实刀的抢位战时，民众仍会理智投票。

　　分析人士认为，第二轮投票失利对勒庞登临法国总统宝座的努力造成沉重打击，尽管受国内形势影响极右势力有所抬头，但法国人冷静思索后依然不愿这个国家被极右思潮控制，加之法国其他党派"结伙"阻挡国民阵线，这才造成法国大区选举结果"突变"这种状况。[①] 法新社引述政治学者让·伊夫·加缪的话称，第二轮大区选举结果证实，极右派"国民阵线"可以在第一轮取得好成绩，但永远不能在第二轮成功。此次大区选举揭示了法国政治发展中亟待改善的问题。

二、欧洲议会选举与极右翼的发展

　　极右翼国民阵线的活跃不限于法国地方，其利用近年来欧美集体右转的时机积极在欧盟寻找同盟，谋求以跨主权国家的同盟来实现在国内的突破。在 2014 年的欧洲议会选举中法国极右翼政党国民阵线一举拿下了近25%的选票，成为欧洲议会中法国第一大党。而法国两大传统政党人民运动联盟和社会党的得票率分别仅为21%和14%。这样的结果无疑给法国政坛带来一股强烈的冲击波，并将引发持续的反响。

　　执政社会党的失利，与民众对奥朗德的执政方针与执政能力的质疑有关。自2012年奥朗德登上总统宝座以来，法国经济改革没有明显进展，2013年经济增长只有0.3%，但失业人数据法国劳工部的最新统计4月已达336万人。对此瓦尔斯总理在国民议会上强调既往方针不会改变，目标仍是提高竞争力、增加企业利润和减少失业，但也必须缩减赤字和债务。[②] 法国的第二大政治力量人民运动联盟也遇到了信任危机。先是党的领导层闹不团结，后又爆出党内财务丑闻。欧洲议会选举的不利结果更是让党员感到不满。迫于压力科佩请辞党主席职务。

　　极右翼政党国民阵线在欧洲议会选举中的高得票率，既能提升自身在法国的形象，又有助于壮大欧洲议会中的"疑欧派"力量，国民阵线的壮大还可能改变法国传统的政治格局。整个欧洲都出现了反对财政紧缩政策和失业的抗议性投票，勒庞向支持者表示，"人民发出了响亮而清晰的声音。他们不再希望由境外的人来领导，由非经选举产生的欧盟执员和技术官僚

---

①　http://news.xinhuanet.com/world/2015-12/09/c_128512021_2.htm.

②　http://world.people.com.cn/n/2014/0603/c1002-25096790.html.

来领导"。"他们希望免受全球化的冲击，夺回对自己命运的控制权"。[①] 法国极右势力不断壮大可能给欧洲一体化进程带来干扰，因此对欧盟以及全球化的前景不能盲目乐观。

但对法国极右翼势力国民阵线的发展也不用盲目悲观，其在政治经济方面的极端主张不可能得到法国精英阶层的支持。首先，限制移民和企业用工以及法国人优先的主张，虽然从情理上可以理解，但在实践中并不容易实现。法国是产业全球化配置的主要获利者，其从事的高端产业只有在全球化的市场中才能发挥最大效益。而已经转移到后发展国家的低端产业也不太容易再转移回法国。其次，二战后法国的发展很大程度上源于欧盟的抱团出击，法国一直是欧盟坚定的"双核"领导国之一，如若选择退出欧盟和欧元区后果无法预测，法国在欧盟几十年的外交努力都会付之东流。最后，移民与难民所带来的族裔问题，尤其是这波民族民粹的身份认同问题是个全球性的难题，不是仅凭法国一己之力就可以解决的，更不要说是口号重于实践的国民阵线的能力。

更重要的是，即使国民阵线能够在总统选举中胜出，其政策与主张也难以实施。国民阵线要想推行勒庞的政治主张，可能途径无非下面几种，一是通过议会批准走正常的途径，但国民阵线难以取得议会中的多数，其主张难以在议会获得通过。议会中的中左中右两大党派视国民阵线如洪水猛兽，几乎不可能与之合作。二是走全民公决之路，这具有极大的风险性，弄不好国民阵线就要下台。三是走修宪之路或者大量修订现有法律，这要得到政界和司法精英的支持，但国民阵线的主要主张要么违宪，要么违反各项欧盟条约和欧洲人权公约，但修宪和修法受到宪法法院和最高行政法院的保护，这两者作为独立于选举之外的制约力量，其精英属性的本质根本不是国民阵线可以动摇的。国民阵线所拥有的政治力量，还远远不够它走到这一步。国民阵线的诉求几乎是一场革命，而历经革命洗礼的法国人在 20 世纪 80 年代的分权改革后，已经尝试在政治实践中以"渐行渐近"的改革逻辑取代"推翻重来"的革命逻辑，三十多年来的实践证明法国人已经受益于改革逻辑。

三、大区欧盟关系与主权国家

随着国际一体化的发展，法国作为主权国家日益受到欧盟的影响与冲击。1982 年的分权改革，某种程度上就是对欧盟追求共同市场与解除管制

---

① http://finance.sina.com.cn/money/forex/20140526/222219229945.shtml.

政策的回应。欧盟的属地原则更是促使法国分权改革从中央向地方的权力下放与权力转移。洛林认为地方分权改革最大的创新是法国宪法对欧盟属地原则的认可，这使法国地区治理与更大范围内的欧盟体系同步。属地原则作为欧盟治理中的基本原则已成为法国公共政策中的重要元素，特别是在合约化计划下国家和地区已经成为伙伴关系。欧盟统一法案、欧盟公共采购指令、欧盟结构基金，这一系列的政策指向和竞争性规则逐渐诱使和俘获以传统国家为主导的大区政策，使其一步步整合到欧盟一体化的框架中。欧盟作为超主权国家的政治实体，通过经济资助等软性规则的引导，正在对主权国家和主权国家的地方政府产生重要影响。

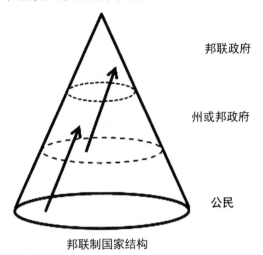

前头所指表示所让渡权力的流向，
反方向则表示该级政府权力来源之处

图 7.1　邦联制国家结构图

　　邦联制作为复合制的一种，指两个或两个以上的独立国家为了某种特定目的，一般为军事或经济发展与贸易等，结成国家联合的制度。（见图7.1）具有邦联制特征的欧盟由具有独立主权的政治实体组成，各成员在加入邦联后依然保留独立主权，因此邦联成员独立性大，联系也较为松散，各成员国相互之间是平等的，不存在彼此隶属关系。尽管欧盟在统一宪法与税收取得一定成就，各成员国在某些方面能采取程度不同的一致行动，但欧盟依然缺乏单一制甚至联邦制下的强制性。

　　欧盟跨主权存在这一性质，决定其不能绕开主权国家直接跟基层组织与民众打交道。同样的，欧盟的政策要想在地方实施须得获得主权国家的认可，以不损害中央政府的权威为基础。按照"谁授权力，对谁负责"的权力来源原则，欧盟的独特性体现在其权力与民众之间的非直接相关性。欧盟的组成单位是主权国家，而不是国家内的民众。主权国家辖域内民众转让权力组成的不是欧盟主权，而是欧盟成员国的主权，成员国再转让一部分给予欧盟。如此，从欧盟角度来说欧盟政府非从民众直接获得合法性，也就不能直接作用于民众，而是必须通过成员国。按照"无代表，不纳税"的原则，欧盟没有直接对成员国民众征税征兵的资格。

欧盟作为邦联制不同于单一制与联邦制之处在于，欧盟政府缺乏由民众直接选举代表组成的、直接代表民众的立法机构，这一点是单一制与联邦制政府的必备，也是其合法性的直接来源。缺乏这种按人口比例而来的代表机构，欧盟的权力无法直接越过成员国辐射到基层民众，一切决定决议皆须先被成员国过滤，过滤之后才能对基层有一定的影响。按照迈克曼的观点来分析，邦联制政府既缺乏强国家权力，也就是国家的强动员能力，又缺乏国家的强基础权力，也就是国家渗透能力。欧盟缺乏单一制国家下中央对地方的控制能力，甚至缺乏联邦制下各政治实体被要求指向联邦的基本向心力。

作为邦联制的政治实体，欧盟产生于解决现实问题的需要。因解决面临的共同历史遗留问题、共同防务问题、外交问题和经济发展问题，其政治根基和合法性天生不足。邦联制下的各主权国，在外交、军事和经济发展等领域有密切合作，这便要求各国在上述领域彼此协作谋求共赢。协作的过程某种程度上要求政策的一致性，利益分享、风险共担。但各国的历史背景、政治制度、经济发展各不相同，一致性的政策产生的效果会有云泥之别，承担风险的能力亦高下不同。欧盟介入主权国事务越多，所承担的责任就越多，欧盟的消极作用越明显，各参与国的矛盾也越激烈，各国对欧债危机态度就是明证。

但即使有主权国家横亘其间，欧盟仍然通过各种方式渗透与影响着主权国家内部的治理。欧盟通过资助对象的选择，促使不同类型的地方政府进行竞争和博弈。欧洲的一些法案也鼓励跨国大区之间的联合，在欧盟大区委员会的 189 个成员中法国曾经占到 24 个。虽然目前欧盟大区委员会还只是纯粹咨询性的机构，但其活动覆盖大区政策的所有方面。大区委员会的支持者认为未来"大区的欧盟"作为强大组织，将会直接与地区政府合作，地区政府与布鲁塞尔的协商谈判无须再借助民族国家。未来的欧洲是"大区的欧洲"，或者未来的大区是"欧洲的大区"。无论前者还是后者，都意味着主权国家某种程度上的衰弱。在欧盟作为政治体日益活跃之后，至少引发三个层次的问题。

　　在地方政府层级，地方政府尤其是以大区为主，受欧盟资助政策和规则的诱导有日益往欧盟靠拢的趋势。向欧盟靠拢可以借欧盟之势，可以抵御中央政府的控制和侵袭，从而增强地方自治力量。但同时地方政府既不能完全摆脱中央政府的影响，现在又增加欧盟的诱导影响，来自中央政府与欧盟的双重影响是对地方自治权力的双重剥夺与侵袭。双重权威之下地方政府如何实现自治，是大区面临的新难题。

　　在国家层级，欧盟与大区的联系越密切，中央政府对地方的权威和优势越衰落。欧盟直接对主权国家内部施加影响不符合邦联制的原则，对国家主权的分享构成对主权国家的挑战。对主权国家来说主权的不可分割是硬性原则，是不可碰触的禁地。在地方自治要求与欧盟影响日益增强的双重夹击下，中央政府如何保有主权国家的权威与尊严是各国政府面临的挑战。

　　在欧盟层级，欧盟面临的首要难题是合法性问题。主权国家无论是单一制还是联邦制，凭借"主权在民"和"代议制"都有与基层民众直接打交道的法理依据。主权国家有合法地垄断使用暴力的权力，有直接从民众征税的权力，暴力与税收犹如主权国家的车之两轮、鸟之两翼，这两方面欧盟无法与主权国家竞争。若欧盟做得越多很可能错得也越多，受到的质疑和挑战也越多，也就越受主权国家的排挤和抛弃。而若欧盟不对地方政府有所行动或者行动不足，那么其也就没有存在的必要。如何在多做与少做之间找到平衡点，如何在多做的同时不引起主权国家的反感和质疑，成为对欧盟的考验。

　　欧盟的大区政策并没能把法国地方政府从国家的监护中解放出来，只是在各层次竞争中创造出一种亦竞争亦合作的机制，突破主权国家的某些专有职能，创建出一种次国家政府的合法关怀。欧盟的新资助机制开启一种制度学习进程，申请欧盟资金是地方政府跨出国门拓宽眼界的学习过程。

第八章 地方层面治理现代化

法国地方治理是三个层次互动下的治理，一是地方内部三层级之间的互动，三层级作为地方治理的主体，其活动决定着地方治理活动的实质。二是地方层级与中央层级之间的互动，这层互动作为法国地方治理活动的框架，决定着地方治理的模式与范围。三是地方层级与欧盟的互动，欧盟作为跨国家的邦联制组织，在追求共同市场过程中采取的"解除管制"政策，使欧盟可以直接与地方政府，这直接冲击着主权国家中的府际关系。

每一层级的互动都是多头参与者基于自身立场和职责的博弈过程。第一层级是平级博弈，无等级隶属关系的市镇、省级与大区，既履行地方自治职责又承担国家在地方的职责，三级政府在这双重功能的治理中既竞争又合作。第二层级是上下级之间的博弈，巴黎作为中心与地方之间形成控制与反控制的局面，地方政府在按属地原则进行自治的同时，须以融洽的态度与中央政府协作。第三层级是内外之间的博弈，法国的现代化治理既要借助欧盟的体量优势，又要避免欧盟对地方的过度介入带来的主权危机。

20 世纪 70 年代欧洲内部开启的地方区划改革，作为法国地方分权改革的国际大背景，对地方层级的性质与治理活动都产生深刻影响。本章以梳理地方治理的框架为逻辑起点，分析作为地方治理背景的中心与边缘控制与反控制，以及地方有层级无等级的组织结构；在此基础上分析 2014—2017 年选举周期地方三级选举的史实，以及地方选举下政党发展的现状；然后转向探讨地方治理的模式与现状，分析法国地方政府与英国和德国的差异；最后分析地方治理的理念与逻辑，探讨法国地方治理中的"一个中心、两个基本点"的特征。

第一节 法国地方治理框架

在单一制的国家结构里，央地关系是现代化治理中的重要指标与参照物。关于法国央地关系，艾尔吉认为存在两个基本原则：一是中央掌控地方；二是领土之上公民须被平等对待。①法国国家构建与治理机制变迁过程中，中心控制边缘和国民待遇平等是央地关系遵循的主要原则。19世纪拿破仑统治完成中央集权化过程，奠定了中心主导边缘的历史根基，而大革命时期公民对平等权利的追求是国民待遇平等的历史根源。

一、中心控制边缘与公民平等原则

中心控制边缘的集权制原则源于对地方自治可能破坏国家统一，或者破坏民族国家的政治稳定的担心。地缘上法国是相当近代的产物，是不同市镇和区域在相当长时间内不断积聚而成的地区，特别是像洛林等一些地区作为战利品不断在法国和德国之间轮换。法国长久以来一直担忧边缘地区易被分离或征服，中央集权不可避免地成为应对领土分离的理性反应。集权也是对内部安全议题的理性回应，地方本质上被认为是叛乱的，政治上不可靠和不稳定，中央统治成为确保国家统一和安全的唯一方式。

中央集权的第二个基础源于地方自治是反国家的认知。国家主导的政策制定体系，以雅各宾派国家代表公共福祉和民族利益的理念为基础，该理念赋予国家合法性，认为应该由国家承担公共政策制定之责，而不是留给政党或者压力集团等组织。只有高度集权的国家才能恰当地代表民族利益，而政党或压力集团会首先追求集团利益，地方政治活动参与者也会首要考虑地方利益。这种语境下的认知是，若授予地方政治参与者地方自治权力，则其必然侵害国家利益，为促进国家利益中央需要主导地方，地方层级的主要职责仅是确保巴黎决策的实施。

随着民族国家疆域的确定和地方自治在西方世界的兴起，尤其是欧盟属地原则的推行，对地方自治的偏见已经逐渐减弱。边境地区脱离法国的威胁已消除，地方反叛巴黎的担忧消失，相反革命经验和帝国政治表明中心才是潜在的压抑和不民主的根源，法国近代的革命活动大都从巴黎向地方扩展，中心权力必须被稀释。崛起的地方精英阶层对地方自治的强烈要求，迫使巴黎不得不考虑和重视地方自治问题。地方精英在地方拥有高度影响力，比如大市镇的市长同时又能在中央层面的议会中当选，并常能在政府中拥有职务。这种兼职成为中央与地方利益的连接点，兼职者依靠在地方的影响力捍卫共和国在地方的利益，凭借中央职位在中央层面代表地方的利益。盘根错节的集权共和国同时感受到相当程度的地方自治的压力，

---

① Robert Elgie: Political Institutions in Contemporary France, Oxford University Press, 2003, p.212.

地方自治成为法国改革绕不开的议题。

大革命时期国民待遇平等问题的提出，源于新兴资产阶级经济上的崛起与政治上无权状态的对比。他们要求消除官职世袭，采用公开考试的文官选拔制度。大革命后随着平等意识的普及，经济上强大的资产阶级更是要求"无代表，不纳税"，要求开放立法机关议员的竞选，反对立法席位的任命和垄断，反对巴黎在立法领域的控制权，争取代表地方的权力，争取平等的国民待遇。国民待遇平等原则是历次改革暗含的原则，初始作为地方向巴黎争取权力的手段，后来又成为中央控制地方的方式。

中心控制边缘与国民待遇平等是相互矛盾的原则，这矛盾原则在法国历史进程中发展出两种理念的对峙，一是国家化、集权化和标准化的理念，一是分权化、对称性、多元化与先期试验的标准。法国历次改革无不是对两种矛盾的调和，1982年的地方分权改革也不例外。改革通过地方分权与权力下放，力图简化政府层级，打破中央与地方的藩篱，将权力下放至尽可能靠近决策实施地，以期增加公民自治实现国民待遇的平等。法国通过改革对民族国家重新定义，在集权化、标准化与分权化、多元化的对决中，有人乐观地认为分殊化成为主流，突破从大革命到1982年的标准。有人则对此持保守态度，看到法国地方各层级中依然存在大量标准化，尤其是政党在地方活动中展现出来的再政治化、国有化和去职业化，与大多数地方政府运营中的去政治化、地方化和职业化，形成两种对立的运行逻辑。

在财政税收方面，地方当选官员抱怨国家对地方政府的两种控制，一是地方未能从国家获得足够的资源，二是国家对地方政府施加太多的财政控制。[①] 无论中央政府在资源转移方面表现得多么大方，地方税收体制未能进行全面改革，税收体制的复杂性依然是个严重问题。地方四个基本税种使得市镇资金匮乏，同时由于国家对地方举债的间接控制，地方在举债方面处于被动等待状态，国家对地方的投资从14.7%下降到11.7%，从1975年到1979年地方承受的税收从24%上升到35%。[②] 地方当选官员对国家控制不满，有人批评国家的资助机制不负责任、浪费和无效率，地方向中央政府乞求资金资助置地方于国家笼罩之下，国家代表对市镇预算的事先审查实质将地方置于巴黎的铁掌控制之下。[③] 面对地方当选官员尤其是反

① Vivien A. Schmidt: Democratizing France—The Political and Administrative History of Decentralization, Cambridge University Press, 1990, p.237.

② Vivien A. Schmidt: Democratizing France—The Political and Administrative History of Decentralization, Cambridge University Press, 1990, p.243.

③ Vivien A. Schmidt: Democratizing France—The Political and Administrative History of Decentralization, Cambridge University Press, 1990, p.244.

对派政党时，国家的财政控制给中央政府将财政手段政治化运用预留空间。总之，国家财政集权为中央政府政治干预大开方便之门，这不仅带来地方政府行政的无效率和浪费，更带来地方对政治干预的恐惧和反感，地方官员为走出困境转向无党派寻求帮助。

在法国的央地关系上，艾尔吉总结前人的观点提到三种关系模式，一是蜂窝状的"相互依赖"（inter dependence）模式，国家与地方政治参与者，也就是国家代表与市长相互依赖。国家代表在地方职责的实施依赖于地方精英的合作，而地方精英通过国家代表向中央寻求资源与人脉支持。二是"相互交织"（inter locking）模式，中央与地方在组织机构与人脉之间相互交织，形成相互嵌入式的交织关系。三是央地治理上的"互动"（inter actions）模式，不仅央地政治机构之间，而且公共部门与私人在范围极广领域内实现治理互动。[①]

法国央地关系上的多元化特征与地方的多元特征有关。中央对市镇自治的放任与鼓励，对省级自治的控制与利用，对大区自治的防范与疏离，使法国的央地关系具有上述三种模式的混合特征。法国混而不乱、杂而有章的央地关系，促使不同规模的地方在现代化治理中进行多元化的尝试。中央政府通过分权改革允许地方政府在实践中摸索出一套管理经验和办法，待时机成熟时再予以合法化加以推广。地方政府被授予实验的权力正是法国地方真正走向自治的标志。

二、地方政治结构：有层级无等级

1982 年通过的《关于市镇、省和大区权利和自由法》规定要尊重地方领土单位的自由，地方组织依法律成立，没有一个地方政府对另一个政府有监护权和指导权，国家单独仲裁他们之间的冲突，在法国的地方层级中大区、省和市镇间没有行政上的等级隶属关系。在具体的治理中，既有三层级间按照事项属性分领域的治理，又有各类公务法人的参与，以及国家驻地方机构的介入，法国地方因此形成多元化的治理主体。

法国地方社会曾被描述为蜂窝结构[②]和千层饼结构。经过四十年的大区化和地方分权改革，某种程度上已经改变了 1982 年以前的状态，不同政治活动者之间的传统关系集合模式已发生变化，从"蜂窝"与"千层饼"结构发展到现在不易明确定位的模式。这在一定程度上既是过去的延续又

① Robert Elgie: Political Institutions in Contemporary France, Oxford University Press, 2003, p.235.

② Vivien A. Schmidt: Democratizing France—The Political and Administrative History of Decentralization, Cambridge University Press, 1990, p.211.

有一些显著变化。法国今天的政治行政体系比过去要"开放"得多,一定程度上也"混乱"得多。在法国和欧洲的大背景下,地方结构比过往更多样化,未来更不确定。(见表8.1)

表8.1 改革后地方层级治理参与主体

机构	归属	治理主体
一般权限国家机构	中央政府	国家外派地方的代表,大区长、省长、市长
专门权限国家机构	中央政府	中央各部外派地方的机构
立法机构	地方政府	大区议会、省议会、市镇议会,各层级议员
行政机构	地方政府	大区议会主席、省议会主席、市长,各层级公务员
地域性公务法人	公务法人	市镇联合会等
工商类公务法人	公务法人	电力、煤气、石油开发研究等
文化教育类	公务法人	学校、图书馆、博物馆等
行会	公务法人	农会、商会等

表格来源:作者根据材料整理。

如此一来,法国地方治理领域中既有国家公务又有地方公务,治理主体有国家机构、地方机构和各种公务法人。国家公务的执行需要地方机构与公务法人参与,地方公务的执行也借助国家机构力量与其他公务法人,在国家"统治"与地方"自治"之间呈现一种交融并存的局面。地方三层级同为自治政府,但在国家对地方政府的职责定位里有所侧重,国家对三层级下放与转移的权责有所不同。

法国地方三级政府设立的目的与原则不同。分权改革将市镇从地方行政组织提升为地方政府,国家在保留市镇的"统治"之责外,更倾向基于市镇作为地方"自治之需"的职责。市镇固有的自治传统使得市镇早就承担起地方治理职责,地方治理职责在改革前后并没有大的改变。立法领域,市镇议会作为自治政府的议事机关,在法律法规规定的范围内独自行使立法权,决定地方自治事务。值得注意的是,市议会的职权有部分受到限制,也就是其决议案须经核准后方有效,受限部分大都与财政有关。行政领域,国家行政系统负责全国性的事务,由驻地方的一般权限的国家机构和专门权限的国家机构具体实施;地方行政系统负责地方自治事项,由兼任市长的市议会主席负责,国家系统往往对地方系统负有监督之责。在提供公共服务的领域,则存在中央政府、地方政府、公务法人等多种参与主体的竞争。

第二节 法国地方三级选举

法国地方自治的政治结构不同于中央层级的三权分立，实行的是类似英国的议行合一的责任内阁制，地方自治的执行机关在党派上的归属与决策机关的多数党或多数党联盟一致。地方政党竞争既有全国性大党又有地方性小党，意识形态不同的各政党与不同层级的不同选举机制碰撞在一起，形成地方错综复杂的执政党网络。

地方分权改革前右翼长期执政中央，左翼转战地方控制大多数市镇与省级选举，但当时法国没有地方政府只有行政层级，左翼就是控制地方选举也不是地方执政党。分权改革后地方成为自治政府，地方议会成为地方决策机关，议会主席成为执行机关，地方出现执政党。但地方执政党情况复杂，或者是某一政党单独执政，或者是某几个党联合执政，这形成复杂的地方执政党网络。

2017 年的总统选举成为法国政党发展的又一拐点，马克龙及共和国前进运动的胜出一改政权由传统左右翼把持的局面，传统两翼两党的衰落与挣扎伴随着新兴政党的发展与崛起。第五共和国从右翼独自把持政局二十多年，到左右翼轮流执政三十多年，现已发展到由左右翼以外的第三方政党掌权。政权平稳过渡背后是政党之间的拼搏与厮杀，从两翼两党的温和多党制到多翼多党的极端多党制，表明政党之间抢位与卡位的重新布局之战已经拉开帷幕。

地方选举作为总统选举的预演，法国本轮地方选举包括 2014 年的市镇选举、2015 年的省级选举和大区选举。这些选举既为地方各层级选举议员，又展示出总统选举的氛围与指向。本轮地方选举中的隐性变量因素为常人所忽视，反映在总统选举中就是政治新手与新政党的胜出超出大众预期。地方选举暴露出的法国政党发展问题为传统政党所忽视，左右翼从而错失了提前修正的时机。

一、多数与比例并存的市镇选举

2014 年的市镇议会选举开启了本轮总统选举的前奏，本次市镇选举是对执政近两年的奥朗德总统的考验，选举结果某种程度上是总统与执政党交出的执政中期答卷。法国市镇数量庞大而人口规模不一，35357 个市镇中的 30037 个人口在 2000 人以下，只占总人口的 23.1%；人口在一万人以下的城镇有 34363 个，合计人口占人口总数的 50%。与之相对应的是 10

万以上的大市镇只有 42 个，却占总人口的 15.2%。^① 法国市镇选举随人口规模而异，大市镇议会选举由政党主导而小市镇议会选举由地方精英主导，前者源于在国家发展中的地位后者源于精英的长期经营，而中等规模市镇呈现政党主导与精英主导共存的局面。

政党与精英在地方选举中共存的状态，源于 1982 年地方分权改革对公平与效率的兼顾。市镇选举按人口采用不同的选举方式，人口少于 3500 人的市镇采用单选区多数代表制。人口超过 3500 人的市镇选举分为两轮，采用多数与比例相结合的选举制度。^② 市镇选举中既有全国性政党又有地方性政党，还有各种形式的政党联合。2014 年市镇选举中左翼既有社会党、共产党，又有左翼联盟以及左翼联合党，后两者成为左翼的主要得票党，第一轮拿下 11.40% 和 15.88% 的选票，第二轮拿下 21.88% 和 11.65% 的选票。右翼既有民主独立联盟、人民运动联盟，又有右翼联盟和右翼联合党，后两者也是右翼的得票主力，第一轮选举拿下 11.61% 和 24.57% 的选票，第二轮拿下 19.72% 和 16.67% 的选票。^③从选举数据可知全国性政党对市镇的渗透与控制薄弱，市镇选举中小党和地方性政党活跃，选举主调仍是地方性的。

政党主导的大中型市镇受中央层级活动影响大，执政不佳的社会党的民意流失在市镇选举中初步显现，两轮选举中仅拿下 6.62% 与 5.73% 的选票，不仅在左右翼争锋中落败，甚至远落后于左翼联盟和左翼联合。相比起社会党在市镇选举中低得可怜的得票率，丢失 155 个人口超过 9000 人的大市镇选举才是其本轮总统选举周期颓势的明证，高达 37.87% 的弃票率更是对执政党无声的否定。第二轮投票中国民阵线突破性地拿下 13 个城市的议会选举，最大在野党右翼人民运动联盟更是直接得益于执政党的失利。^④

二、两轮多数代表制的省级选举

省议会选举以单名制选区和两轮多数代表制方式进行。候选人若要在第一轮选举中当选，需获得绝对多数票数且投票人数需达到注册投票人数

① 关于法国市镇人口情况，见法国地方政府网站 2018 年的最近统计数据，https://www.collectivites-locales.gouv.fr/files/files/statistiques/brochures/chiffres_cles_2018_0.pdf.

② John Loughlin: Subnational Government—The French Experienc, Palgrave Macmillan, 2007, pp.147-148.

③ 关于 2014 年市镇选举的数据参见法国内务部网站的统计，https://www.interieur.gouv.fr/ Elections/Les-resultats/Municipales/elecresult__MN2014/(path)/MN2014/FE.html.

④关于 2014 年市镇选举的数据参见法国内务部网站的统计，https://www.interieur.gouv.fr/ Elections/Les-resultats/Municipales/elecresult__MN2014/(path)/MN2014/FE.html.

的1/4。若要参与第二轮选举候选人需在第一轮中获得10%以上选票，该条件不满足时由得票最多的两人参与第二轮竞选，二轮选举中只需获得简单多数即可当选。①

2015年法国省级议会选举依然延续"右胜左败"的局面，在3月22日和29日举行的两轮投票中社会党仅获得13.28%和16.06%的选票，左翼拿下34个省议会的控制权，而萨科齐领导的人民运动联盟获得66个省议会控制权。省级选举比市镇选举受全国性政党的控制与影响更强，省议会几乎全部控制在右翼人民运动联盟和左翼社会党手中，这与省级在法国政治传统中作为中央控制地方的节点有关。省议会选举中再现得票与议席的不一致，国民阵线在两轮选举中分别获得25.24%和22.23%的选票，却依然"叫好不叫座"无缘省级议会的主导权。②

面对省议会的选举结果，当时有观察人士在媒体上预言萨科齐重返爱丽舍宫的希望大增而奥朗德前景黯淡，这似乎也成为那时的舆论共识。通过预言和共识不难看出，大多数观察家对下一任总统的预期与判断还局限在传统左右翼非此即彼的格局里，很少有人能对传统左右翼面临的困局有清醒的判断，更鲜有人能预料两年后的局面，为竞选总统而新成立的前进运动能在成立不到一年的时间里，就将传统左右翼执政党踢出总统选举登上执政舞台。

三、多数与比例混合的大区选举

社会党的失利延续到2015年的大区选举，在12月6日举行的第一轮选举中，左翼社会党及联盟仅获得23%的选票和领先两个大区议会选举，萨科齐领导的右翼及联盟也仅拿下27%的选票和领先4个大区选举。而极右翼国民阵线不仅一举拿下27.73%的最高选票，更是在6个大区得票领先。遗憾的是第一轮选举中没有一个大区出现过半数政党，所有大区进入第二轮选举。大区第二轮选举出现大逆转，首轮领先6个大区的国民阵线一个大区也未能拿下，大区议会仍为传统左右翼把持。③

自1981年社会党凭借在大区的实力问鼎总统宝座以来，"失之地方，

---

① John Loughlin: Subnational Government—The French Experienc, Palgrave Macmillan, 2007, p.149.

② 关于 2015 年省级议会的选举数据参见法国内务部网站的统计，https://www.interieur.gouv.fr/Elections/Les-resultats/Departementales/elecresult__departementales-2015/(path)/departementales-2015/FE.html.

③ 关于 2015 年大区议会的选举数据参见法国内务部网站的统计，https://www.interieur.gouv.fr/Elections/Les-resultats/Regionales/elecresult__regionales-2015/(path)/regionales-2015/FE.html.

收之中央"的策略为左右翼政党所沿袭，大区成为在野党反对执政党的舞台。但是无论传统左右翼谁执政，都竭力避免大区成为地方反对中央的舞台。大区选举中值得关注的是左翼支持者的态度，左翼支持者对整体政治不满，但为阻止极右翼出线凡是极右翼进入第二轮的大区左翼支持者仍然出来投票，极右翼未能进入第二轮的大区左翼支持者认为没必要出来投票，即便此时极右翼的支持者转投右翼从而削弱左翼政党的胜算。这既是对极端政党行为的预防，更是对左翼政党执政不利的惩罚。

纵观地方选举不难看出，中央政党对地方的渗透和影响从市镇到大区呈加强趋势。市镇作为地方自治的最基层单位，除去能影响中央层级的大市镇，中央根据地方自治原则无意愿干涉，也无能力对其过多干涉。省级作为中央控制地方的枢纽，省议会选举偏向中央的倾向更强，省议会因此主要由执政的传统左右翼政党主导。大区议会更进一步成为总统选举的晴雨表，法律规定大区议会选举采用两轮多数制，旨在避免大区议会中牢固多数党的形成，大区职责被限定在经济发展与区域规划方面，旨在避免大区成为地方反对中央的平台。法国多党制在地方形成错综复杂的"执政党"网络，这网络既连接中央选举又反映地方自治，将法国中央与地方连成一盘棋。

地方执政党网络虽然错综复杂，在政党政治参与方面仍有规可循。数目极多但规模极小的市镇相较于数目极少但规模极大的市镇，政党运行差异明显。小市镇很大程度上依然是地方性的，选举是地方精英之间的竞争，小市镇的选举主要比拼个人能力，民众对市长的认同远超出对其所属党派的认同。大市镇的选举议题是国家性的，意识形态和政党政治变得重要，因此党派特征和国家色彩浓厚。然而，即使在个人色彩强烈的市镇，政党依然是重要角色，市长都有党派归属，是政党中一员。小市镇与大市镇不同的选举体系，多数决制与多数比例混合制决定着地方选举的政党化程度。大市镇政党发挥更多作用，提供竞选名单决定候选人的提名顺序，并规定融票时不能改变提名顺序。因此，地方政治中存在政党控制与精英控制的谱系，以大市镇几乎完全由政党主导和小市镇几乎完全由地方精英主导为两极，两极中间存在政党与地方精英程度不一的联合。然而地方政治发展的趋势，正如一些评论认为的那样，大市镇中的政党和意识形态正日益向小市镇扩散开来。

四、地方选举下的多极化政党

法国是多党制国家，不仅存在着从极左翼到极右翼的政党阵营，各阵营内部也不融洽。更重要的是，法国全国性政党地方组织薄弱，地方选举通常由地方政党把持，地方甚至出现大量无党派人士，法国政党正往多极化趋势发展。

法国党派之间意识与主张差异巨大。一般来讲，以社会党和共产党为主的左翼秉持雅各宾主义的中央集权主张，对全球化和外来移民持宽松态度。右翼保守主义长期耕耘地方，市长和众多市议员是右翼的支持力量，落后农村地区更是右翼的传统票仓。法国行业协会的发达加剧政党分化，行业协会对本行业特权的坚持和要求成为政党汲取选票绕不开的路径，行业要求转化为政党的理念与纲领，强烈的行业职责观表现为政治上的党派归属与党派竞争，逐渐分化为左右翼主导的两大阵营。碎片化的政党实为不同意识形态和利益追求的个人联合，这种状态下领导者很大一部分精力都用来解决党内的紧张与冲突。个人的竞争与野心加剧联合政府的矛盾，以致两党都从联合政府的软弱和跛脚中损失更多。①

左右内部各党之间的关系也并不融洽。左翼两大党社会党与共产党虽然在一些选举中联合，特别是两党联合竞选一举拿下 1982 年的总统大选，但这种联合竞选掩盖不了两者差异。两党联合主要是竞选策略的联合，而不是意识形态与主张的融洽，密特朗上台后左翼接连丢掉 1982 年和 1985 年的省级选举、1983 年的市镇选举和 1986 年的大区选举，如此密集时间内的地方选举失利，显示左翼内部各党联合的脆弱性，极左翼生态党作为新崛起的政治力量，也增加了左翼内部混合的不可预期性。右翼内部的分化情况更加复杂，光是继承戴高乐主义主张的政党就有三个，右翼内部的分化更表现在中右翼与极右翼的竞争与斗争。极右翼是法国极端民粹势力的代言人，为确保法国地方低收入者的利益，极右翼对外来移民持严厉排斥和抵制态度，甚至主张无条件无原则地遣返移民。勒庞领导的极右翼虽然不能在国家层面选举中有所作为，但其在一些地方具有相当程度的支持者，某种程度上这给予极右翼以地方选举要挟国家选举的筹码。

法国中央层面的政党缺乏基层政党组织，地方选举由地方政党或精英把持。中央层面政党与基层民众关系薄弱，其在地方政治中的诸事项主要依靠地方精英来完成。左翼政党尤其是共产党过去曾经建立起强大的地方组织，遗憾的是其现在不仅在中央层面边缘化，在地方也是如此。政党的衰落是第五共和国有意设计的结果，从地方层级到中央层级的选举都以地

---

① R. A. W. Rhodes, Vincent Wright: Political Institutionsin Contemporary France, West European Politics, 1987(10):123.

方为选区，不仅参与政党众多而且采用不同的选票计算方式，尤其是比例代表制呈现出的碎片化，是法国地方选举中的显著特色。

由于民众对政党的不信任加剧，同时为避免中央政治对地方的影响，地方官员选择转向无党派，以期以无党派的标签在地方选举中获胜。尤其是在农村地区中小规模的保守市镇，选举官员更愿意将其工作描述为技术性和行政性的，而非与政党有关的政治性的，[①] 以此政治策略打消地方选民的疑虑，以此行政策略处理与国家代表以及中央各部驻地方代表的关系。这些策略确实起到一定作用，但法国政治毕竟是左右翼严重分裂的政治，左右翼对地方的渗透加速了地方政治两极化，中央政治的分化体现在地方层面，尽管地方选举中存在无党派的标签，但地方选民对候选人的政党属性心知肚明，并且按照其政党属性去投票。[②] 市长的合法性依赖其非政治化，但这并不意味着其是反政党之人，选民也不是真的拒绝政党。地方选举中的无党派标签成为拒绝政党捐助和政治偏袒的标志，而不代表反对政党的存在。[③]

第三节　地方治理的活动与互动

地方分权改革后的法国地方治理依然呈现碎片化状态，但在这碎片化里法国摸索出一套条块结合的网状治理模式。各层级既有兼职带来的人员上的交叉，也有实际治理中既竞争有合作的互动，总体呈现出一种混而不乱的局面。

一、地方层级的治理活动

（一）地方治理中的碎片化

碎片化又称作巴尔干化，它是与组织化相对应的概念。上官丽娜总结出法国地方治理中的几个"碎片化"特征：（1）责任转嫁，政府部门让其他机构来承担后果与代价；（2）项目冲突，政策相互拆台；（3）重复建设

---

① Vivien A. Schmidt: Democratizing France—The Political and Administrative History of Decentralization, Cambridge University Press, 1990, p.249.

② Vivien A. Schmidt: Democratizing France—The Political and Administrative History of Decentralization, Cambridge University Press, 1990, p.250.

③ Vivien A. Schmidt: DemocratizingFrance—The Political and Administrative History of Decentralization, Cambridge University Press, 1990, p.252.

导致浪费；（4）缺乏专业沟通与干预；（5）各自为政致使无法真正满足社会需求；（6）公众缺乏恰当的服务。[①] 碎片化是各国普遍面对的问题，英国、新西兰、澳大利亚等国引进合作政府，协调和统合政府各部门以及政府与非政府部门的活动。法国也存在治理碎片化的状况，四十多年的地方治理过程实际就是对碎片化的整合与协调过程。

从政府治理的发展脉络来看，1982 年法国地方分权改革处在变迁转型期。改革前法国的治理模式是科层制政府，等级划分与职能确定在确保责任制的同时，既导致管理的部门化与碎片化，又导致管理中文牍主义与本位主义的官僚病，政府治理缺乏活力与效率。新公共管理运动倡导公共产品与服务供给私有化、民营化、多元化，推行以灵活市场为驱动力的政府，提高政府的活力与效率弥补科层制的不足。

市场化的合同制政府在克服科层制政府弊端的同时，也带来治理中的碎片化特征。合同制政府下公共产品和服务的供给主体多元化、运行机制综合化，带来了公共部门的权威分散化，公共部门兼具政策执行者、合同发包方、监督者和代理人等多重角色。公共部门身份的多样化与碎片化带来治理过程的碎片化，这是新公共管理天生的隐疾，已经呈现在法国地方治理中。[②]

行会在法国历史悠久，法国任何行业都有自己的协会，行业协会的宗旨是捍卫行业的生存和社会地位，商讨本行业的发展，并在必要时保护本行业。行会主义将社会权力给予不同的职业阶层，从而建立起行会范围及社会阶层间的高度团结。这种团结使得社会政策必须考虑到各社会阶层与行业的特殊情况，从而导致法国社会保障制度的高度碎片化。对社会保障制度任何形式的整齐划一的改革，都会遭到最强有力的抵制。

在法国人看来，改革不仅要夺走来之不易的特权与利益，更重要的是会让他们丧失对他们来说重于一切的职业身份与地位认同，这是对个人荣誉的损害。而对个人荣誉的损害就是迪里巴尔纳解释人类学中关于社会基本担忧的观点在法国的具体应用。"所观察的每个群体似乎都不是只有权利，而且还有责任。每个'等级'都有要求很高的职责观，这是属于这一等级这个事实对每个成员的要求，无需某个权威指派。"[③] 职责和权利确定每个职业群体的身份，拥有这种身份就必须享有与其相匹配的权利和履行相应的职责，如此才能维护所属群体和个人的荣誉。相应地，放弃权利

---

① 上官莉娜：《走出治理破碎化困境》，北京人民出版社，2012 年版，第 3 页。
② 李瑞昌：《公共治理转型：整体主义的复兴》，《江苏行政学院学报》，2009 年第 4 期，第 103 页。
③ 菲利普·迪里巴尔纳：《荣誉的逻辑》，马国华、葛志强译，商务印书馆，2005 年版，第 6 页。

或者逃避责任都会造成荣誉的损害。[①]行会文化带来的社会保障的碎片化，一度被认为是法国社会危机之源，财政危机、企业竞争力的削弱、失业加重以及政局动荡都被归咎于此。

（二）条块结合的网状治理模式

在法国现代化的治理过程中，不仅地方各级政府追求行政效率与社会效益的最大化，就连政府各部门也在绩效评估的考核下向效率与效益看齐。竞争中的各级政府无力协调各部门政策的相互拆台与治理机构的相互竞争，致使公民无法获得无缝隙公共服务。法国为克服弊端治理中的无序竞争，力图构建通力合作的协同政府，在条条、块块、条块和网状各领域铺展开来。

一是同层级政府间的块块合作，在同级政府的不同部门间建立信息共享、资源互助的合作，比如国家税收部门与海关之间的合作打击跨境的偷税漏税、资产转移以及洗钱等各种违法犯罪行为。二是跨层级政府间的条条合作，在有着类似事务责任的不同级政府间展开合作，比如中央与地方，或地方与地方的合作。贯穿中央与地方的职能领域合作是现代化治理中必不可少的环节，这既是沟通中央与地方的渠道，也是实现中央与地方互相监督的渠道。三是跨程序的政府间条块合作，为增强回应及洞察变化的能力，在操作、管理以及领导层之间加强合作。条块合作是在纵向条条与横向块块之间打通科层体制下的壁垒，实现纵横向的信息与资源共享。四是跨公私机构的网状合作，打破公共部门与私人组织间的界限，实现全方位的立体化合作。因此，合作政府既是组织机构的联合，也是组织运行机制的联合。[②]

这是新公共管理运动下向市场化要效率，实现公共产品与服务生产与提供分离的必然要求。分权改革后除由分化后的职能部门直接提供公共服务外，法国地方治理活动也在公共服务中大量引入私有化、外包以及合同制，公共服务外包降低成本、提高效率的同时，也在地方造成政府能力的空心化和政府官员流失的双重损失。分权改革将中央政治-行政权力下放给地方政府、管制机构、公共服务机构或国有企业，导致政治行政领导者丧失调控、干预和获取信息的途径，也就丧失掌握信息来源和施加影响力的能力，同时想通过权力下放避免的责任也没能免除，如此难免在政治上遭

---

① 田珊珊、段明明：《如何理性审视法国模式——法国社会保障制度文化机制透析》，《学习与实践》2010 年第 12 期，第 101 页。

② Emmanuel Négrie: The Changing Roleof French Local Government, West European Politics, 1999(22): 190.

受公众的批评与责难。后新公共管理时代整体性政府或协同政府补救合同制政府带来的碎片化，强调政府部门"通盘考虑"，重视政府各部门信息共享以避免政策结果相互抵触。实践证明，整体政府加强系统的纵向整合并提高组织横向合作因而更有效率。

二、地方层级的治理互动

（一）地方治理中的交叉兼职

法国地方层级的兼职源于三层级之间治理范围的交叉。政治领域最主要的兼职是各大区区长都由大区首府所在省的省长兼任，该省长既要负责本省的政治职责，又要作为区长协调大区内各省之间的政治职责。市镇层级，选举产生的议会主席兼任国家驻市镇的代表市长一职。

立法领域的兼职表现在地方三级议会成员之间兼职，改革前大区议会采用间接选举方式，以省议会选区为单位，因此受省级影响很深。改革后又经过几年的争取，大区议会终于实现以大区为选区的直接选举，但这只是从形式上摆脱省级影响，实质上大区议员仍然由谙熟选举的省级和市镇精英把持，三级议员间大量存在交叉现象。值得注意的是三级议员的选区是分开的，若要获得不同层级议员的兼职，需要分别参与不同层级的选举，而且各层级之间的选举方式不同，三层级议员间不存在当选一级议员而自动当选另一级议员的情况。能够在各层级兼职凭借的是政治精英对本身选举政治的谙熟以及政党的支持。

地方层级另一种普遍现象是立法与行政间的兼职，地方议会主席既是议会的主持者也是议会决策的执行机关，也就是地方行政部门的负责人。不同于中央层级的行政双头制，法国地方发展出类似责任内阁制的政府形式。地方行政与议会之间存在密切关系，这既是源于地方治理中的责任要求，也是出于效率与效益的考量。法国地方层级兼职也是无奈之举，辖域有限的范围内已经存在三级议会选举，法国民众已经不堪选举之扰，不宜再进行三层级的行政部门直选。

（二）地方治理活动的交织

1. 政治领域辖域交织的自治

地方是否存在独立制定法规、作出决议和编制预算的立法机关，是影响与决定地方政府自主权的主要因素。立法机关体系不同于行政机关体系，一般不存在上下级隶属关系。比较而言，拥有代议机构并以代议机构为主的地方政府自主权和作用较大，反之则是中央政府的派出机构自主权大。法国1982年的地方分权改革变地方行政机构为地方政府，地方政府作为与中央政府不同的行政法人，有自己独立的行政地位与职权，独立财政预算与人事安排，地方议会作为决策机关在国家监督下决定地方事项，议会主席作为执行机关负责地方决策的实施，从地方立法机关自治性上来说，法国地方政府成为自治政府。

近年来随着欧洲委员会和欧盟大区委员会的发展，欧盟各国的地方民主也有极大发展，但各国地方民主的发展模式和发展程度不一致。斯堪的纳维亚国家的地方民主和地方政府有悠久历史，地方自治发展得比较顺利，因此自治程度较高。但在具有拿破仑集权传统的法国，虽然民众参与投票的频率和比例较高，但地方自治和民主程度无法与上述国家相比。

地方政府的自治性质与国家结构的单一制性质碰撞在一起，形成法国独特的地方自治问题。在单一制的国家结构逻辑里，国家或者中央政府是民众让渡权力的唯一接受者，地方政府权力是中央政府的再让渡，准确地说是中央治权的转移，很大程度上这决定地方政府在治理中唯中央政府马首是瞻。但在自治政府逻辑里，辖域内民众直接选举产生的地方议会是地方决策机关，也就意味着直接从民众获得合法性，地方自治政府在治理中应唯地方民意马首是瞻。不同层级选举的地位问题是政治科学上的关键问题，自由主义民主成长于民族国家的背景下，民主来自国家或公民的合法性主要通过国家议会选举表现出来。地方选举合法性是国家合法性的简单转移，还是地方选举本身具有合法性，这是个比较复杂的问题。

法国存在三级地方自治政府，同一地方受三级自治政府管辖，地方如何协调市镇自治、省级自治与大区自治成为问题。自治某种程度上意味着自我治理，法国地方三级立法机关不存在隶属关系，在"三龙治水"的格局里，哪个层级的治理代表自我治理，这确实是法国地方面临的艰难抉择。法国地方三个层级的地域法人都有征税权，地方公务法人比如市镇联合体、新城市共同体等也有部分征税权，征税权作为现代民族国家的垄断性权力，在法国地方治理中出现碎片化特征。

2. 经济领域既竞争又合作

分权改革后地方政府间没有上下级的隶属关系，没有哪个政府可以对另一个施加控制，地方政府间有层级无等级。为更好地简化地方行政管理，改革趋势是大区长的权力得到加强而省长权力削弱。国家提供的服务更多是在大区而不是省级层面进行，源于大区在经济发展和国土整治方面更富成效。

发展经济是三级政府都有的责任，参与大区合同制定和执行与申请欧

盟地区发展基金是地方政府间共同的追求。省级曾要求正式扩展计划合同
成为国家—大区—省三方参与的合同，中央政府确实考虑过把省也纳入合
同计划。虽然最终没能成行，但这却刺激大区要与其他地方政府建立良好
关系。市镇自认为没能参与早期计划的制定，因此积极采取行动力争在第
三代计划制定中拥有更大的发言权。大区计划过程中随着市镇和省施加压
力要求发挥更积极的作用，大区在政策制定中的作用变得更弱。事实上大
区正成为多方参与者和各种倡议的协调中心，而不是领域内加强自己政治
意志的指挥机构。大区从辖域内寻求行政和法律支持的能力最弱，主要高
度依赖政治资源。大区领域内机构和政治的碎片化极大限制合同计划的实
施。大区实权化的政治流程发生根本变化，大区的主要职责不再是提升
经济的再分配和地方民主化，也不再主要与法国的国家现代化联系在一
起，大区当局更期望通过协助私营企业从而再造市场经济。事实上大量
公共服务比如交通和住房的私营化，意味着法国大区政府不断地与私人
部门形成伙伴关系。大区之间以及大区与地方其他政府间不可避免地成
为竞争关系。

第四节　地方治理的理念与逻辑

中央政府通过分权与放权允许地方成为一级政府，这一做法既有目的
又有条件。目的有二，一是应对地方自治要求，一是分担现代化治理中的
职责。条件是按照属地原则的要求，地方政府须得与中央政府协作，共同
承担现代化治理任务。因此，在法国地方治理中形成了"一个中心，两个
基本点"的治理逻辑。

"一个中心"是指地方服从中央，改革后的市镇、省级和大区作为地
方自治政府，依然是单一制国家结构中的地方政府，其须以融洽的态度与
中央政府协作；"两个基本点"是指地方自治中形成两套规则和两种集权，
法国地方治理中存在显性和隐性两套规则，改革在某些方面实际就是将
已经存在的隐性规则显性化，以及逐渐在治理过程中形成精英集权和政
党集权。

一、一个中心：地方须与中央合作

法国地方治理遵循两个原则，一是各层级地方政府按地域和事项属性
划分的属地原则；一是地方政府须以融洽的态度与中央政府协作。

地方分权改革后，法国地方满足施密特关于一级政府要素的论述，那就是具备自己的政治实体，自己的决策权力和自己的执行权力。[①]1982 年开始的法国地方分权改革将地方行政执行权力由国家代表转到地方议会主席手中，职责转移的同时伴随资源的转移，地方有自己的税收、组织实体和人员，法国地方行政组织升级为地方自治政府。

但在法国地方自治中需要注意 1983 年改革法的要求，此法特别规定地方当局不能单独行动，须以融洽的态度与中央政府协作。[②]地方须融洽地与中央政府合作这是法国地方分权改革的底线，也是加在地方政府身上的紧箍咒，加在改革进程上的刹车闸。在地方政府与欧盟的关系上，大区或者省市政府可以参与的欧盟地区联合仅限于低政治领域事务，不能参与高政治领域的事项。法国地方政府没有外交、国防等政治权力，不可以就涉及国家主权事项对外交往。在申请欧盟地区发展基金方面，地方各级政府可以参与申请，但地方当局不能单独行动，需要借助中央政府向欧盟提出正式的大区发展资金申请。

同样需要注意的是，法国地方层级关系也体现着一个中心原则。分权改革后地方政府间没有上下级的隶属关系，没有哪个政府可以对另一个施加控制。地方政府能够完成的事项由该地方政府负责实施，只有当该层级政府不能实施该事项时，才允许中央政府与其他地方政府参与。这条关于地方自治的规定源于欧盟的属地原则，一方面鼓励地方各层级的充分自治，另一方面防止有实力的地方政府对实力弱政府的控制。消除等级关系鼓励充分竞争，旨在避免任何地方层级的独大以免影响中央对地方的控制。

上述规定特别提防大区对省级的影响，但在市镇对省长依赖关系上却采取默许态度。小市镇执政资源缺乏无法完成被赋予的职责，可能被迫在司法、技术和财政方面向省级求助。因与省议会在地方自治方面的竞争关系，市镇更愿意求助于代表国家的省长。向省长求助意味着伸手索取，省长在给予援助的同时可能会附加条件，无论显性条件还是隐性条件，这都会引导或迫使市镇政府按照国家的意愿行事，从而在一定程度上削弱市镇的自治权。

法国地方政府的特征放在比较视野中更为清晰。赫西和夏普将政治上和功能上的不同作为分析地方政府的关键指标，在此基础上进行类型学分

---

① Vivien A. Schmidt: Democratizing France—The Political and Administrative History of Decentraliza-tion, Cambridge University Press, 1990, p.115.

② John Loughlin: Subnational Government—The French Experience, Palgrave Macmillan, 2007, p.97.

析。①沃尔曼更是将以人口统计数字为主的地区性因素作为地方政府类型分析的第三个指标,并在此基础上总结出三种地方政府模式。

一是"中北欧类群",尤其以斯堪的纳维亚国家为主,德国传统地方政府因政治上和功能上的双重强大,也偏向这一类型。二是"盎格鲁类群",主要代表是后撒切尔时代的英国,主要特征为弱政治、弱功能、弱民主能力并且地方规模较大。三是"法兰西类群",法国为主要代表,主要特征为强政治、弱功能并且地方规模较小。②(见表8.2)

表8.2　三种类型的地方政府

政府模式	政治	功能	民主	体量
中北欧模式	强	强	强	大
法兰西模式	强	弱	不强	小
盎格鲁模式	弱	弱	弱	大

表格来源:作者根据沃尔曼的分类整理。

在欧洲的地方政府体系中,各国地方政府的"自主"程度是不一样的。在"总体能力"原则和"越权无效"原则构成的连续谱系中,不同类型的地方政府处在不同的位置上。地方政府在自治谱系上所处的位置,既受传统地方政府活动规则制约,也与地方政府所受理事项有关。

地方政府的传统活动主要遵循以下两个原则,一是"公共利益"原则,这意味着地方政府不仅以成本收益为导向,而且更注重社会正义和平等的"共善"目标;二是"地方性"原则,地方政府的活动大致局限于本区域范围内。

地方政府的大致分为两类,一类地方自治事项,一类是国家委托事项。在地方自治事项中又分为两类,一类是地方政府按照法律规定被迫执行的任务,这些强迫性任务不因地方政府愿意与否以及能力强弱而改变,这也是构成地方政府自治的最核心事项;自治任务的第二类依赖于地方政府的自愿行动,这些事项法律虽也有规定,但能否执行主要依赖地方政府意愿以及能力强弱,这部分是地方自治程度拉开差距的事项。在国家委托事项方面,也就是国家授权地方代为实施的事项。当地方政府机构实施委托或授权事项时,其作为国家在地方的代表机构要接受广泛监督,既包括是否

---

① Hesse, Jens Joachim/Sharpe L. J.: Local Government in International Perspective, Some Comparative Observations, Hesse, Jens Joachim (Hrsg.), Local Government and Urban Affairs in International Perspective, Baden-Baden S. 1991, p.353, p.386.

② 赫尔穆特·沃尔曼:《德国地方政府》,陈伟、段德敏译,北京大学出版社,2005年版,第171页。

符合法律的适法性监督，又包括是否合理的监督。

德国地方政府偏向"总体能力"端，地方政府的自治程度较高。1949年的联邦宪法第 28 条第 2 款规定，乡镇、某种程度上也包括县，有权力对所有与地方社区有关的自身事务作出决定或规定。与此有关的限制和保留，仅限于地方自治权力的行使是"在现行法律框架内"进行。地方政府的最高决策权力由民主选举产生的地方议会行使。德国地方政府属于"双重任务"模式，国家在地方没有自己的一套组织机构，大量国家职能委托地方政府实施。地方政府除了贯彻执行自己的事务以外，还负责完成国家"委托"的行政任务。德国地方工作人员中归属国家、州政府与地方政府的比例，联邦不到 10%，州大约 50%（包括教师和警察），地方政府达到 40%，并且都处于重要的职能领域。①虽然如此，德国地方并未陷入与国家分离的状态，反而因接受委托任务还在一定程度上"整合"到国家行政部门中。因此，德国地方政府在维护地方秩序方面展现出强政治能力，在地方治理方面展现强功能的治理能力，在民众参与方面展现出强民主的参与能力。

与德国地方高度自治形成对比的是英国，其采用"越权无效"的原则。这是英国地方政府传统上一直遵循的原则，在该原则下地方政府只能行使由议会和具体法案明确规定的职责和权力。在英国单一制的国家结构形式下，中央对地方展现出强控制能力，地方政府只能实施明确列举的地方自治权力，超出权限范围无效，英国地方政府展现出的是弱政治、弱治理能力以及民众的弱民主参与能力。

法国地方政府处在德国模式与英国模式之间，其以单一制不同于联邦制下的高度分权，又在单一制里加入分权化因素不同于英国单一制的强控制。不同于德国地方政府的双重任务模式，法国地方政府类似于"双重结构"模式，或者二元地方系统。②法国地方分权改革后，地方近半数的公共部门工作人员都是国家聘任的，中央雇员的 95% 不在巴黎而是分散在各地。中央在地方建立自己的组织，这是中央控制地方的组织和人事手段。法国将大量中央政府雇员分散在各地去执行中央公务，甚至一些地方公务的实施也要借助国家的地方派驻机构。从地方秩序的维持角度来说，法国地方也是强政治功能，但这强政治功能不同于德国，不是地方自治机构维持的强政治功能，而是国家外派地方的代表维持，这依然是地方治理中"一个中心"理念的体现。

---

① 赫尔穆特·沃尔曼：《在连贯与变革之间》，《经济社会体制比较》，2008 年第 6 期，第 83 页。
② 赫尔穆特·沃尔曼：《在连贯与变革之间》，《经济社会体制比较》，2008 年第 6 期，第 86 页。

法国分权改革对地方政府另三项衡量指标的影响，并没有预期那么明显。就地方政府的规模来说，法国地方依然是辖域小人口少，市镇合并计划依然没有成效。在地方治理方面，权责的下放受益最大的是中等规模的市镇，小市镇受制于人财物力的限制，大市镇早就获得地方自治的权力。民主参与方面，法国地方三级政府议会的胜选机会为地方精英小集团所垄断，民众大多作为选举的分母存在。法国强政治、弱功能并且地方规模较小，某种程度上是巴黎作为中心对边缘的控制以及边缘反控制的结果。

二、两个基本点：两种规则与两种集权

（一）两种规则：显性规则与隐性规则

改革对央地关系的改变某种程度上是把隐形规则显性化。法国曾被认为是最中央集权的国家之一，其实这种认知高估了法国的集权程度。早在1982 年社会党地方分权改革前，执行权、行政功能以及资源已开始从中央政府向地方政府转移。地方政治精英和行政官员已找到有效途径，绕开正式的中央集权系统，在地方自治和地方权力方面取得的进步远超出当时法律制度所允许的程度与公众所认知的范围。

改革前驻地方的国家代表曾被认为处于央地关系的核心，但国家代表体系内在的缺陷使其在地方的影响依赖地方贵族的支持。相比于根基深厚的地方贵族，代表的流动性消减其在地方的影响效力。国家代表在地方职责的施展依靠巴黎各部驻地方的职能机构，但随着职能机构专业化的发展，职能部门更听命于各自在巴黎的总部，这冲击着国家代表的权力。专业审计机构的发展在地方审计过程中发挥主要作用，某种程度上剥夺国家代表在地方财政方面的决定权力。[①]充满悖论的是国家在地方服务领域介入得越多，貌似国家正式的集权越强，国家集权却带来更强的地方行政自治，更强的潜在的非正式分权。[②]直到 20 世纪 60 年代大部分学者才认识到，虽然没有法律的认可，潜在的地方分权运动早就存在。[③]20 世纪 80 年代开始的地方分权改革无非就是把早已存在的地方分权改革事实予以法律认

---

① Vivien A. Schmidt: Democratizing France—The Political and Administrative History of Decentralization, Cambridge University Press, 1990, pp.201-202.

② Vivien A. Schmidt: Democratizing France—The Political and Administrative History of Decentralization, Cambridge University Press, 1990, pp.203.

③ Vivien A. Schmidt: Democratizing France—The Political and Administrative History of Decentralization, Cambridge University Press, 1990, p.204.

可，把央地关系中潜在的隐性规则显性化。

（二）两种集权：精英集权与政党集权

法国地方政治中存在政党控制与精英控制的谱系，以大市镇几乎完全政党主导和小市镇几乎完全地方精英主导为两极，两极中间存在政党与地方精英程度不一的联合。

法国市镇存在两个极端，一类规模极小但数量极多，一类规模极大但数量极少，两者都属于市镇层级适用有关市镇的法律，但两者在地方治理中明显地存在差异。首先，小市镇很大程度上依然是地方性的，选举议题是地方性的，选举过程也是地方精英之间的竞争，小市镇的选举主要比拼个人能力，民众对市长的认同远超出对其所属党派的认同。大市镇的选举议题是国家性的，意识形态和政党政治变得重要，因此党派特征和国家色彩浓厚。然而，即使在个人色彩强烈的市镇，政党依然是重要角色，市长都有党派归属，是政党中的一员。

其次，选举的地方性还是全国性决定治理的性质，小市镇的治理是地方性的，市长个人在其中发挥重要作用，无论是与地方民众打交道，还是与省长的交情，都依赖于市长个人人脉与能力。而大市镇因辖域与人口规模的扩大，更依赖于议会决策与职能机构的作用，市长受诸多因素掣肘而依赖政党在议会中的多数派力量。然而地方政治发展的趋势，却是大市镇中的政党和意识形态正日益向小市镇扩散开来。

毫无疑问，地方分权改革已经和正在改变着法国府际关系，但改革在哪些方面，在多大程度上进行府际关系的改变，需要分层次与分领域来探讨。地方三个层级自治政府从改革中获益不同，不同政策领域的分权程度也不同，更重要的是改革在从中央向地方放权的同时，又在某些领域往上收权，放权收权并存是法国地方分权改革的一大特点。

第九章 中央层面治理现代化

按照治理过程的顺序，中央治理在逻辑上分为三部分：治理前的选举、过程中的治理以及治理后的融合。本部分通过分析法国 2014—2017 年选举周期的中央三级选举，探讨总统选举爆冷的社会背景及影响。通过分析民意调查机构 2019 年法国全民大辩论的数据，分析各政党的倾向与主张，分析政党的分化与组合。这个周期无论选举还是治理，都体现出法国政党的力量分化与重新组合，前进运动对意识形态中间地带的占据，开启两翼两党模式开始向多翼多党模式转变。这种转变背后存在法国离心性竞争的隐患，极右翼国民阵线崛起意味着法国社会融合出现问题，不仅表现在原住民与移民难民之间，更表现在底层民众与社会精英之间，国民资格问题带来的分裂是法国现代治理中难题。

第一节 中央层级的选举与互动

2015—2017 年周期的法国选举从 2014 年 3 月的市镇选举拉开帷幕，经过 2015 年 3 月省议会选举、2015 年 12 月的大区议会选举，再到 2017 年总统大选的 4 月初选和 5 月第二轮选举，以及 6 月的国民议会选举与参议员的改选才算最终落下帷幕。本部分将梳理中央层级的总统选举、国民议会选举和参议院改选，在动态的选举过程中分析法国现代化治理过程中底层民意、精英智识与顶层拍板者之间的互动，探讨法国政局回归平稳之后背后隐含的波涛汹涌。

一、总统选举："局外人"的对决

法国总统选举实行两轮多数决制，第一轮选举中获得过半数选票的候选人当选，若无过半数选票者则第一轮得票靠前的两名候选人进入第二轮选举，二轮选举只要获得相对多数票即可当选。但自第五共和国总统直选以来还没有候选人在第一轮就能当选,总统选举逐渐形成这样的政治惯例,第一轮选举是感性的民意释放而第二轮选举才是理性的投票。

（一）第一轮选举：民意的释放

2017 年 4 月 23 日举行的法国总统选举第一轮共有 11 位候选人参与,按照两轮多数制的选举规则获得过半数选票者当选总统。第一轮选举中前四位候选人势均力敌未有获得过半数选票者,因此将于两周后的 5 月 7 日进行第二轮投票,由共和国前进运动的马克龙对阵极右翼国民阵线的勒庞。这是两个"局外人"的对决,前者未曾参与过公民选举,后者所在党从未执政。本轮选举中传统左右翼政党统统出局,这比 2002 年选举中国民阵线将左翼社会党拱出局动静还大。

从总统第一轮选举票数分布来看,11 位总统候选人分散了选票,领先者马克龙获得 24.01%的选票,极右翼的勒庞获得 21.30%的选票,中右翼阵营的菲永获得 20.01%的选票,极左翼不屈法兰西党的梅朗雄获得 19.58%的选票,而社会党的阿蒙仅获得 6.36%的选票。[①] 大约 85%的选票分散在前四位获选人手中,但得票最多者也未能超过总票数的 1/4。选举第一轮票数的分散似乎已成为法国的政治惯例,民众把第一轮选举作为宣泄不满的通道,任意投票甚至不参与投票。这种民意的释放到第二轮会有不同程度的理性回归。

从党派色彩来看传统左右翼政党被踢出局,进入总统选举第二轮的是中间派的前进运动和极右翼的国民阵线。中右翼阵营共和党的菲永本来极有出线甚至当选机会,却在选前被爆出领空饷事件,菲永虽然认错但坚持不退选,最终选民还是用选票将其踢出局。受奥朗德政府无力应对时局的影响,本选举周期无论市镇、省级、大区还是总统选举社会党的失利一以贯之,社会党主席阿蒙甚至被挤出总统选举前四强。社会党的出局并不意外,意外的是社会党作为执政党在第一轮仅拿下 6.36%的选票,可见社会党被观望的中间选民甚至被左翼的基本盘所抛弃。

（二）第二轮选举：合法性的危机

第一轮选票的分散程度以及前四人的势均力敌,加以候选人党派横跨极左、中左、中间派到中右、极右派,导致候选人之间政策主张难以调和,这给最终胜选者的合法性埋下危机。第二轮选举充分证明这一点,虽然马克龙获得两千多万张选票,占有效票的 66.10%,几乎达到 2/3 的绝对多数,

---

① 关于 2017 年法国总统的选举数据,参见法国内务部网站的统计,http://www.interieur.gouv. fr/fr/Elections/Election-presidentielle-2017/Election-presidentielle-2017-resultats-globaux-du-premier-tour.

但这表面极强的合法性背后隐藏着法国选举以及社会治理中的深层危机。（见表9.1）

首先，投票数与有效票下降幅度大。通过投票对比表的选举数据对比不难发现，注册数减少与弃票数增加导致第二轮投票比第一轮减少153万多票，空白票和无效票急剧增加导致第二轮有效票比第一轮减少467万多票，有效票下降幅度几乎达到13%，有效票占总票数百分比从97.43%降到88.48%，有效票占注册人数的百分比更是从75.77%降到65.97%。

表9.1 总统选举第一轮与第二轮投票情况对比

投票类型	第一轮	第二轮
注册数	47582183	47568693
弃票数	10578455	12101366
投票数	37003728	35467327
空白票	659997	3021499
无效票	289337	1064225
有效票	36054394	31381603
有效票/总票数	97.43%	88.48%
有效票/注册数	75.77%	65.97%
胜选票/注册数	——	43.61%
胜选票/有效票	——	66.10%

表格来源：作者据法国内务部网站公布的投票结构绘制。

其次，对2/3绝对多数要理性分析。从投票对比表不难看出注册票数、投票数和有效票数依次递减，第二轮投票中分别为47568693、35467327和31381603票。胜选者所获选票占有效票数的2/3，但注册票数与有效票数之间相差近1619万票，胜选票只占注册票数的43.61%，未达到注册人数的一半。胜选者并没有获得足够的民意支持，这虽然不影响当选但却影响新手总统和政党的执政。

最后，关于合法性问题。投票对比表显示总统选举的胜选者获得66.10%的有效选票，法理上已经获得合法性，即使获胜者选票只占注册票的43.61%，这得票率的合法性也不低。问题是法国实行两轮多数制投票，第一轮投票才是民意的真实反映，第二轮获胜者的高得票率掺杂民众权衡利弊之后的次优选择。典型的例子是为阻止国民阵线的胜选，2002年总统第二轮选举败选的左翼政党呼吁支持右翼政党，2017年总统第二轮选举左右翼都转向支持中间派前进运动。这种转向既存在着自下而上民意的表达扭曲，又存在着自上而下回应的无法落实。相比两党制非此即彼的选择困境，多党制多个选项似乎民意表达更准确，但只有唯一胜选者的结局意味着总统选举中民意的聚集更多地是民意次优甚至是次次优的选择，是民众根据选举舆情使自己选票有价值的选择。非真实民意表达选举下的获胜者，其政策难以真实地反映与回应民意。

二、议会选举：总统选举的续演

法国议会实行国民议会和参议院并行的两院制。国民议会采用两轮多数制的直接选举形式，总统任命国民议会中多数党或多数党联盟的推举人选为总理，总理与总统构成法国行政中的双头，国民议会选举成为总统选举之外法国最受关注的选举。自总统任期改为五年以来，国民议会受同期举行的总统选举影响大，总统所在党挟持胜选余威一般都能获得国民议会的多数席位，这是为解决"左右共治"弊端民众赋予执政党清晰多数的表现。法国参议院在宪法设计中代表地方，被称为"政治养老院"和"市长的聚集地"，相对国民议会的权重略轻。

（一）两轮多数制的国民议会

法国国民议会选举实行单名制小选区，577 名议员由两轮多数选举产生。第一轮选举中议员当选需要获得50%有效选票，而第二轮只要获得相对多票数者即可当选。为集中选票确保获胜党拥有较高的相对多数票，国民议会第二轮选举设置限票门槛，只有第一轮选举中获得 12.5%以上票数的候选人才有资格进入第二轮选举。[①] 法国多党制与两轮多数代表制使得第一轮选举难有候选人胜出，2017 年 6 月举行的国民议会第一轮选举中只选举出 3 位议席。这促使政党之间进行联盟，第二轮国民议会选举往往出现两大阵营的对垒。属于同一阵营的政党内部达成协议，第一轮选举中得票低的政党退出第二轮选举，转而号召支持同阵营里得票较高的候选人。

国民议会第二轮投票结果 6 月 19 日揭晓，总统马克龙所在的共和国前进运动和法国民主运动组成的联合阵营大获全胜，获得 577 个席位中的350 席。总统选举中的失利迫使传统左右翼背水一战，只有拿下议会选举才能确保不完全丧失在法国政治格局中话语权，不幸的是传统左右翼政党延续了总统选举中的失利。以共和党为代表的法国右翼获得 131 个席位成为最大反对党，社会党从上届的 280 个议席骤降为 30 个议席遭遇惨败。而极右翼国民阵线突破性地获得 8 个席位，党主席勒庞首次当选国

① Robert Elgie: Political Institutions in Contemporary France, Oxford University Press, 2003, p.159.

会议员。①

连下两城的马克龙形势并不乐观。这次国民议会选举以 57.36%的弃票比例创历史新高，过半数的注册者对选举冷漠处之。有效票占注册票数比例仅为 38.43%，前进运动仅获得 16.55%的注册票数，却获得 577 个议席中的 308 个成为议会中过半数的执政党。执政党联盟仅获得 18.88%的注册票数，却获得 348 个议席成为议会中超级执政联盟。② 即使包括那些以对新党的支持来惩戒传统政党的投票，五六个注册者中只有一个投票支持新执政党，前进运动以如此低的支持率成为议会中的多数党，这对法国政治与社会的发展未必是好事。

共和国前进运动在国民议会中获胜，部分源于原议员对国民议会席位的自动放弃，高达 37%的卸任议员不再参选。国民议会议员大都在地方拥有兼职，2014 年的法律规定自 2017 年 7 月起禁止国民议会议员兼任其他通过选举获得的职务，本轮到期议员出现大比例的弃选是权衡地方职位与议会职位之后的理性选择。法国政治结构的中央层面强势总统限制了议会权力，自总统任期与国民议会同步以来更是如此，议员无论作为总统政策的背书者还是反对者都难以发挥作用，回归地方成为部分卸任议员的不二之选。

（二）间接选举的参议院

法国宪法第 24 条规定参议员任期 6 年，由间接选举产生，选举团由国民议会议员、省议员、市长和市议员组成。根据宪法，法国立法的最终决定权在国民议会，但参议院有权再审议法案，如果两院通过的法案条文文本不一致，参议院可让法案在两院之间往返和反复审议。

2017 年 9 月 24 日，法国参议院举行部分换届选举，由 7.6 万选民代表选举出 171 名新参议员。选民对右翼的惩罚没有延续到参议院，法国右派共和党不仅保住到期改选的 53 席还赢得 7 席，以 149 席巩固了参议院第一大党团的地位。选民对左翼的惩罚仍然在延续，社会党等左翼在改选的 46 席中损失 18 席，最终以 68 席维持住第二大党团地位。中间派联盟原来拥有 42 个议席，在赢得 6 席后总席位增加到 48 席。前进运动的负责人在 7 月曾预言能赢得 50—60 个席位，结果在改选的 19 席中损失 6 席，在参

---

① 关于国民议会的选举数据参见法国内务部网站的统计，https://www.interieur.gouv.fr/ Archives/Archives-elections/Elections-legislatives-2017/Second-tour-des-elections-legislatives-les-resultats.

② 关于国民议会的选举数据参见法国内务部网站的统计，https://www.interieur.gouv.fr/ Archives/Archives-elections/Elections-legislatives-2017/Second-tour-des-elections-legislatives-les-resultats.

议院的总席位减少到 23 席。[①] 传统右翼和左翼在参议院中占据优势，参议院的阻挠大大拖延了法案审议程序。

虽然在 2017 年的选举中前进运动凭借一己之力就拿下总统选举和议会选举，但这多少有长期执政的左右翼为选民抛弃后前进运动捡漏的幸运成分存在，比如总统选举中选民在对传统政治精英失望之后的换人看看的尝试心理，以及面对总统选举结果传统政党的国会议员纷纷弃中央回归地方，因此在接下来的选举周期里前进运动的幸运能否持续很难说。最重要的是前进运动作为新兴政党，缺乏长期经营地方的人脉与经验，几无地方政党组织，虽然近年来社会党与右翼联盟皆偏重中央，忽略对地方的经营，但传统政党经营地方几十年，加之 2017 年后政治精英有意回归地方，这必然加强传统政党对地方的影响与控制。

第二节　现代治理中的政党分化

2020 年法国又开启新一轮选举周期，这是法国六十多年来第一次由左右翼以外的政党执政之后的选举周期，有两个层面的问题摆在所有政党面前。一是每个政党在新选举周期都面临难题，极端政党如何继续保持活跃、传统政党如何摆脱选举失利东山再起以及新手执政党如何在困境中谋求连任。二是法国政党政治整体出现问题，政党作为政府与民众间的沟通渠道贯穿法国政治生活的始终，但 2018 年岁尾以来，法国民众却越过政党直接走上街头表达政治诉求，街头政治取代议会政治这是法国所有政党不容忽视的问题。

一、法国政党的分化组合

在民众通过街头运动表达政治诉求的这半年里，民意调查机构 ODOXA 持续对法国进行民意调查，在对重大议题的民意调查上该机构不仅给出总体的民意偏向指数，而且细分出不同党派支持者在该议题上的倾向与选择，这为研究法国政党分化提供了重要依据。从运动前的 2018 年 11 月 16 日到 2019 年 5 月 30 日，该机构共进行了 13 次民调，民调内容基

---

① 《法国参议院部分换届选举 右派共和党成赢家》参见环球网，http://world.huanqiu.com/exclusive/2017-09/11280743.html.

本涵盖这一时期所有议题，而且对重要议题连续调查以展现民意的变化。①
ODOXA 的民意调查涉及议题极广，民意调查中反复出现的议题主要与"运动""大辩论"和"全民公决"有关，本文主要选取与这三者有关的议题民调数据来分析政党间的差异。

为比较各党派在意识形态和主张上的差异，ODOXA 从法国众多政党中挑选出 5 个具有代表性的政党，极左翼"不屈法国"（FI）、左翼社会党（PS）、中间派共和国前进运动（REM）、右翼联盟（RN）和极右翼国民阵线（FN）。这 5 个政党基本形成法国从极左翼到极右翼的连续谱系，这些不同政党支持者的意见既能体现法国总体民众的意见，又能体现各政党在某一议题上的态度和倾向。为行文方便，本文将社会党、前进运动和右翼联盟称作传统政党，因社会党和中右翼都曾是传统执政党，前进运动虽为新崛起政党但其选民大多来自前两个传统政党。将极左翼与极右翼政党称作极端政党，既因其持有的极端立场又因其从未与政权有缘。

（一）街头运动上的政党分化

民调大数据显示与"运动"有关的议题主要有三类，一是运动的合法性，二是运动的继续与停止，三是运动中暴力的责任认定。

在 2018 年 11 月 28 日 ODOXA 关于街头运动合法性的民意调查中，84%的民众认可运动的合法性，这在意识形态与主张分化严重的法国是少见的民意一致性。对各党派支持者的民意调查显示，近八成右翼联盟的支持者认可运动的合法性，社会党和两个极端政党的认可比例高达九成。②这表明街头运动前经济发展迟缓购买力下降已经引发民众对生活质量和政府政策的不满，但对这波不满的民意马克龙政府没能及时感知与回应，运动初期政府对燃油税改革的强硬坚持态度更是激怒民意，本次民意调查显示就连执政党本身的支持者也有过半数认可运动的合法性，法国一度形成民众与政府严重对立的局面。

随着街头运动的持续进行尤其是暴力活动的出现，马克龙政府开始回应和重视民众要求。2018 年 12 月 10 日马克龙发表《与国民谈话》宣布取消燃油税上涨，发布稳定老百姓生活的追加政策，同时会见法国各类工会、财经界人士和地方公务员。或许是受新年气氛和马卡龙谈话的感染，或许是民众厌倦运动中的暴力行为，2019 年 1 月 10 日的民调显示对运动的支

---

① ODOXA 是法国的民意调查机构，其对法国社会发展中的热点问题进行实时民意调查，参见：http://www.odoxa.fr/.

② "Gilets jaunes : Le discours d'Emmanuel Macron a alimenté la colère", http://www.odoxa.fr/ sondage/gilets-jaunes-discours-demmanuel-macron-a-alimente-colere/, last accessed on 4 June, 2019.

持骤降为 52%。法国民众开始怀疑运动的最终目的，调查显示传统政党中曾经认可运动合法性的那部分支持者开始改变立场，执政党支持者中高达 94% 的支持者要求停止运动，右翼联盟和社会党也开始向执政党靠拢，两党分别有 62% 和 55% 的支持者要求停止运动。与此形成对比的是两个极端政党的支持者，哪怕运动中出现暴力活动也只有一两成改变原有的支持立场，极右翼和极左翼政党的支持者对运动的支持依然高达七八成。[①]

在对运动中出现暴力的责任认定上各党派继续分化，五个政党的追责对象各有侧重。执政党前进运动的支持者坚定地将造成暴力的主要责任归为"黄马甲"运动本身（95%）和反对党（85%），认为政府（26%）和警察部门（12%）只承担较少的责任。右翼联盟成为执政党与在野联盟间的游离因素，在最大责任与最小责任的认定上右翼联盟与执政党前进运动一致，将最大责任归于黄背心本身（77%），而认为维持秩序的警察部门责任最小（40%），但右翼联盟在对政府与反对党的责任认定中又回归在野党阵营，认为政府比在野党要承担更大的责任（68%：58%）。极右翼国民阵线和极左翼"不屈法国"毫无疑问地将最大责任甩锅到政府部门头上（86%），同时在两者眼中警察部门对运动中暴力的出现也担负不可推卸的责任，而且两个极端政党支持者的主张也得到社会党支持者的认可，本次民调中传统政党社会党站在极端政党一侧，将最大责任归于政府（72%）而认为反对党的责任最小（59%）。[②]

值得注意的是，在上述暴力问责问题上，除国民阵线外的其他政党都认为运动本身对出现的暴力活动应担负较大责任，这与对运动中暴力可否避免问题的民意调查结果一致，所有政党的支持者都对确保运动和平进行没有太大信心，三个传统政党的支持者只有不足两成的信心，两个极端政党略有信心但也只有五成左右。也就是大部分民众都认定运动中不可避免会出现暴力，即使有这样的认知民众对运动的支持率仍然保持在半数以上，民众的态度某种程度上显示出法国的社会问题的严重性，燃油税上涨带来的焦虑只是露出来的冰山一角，这一点被全民大辩论在各种议题上的分歧证实。

① "Les Français soutiennent de moins en moins les gilets jaunes et s'intéressent à la grande concertation mais doutent fortement de son utilité finale", http://www.odoxa.fr/sondage/francais-soutiennent-de-gilets-jaunes-sinteressent-grande-concertation-doutent-fortement-de-utilite-finale/,last accessed on 4 June, 2019.

② "Les Français soutiennent de moins en moins les gilets jaunes et s'intéressent à la grande concertation mais doutent fortement de son utilité finale", http://www.odoxa.fr/sondage/francais-soutiennent-de-gilets-jaunes-sinteressent-grande-concertation-doutent-fortement-de-utilite-finale/, last accessed on 4 June, 2019.

（二）全民大辩论上的政党分歧

虽然各政党在最初马克龙呼吁举行全民大辩论阶段不甚积极，但等到大辩论真正实行起来各政党还是通过各种方式积极参与表达自己的意见。最能体现各政党主张分歧的是辩论中优先措施的排序，在这些优先措施的排列组合上既显示出各政党所代表的阶层利益和意识形态倾向，又暗含着各政党在接下来的新选举周期中可能的政策主张与兴衰更替的不同命运。

2019 年 3 月 14 日，ODOXA 就大辩论的优先措施进行民意调查，针对各党派的民意调查在前三项优先措施的选择上共有七项措施上榜，这些上榜措施大都有三四成的支持率，按照各措施所获得的政党支持数大致分为四个层级。第一层级获得四个政党支持，只有"根据通货膨胀指数调整退休金"一项措施，得到除极左翼"不屈法国"之外的其他政党的支持。第二层级获得三个政党支持，只有"提高最低工资"一项措施，得到社会党和两个极端政党的支持。第三层级获得两个政党支持的三项措施，分别是极左翼和执政党支持的"降低增值税"、极左翼和左翼社会党支持的"重征巨富税"以及执政党和右翼联盟支持的"打击冒领救助金的欺诈行为"。第四层级获得一个政党支持的两项措施，分别是右翼联盟支持的"减少议员人数"和极右翼国民阵线支持的"按国家分配移民名额"。[①]（见表9.2）

表 9.2　法国各党派关于大辩论的优先措施

FI	提高最低工资 46%	降低增值税 43%	重征巨富税 31%
PS	调整退休金 40%	提高最低工资 36%	重征巨富税 34%
REM	调整退休金 43%	降低增值税 32%	打击冒领救济金 30%
LR	调整退休金 43%	打击冒领救济金 37%	减少议员人数 32%
RN	分配移民名额 37%	提高最低工资 32%	调整退休金 29%

表格来源：作者据 ODOXA 2019 年 3 月 14 日民调结果绘制。

这七项除极右翼国民阵线支持的"按国家分配移民名额"外，其余六项措施正是民意总调查中占据前六位的措施。不难看出，大数据显示出法国民众对大辩论的主要预期就是减税与提高购买力，但在减税与提高购买力的总体目标下，各党的优先措施排序显示出不同的政党组合。最趋近于执政党的仍然是右翼联盟，在大辩论优先项的选择上该党与执政党有最大

---

① "Fin du grand débat : les Français attendent en priorité des mesures sur le pouvoir d'achat et la fiscalité", http://www.odoxa.fr/sondage/fin-grand-debat-francais-attendent-priorite-mesures-pouvoir-dachat- fiscalite/, last accessed on 4 June, 2019.

的交集，两者都将"据通货膨胀指数调整退休金"和"打击冒领救助金的欺诈行为"排进前三位，这交集既得益于两者的支持者有重合部分，又得益于右翼联盟保持住作为传统执政党的格局与眼界，虽不再是执政党但愿意站在执政立场看待法国现在面临的社会问题。相比之下，同为传统政党的社会党就向极端政党靠拢得更多，除了"提高退休金"这一项与传统政党站在一起，另两项则完全与极左翼重合。极左翼政党"一增一降一重征"的关注符合其代表低收入群体又要求极端公正的代言人预设。极右翼政党是唯一关注移民问题并将之排在首位的政党，这与其"法国人优先"的基本立场一致。

（三）"全民公投"上的趋同性

简化"公民倡议公投"（RICAS）是近年来法国的热门话题，2008 年法国宪法规定如果法案得到20%的议员和10%的登记选民支持可以组织共同倡议公投。在 2019 年 2 月 7 日 ODOXA 民意调查中，高达 72%的民众要求简化公民公投的限制条件，具体到各政党支持者的态度，虽然执政党只有 33%的支持，但从右翼联盟、社会党到极右翼国民阵线、极左翼不屈法国，支持率从 68%、79%上升到 82%、88%，更多、更便利的全民公决几乎成了所有在野党的共识。更重要的是在四项适合全民公决的议题上就连执政党也加入这种共识，与在其他议题上被孤立形成对比，执政党支持者在此议题上给出的支持率与在野党比较靠拢。[①]

更多与更便利的全民公决的共识也得到了法国全民大辩论数据的支持，"更少的代表，更多的参与"是大辩论数据给出的结果，反映到具体措施上"更少的代表"一是要求取消参议院，二是缩减国民议会人员，三是削减代表的津贴与特权；"更多的参与"一是要求以强制投票和认可空白票来加强对代议制民主的参与，二是要求以辩论、请愿和全民公投等形式加强民众直接参与。[②]

二、活跃的双边反对党

ODOXA 民调数据和全民大辩论官网数据皆显示出法国极右翼与极左翼双边反对党的活跃，反对党活跃是法国政治的常态，但双边反对党的活跃则是非常态，更严重的是双边反对党的活跃带动了中右翼和中左翼政党

---

① "Suite du mouvement des gilets jaunes: Prime Macron et RIC", http://www.odoxa.fr/ son-dage/suite-mouvement-gilets-jaunes-prime-macron-ric/,last accessed on 4 June, 2019.

② "Le grand débat national Rapport final", "démocratie et citoyenneté", pp.62-66, pp.72-73. https://grand debat.fr/pages/syntheses-du-grand-debat, last accessed on 4 June, 2019.

向极端政党的滑落。2017 年法国总统选举恰逢欧美集体右转，以及法国经济不景气造成的士气低迷，传统政党在振兴经济方面的无力给极端政党的崛起提供机会，极右翼国民阵线的勒庞（Le Pen）挤掉热门候选人右翼的菲永（Fillon）进入第二轮选举，极左翼"不屈法国"的梅朗雄（Mélenchon）挤掉当时的执政党社会党的候选人阿蒙（Hamon）进入前四强。以往法国政坛传统左右翼主导下极端政党只有极右翼国民阵线活跃，但本次总统选举双边极端政党活跃，左翼端更是出现反体制为特征的工人斗争党，法国政党格局从"两翼两党"向"多翼多党"发展。

（一）法国人优先的极右翼政党

法国国民阵线最显著的特征在外籍劳工与移民方面，其认为外来移民对法国是严重威胁，主张采取紧缩的移民政策。其领导人勒庞更是一度主张要采取严厉措施防止非法越境，甚至要求对所有入境的外籍人士应遣送回原居住地。[1] 国民阵线的极端主张在经济发展和顺时不会引起大的关注，但当传统左右翼政党无力应对就业、移民或社会治安等问题时，极端政党常能因其偏激甚至错误但极具说服力的主张获得民众认同。

国民阵线在这次运动与辩论中表现活跃，2019 年 5 月 16 日 ODOXA 的民调几乎成了国民阵线的专场。民众对近年来越来越活跃的国民阵线表现出矛盾态度，一方面"能否将国民阵线视作与其他政党一样的党"获得过半数（56%）的认可，尤其自 2011 年 1 月 16 日玛丽莲·勒庞当选国民阵线主席以来，民众对国民阵线的支持从 21% 上升到 2019 年的 36%。另一方面，五六成的民众对国民阵线依然观感不佳，认为其"会在欧洲造成混乱""有种族主义倾向"和"对法国经济发展有危害"，不到半数的人认为其有"有效的移民政策""能为法国确保更多安全"和"保护大众"。[2] 民意的臧否并不能改变国民阵线成为不可忽视的选举力量，社交网络 5 月关于欧洲议会的投票显示国民阵线的得票率（39%）远远领先于执政党（25.5%）、传统政党右翼联盟（20.8%）和社会党（5.5%）。[3] 勒庞呼吁在欧洲议会建立极右翼联盟一度引起民众担忧，好在议会选举结果并未如国民阵线所愿，国民阵线虽然获得比肩于执政党的 23 席，但不及法国总席数

---

[1] 张台麟：《法国政府与政治》，五南图书出版股份有限公司，2013 年版，第 229-231 页。

[2] "Le RN, parti « raciste » et «dangereux pour notre économie» que les Français apprécient pourtant de plus en plus", http://www.odoxa.fr/sondage/rn-parti-raciste-dangereux-economie-francais-apprecient-pourtant-de-plus-plus/, last accessed on 4 June, 2019.

[3] "Le RN, parti « raciste » et «dangereux pour notre économie» que les Français apprécient pourtant de plus en plus", http://www.odoxa.fr/sondage/rn-parti-raciste-dangereux-economie-francais-apprecient-pourtant-de-plus-plus/, last accessed on 4 June, 2019.

79 的三分之一。[①]

相比起在欧洲议会所获议席数和关注,国民议会在国内选举中往往受制于比例代表制带来的民意偏离指数,其希望通过两种方式来扩大影响力。一是主张扩大公民的复决范围以及简化公投的条件,在"简化公投条件"中给出 82% 的支持度;二是主张在国民议会选举中采取比例代表制降低民意偏离指数。国民阵线"法国人优先"的主张含有民族主义的色彩,而其推崇全民公投的主张暗含尊崇民众选举的排斥政治精英的民粹成分,民族主义和民粹主义为其带来一些坚定拥护者,但这画地为牢的做法也限制了其发展。

（二）反体制的极左翼政党

与国民阵线优先考虑本民族的主张不同,要摧毁旧制度的极左翼政党更极端。极左翼工人斗争党参选人阿尔托（Arthaud）2012 年首次参与总统大选,但在第一轮选举中仅获得了 0.56% 的选票。2017 年总统选举第一轮中阿尔托依然只获得 0.64% 的选票,虽然依然无缘第二轮总统选举,不过阿尔托表示"对于工人斗争党而言,选举并不是主要的。重要的是人民走上街头,如同 1995 年、1968 年或者 1936 年那样"[②]。阿尔托甚至放言"我参选不是为了当总统,是为了让资本主义制度分崩离析!"参选是为推翻被金钱和资产阶级统治的社会秩序,这种激进言论已有赤裸裸的反体制党的特征。虽然两次总统大选阿尔托获得的选票微不足道,但其言论在选情以及舆论方面的影响不可低估。

更严重的是摧毁旧制度似乎成了极左翼的共同主张,据法国《世界报》报道梅朗雄在巴黎公社成立纪念大型集会上发表演讲,呼吁民众来一场彻底摧毁旧体制的大革命,迎接法兰西第六共和国的诞生[③]。"不屈法国"不仅在总统选举中挤掉左翼社会党成为得票第四大党,在这半年来的运动中更是表现活跃。在大辩论优先措施上"不屈法国""一增一降一重征"的主张呼应了经济衰退期民众购买力下降后"劫富济贫"的民意,使其成为与社会党一样重要的左翼政党。值得注意的是极左翼政党具有的极端政党特征,作为反体制政党极左翼政党谋求的不是改变政府,而是要改变政府体

---

① https://www.interieur.gouv.fr/Elections/Les-resultats/Europeennes/elecresult__europeennes-2019/(path)/europeennes-2019/FE.html, last accessed on 4 June, 2019.

② 《法国总统候选人:不为当总统 致力推翻资本主义》,http://world.huanqiu.com/exclusive/2017-03/10344890.Html, last accessed on 4 June, 2019.

③ 《法国总统候选人梅朗雄:来一场大革命 开创法兰西第六共和国》,http://www.guancha.cn/europe/2017_03_19_399517_2.shtml,last accessed on 4 June, 2019.

制本身。它的反对不是"针对议题的反对"，而是"针对原则的反对"。^① 法国街头运动发展到反对法国政治体制，这与极左翼政党反体制的言论脱不了干系。

在法国原来两翼两党为主的格局里，即使有国民阵线作为单边反对党存在也不会引起大的波动，但双边反对党的出现堵塞其他所有政党联合起来的可能，这种各政党的联合只能出现在只存在单边反对党的情况下。2002 年总统大选时国民阵线冲入第二轮，为防止极右翼上台，社会党号召自己的支持者支持中右翼政党，彼时左右翼政党的竞争是向心性竞争，在确保自己基本盘的同时尽力争取中间选民的支持。仅出现单边反对党时局势依然在传统左右翼政党的控制中，两翼政党会捐弃前嫌联合起来让选情回归中间向心性。2017 年选举中极左翼与极右翼政党的活跃导致出现双边反对党，直接将竞选拉向离心性竞争，离心性竞争排除了中左翼与中右翼政党联合的可能，法国社会有脱离传统左右翼平衡之险。

三、没落中的传统政党

传统政党的没落在 2015 年开始的选举周期初见端倪，无论右翼联盟还是左翼社会党都失去原有优势，两者作为全国性政党在地方选举中的表现不及地方性政党，在总统选举中更是先后出局。2017 年的总统选举是右翼政党自第五共和国以来第一次无缘总统选举第二轮，选举失利是对传统政党的第一波打击。若仅是一次选举失利不会重创这两个老牌政党，但随着中间派政党崛起造成的传统政党人才流失和选民基本盘瓦解，其遭受了第二波打击。更重要的打击来自第三波，中间派政党对中间意识形态和话语权的独占使得传统政党要想从困局中脱身只得向极化发展，传统政党的极化发展脱离原本的理念设定，理念不清，定位不明，动摇了传统政党的根基，致其失去其几十年积累起来的民心优势，这将是传统政党发展的灾难之举。^②

（一）进退维谷的右翼联盟

中右翼选民的民意曾是第五共和国以来的主流民意，其政党名称与组织虽屡有变化，但其在 1981 年左翼社会党上台以前牢牢把持法国政坛二十多年，即使左右翼轮流执政时期其也必定是进入总统选举第二轮的两党之一。法国虽然是多党制但一直是"两翼两党"为主的温和多党制，法国中

---

① 参见 G. 萨托利：《政党与政党体制》，王明进译，商务印书馆，2006 年第 1 版，第 188 页。

② 武贤芳：《2017 年总统选举与法国政党发展的困境》，《当代世界与社会主义》，2018 年第 4 期，第 125-126 页。

左翼与中右翼在长期的政治实践中达成默契，利用选举政治中的选票统计方式限制小党发展，小党在两者的联手限制下既不能在国民议会得到与选票相匹配的席位，更不能在总统选举中有所作为，长期以来传统左右翼政党以外的政党都要依附于两者通过联合组阁的形式发挥作用。

这种状况在 21 世纪初始有变化，先是 2002 年总统选举中极右翼国民阵线挤掉社会党冲入第二轮选举，此时还只是中左翼政党发展出现问题。2017 年的总统选举中出现中间派前进运动，不仅社会党被极左翼挡在四强外，中右翼联盟也被挤出第二轮选举，此时传统左右翼政党皆出现问题。虽然中右翼政党依然是法国政坛的主要政党，是今后一段时间内有能力与前进运动竞争的政党，但其发展陷入进退维谷境地。ODOXA 的民调数据显示，法国政党在不同议题上大致形成三种组合模式。第一种模式是执政党与在野党各占一方，呈现出朝野对立的局面。第二种模式是传统政党与极端政党各占据一方，这主要表现在对最基本社会问题的认知上。第三种模式主要划分为左翼、中间派与右翼政党，这主要体现在与意识形态有关的议题上，如左派对公平的极端追求与右派对区分对待的坚持。无论在哪一种竞争中，中右翼联盟都失去了原本牢牢占据竞争一端的优势。在与执政党的竞争中中右翼联盟代表不了在野党，在与极端政党的竞争中其代表不了传统政党，就连在以意识形态划分的竞争中其也无法协调右翼与极右翼的矛盾。

原来"两翼两党"的竞争模式里中右翼也曾数次失去执政权，但 2017年的失利不同于以往任意一次。以往是政策的失利，这次是政治理念的失利。政策的失利可以通过调整政策努力挽回民心，但被中间派与极右翼挖掉的政治理念地基要恢复起来就困难得多。中右翼联盟若坚持原有主张很大程度上是为意识形态相近的中间派执政党做嫁衣，若背离原有主张则失去从第五共和国以来建立起的威信与民心。法国总统选举一般要进行两轮，原先第一轮选举是民众的情感宣泄和试探，第二轮选举民众会回归理性投票，执政权还是掌握在中左翼和中右翼手里。但当原先的"左右"对垒变成现在"极左-中左-中-中右-极右"的多向度竞争后，中右翼已经失去了原本只与中左翼竞争的优势，而正是因为其原本具有的优势使其现在的失利显得尤其严重，曾经的大党地位使其难以伏低做小而是要死撑着大党架子，但其现在的能力难以配得上硬撑起来的大党地位，进退维谷的困境使其恢复之路显得尤其艰辛。

（二）逐步边缘化的社会党

比起中右翼联盟的进退维谷，曾经的执政党社会党在执政的路上进一步被边缘化。作为上一届的执政党社会党的变化可以用没落来表达，作为曾经"失之地方，收之中央"典型代表的政党，社会党入主中央三十多年来忽略对基层地方的经营，其边缘化自 2015 年的地方选举就已显现。市镇选举中左翼联盟和左翼联合党成为左翼方的代表，省级选举中社会党只拿下 34 个省议会的控制权，大区选举第一轮中只拿下 23%的选票和两个大区的领先。若说地方选举是民众对其执政不满的反映，那 2017 年中央层级选举则直接是对该党的惩罚，社会党在总统选举和国民议会选举中皆一败涂地。

败选使得社会党无论从财政基础还是选民基础都迅速沦落为边缘政党，2017 年的国民议会选举社会党议席锐减了 250 席，总统选举第一轮选票从 761 万掉到 168 万，仅此两项这一任期社会党从国家争取到的款项损失约 5500 万欧元。马克龙以"非左非右"的中间立场带走了社会党的不少干将和大批选民，社会党阿蒙战胜瓦尔斯后未能获得后者支持，瓦尔斯公开发言支持马克龙，社会党的分崩离析程度可见一斑。在左翼端政党内部，社会党遭遇极左翼政党"新反资本主义"、工人斗争党和"不屈法国"挑战，三个极端政党皆推出总统候选人，"不屈法国"的风头更是盖过社会党，不仅在总统选举中梅朗雄将社会党的阿蒙挤出前四强，而且在选举后的政治实践中"不屈法国"大有成为左翼端代表的气势。

左翼社会党的没落与近年来欧美的集体右转有关。李强教授在分析近年来右翼兴起的社会与思想根源时认为，近代以来西方国家政治的基本特征是利益政治，个人利益成为决定个人政治行为的主要因素。在个人利益的基础上形成不同阶层或阶级利益，进而形成代表不同阶级阶层利益的政党和意识形态，以不同利益为基础的政党政治长期以来一直是西方政治的主轴。但从近些年全球社会思潮走向来看，这一主旋律发生明显的"变调"。这一变调的实质是认同政治逐渐取代利益政治成为决定个人政治行为和国家政治运行格局的主要因素。个人及群体的身份认同，包括种族、民族、宗教、性别、性取向、文化等方面的认同愈来愈影响个人在政治上的选择，影响各类政治选举的结果，影响国家的政治格局。[1]

从利益政治向身份认同政治的转变表现在国内政治与国际政治中，特朗普的造墙运动、英国脱离欧盟以及法国国民阵线的极端主张，无不是认同政治下"本国人优先"主张的反映，在这种大背景下社会党违背社会福

---

① 参见李强：《右翼民粹主义兴起的社会与思想根源》，"中国欧洲学会订阅号"，2018 年 7 月 25 日，HTTP://mp.weeing.Bq.com/s?__biz=MzUyMjAzMTkwOQ%3D%3D&idx=1&mid=2247484060&sn=eab67a9c03c30b49979356747fccb3dc。

利与经济发展的规律延续一贯的理想化政策，在 2017 年总统选举中阿蒙罔顾当下法国经济发展不景气的现实盲目承诺提高选民福利，提出对每月净收入低于 2250 欧元的人发放"全民生存收入"，提高法定最低工资（SMIC）与社会救济金金额，提高成年残疾人补助金（AAH）和最低养老金 10% 的份额，斥资 100 亿欧元设立全国城市翻新计划等。① 不仅如此，社会党还罔顾欧美民粹主义泛滥的情况主张采取比较宽容的移民难民政策，在地方选举中给予来自欧盟以外的外国居民投票权，在难民接待方面设立人道签证，社会党过于理想化的政策难免遭到民众抛弃。

遭到民众抛弃的社会党对自身的定位摇摆不定，成为传统政党和极端政党中的游离政党。ODOXA 这半年的民调显示，社会党有时能留在传统政党集团确保基本社会秩序，有时又在一些问题上跟极端政党一起挑战执政党的权威。从关于大辩论措施优先顺序的表格中不难看出，与其他两个传统政党一样，社会党也将"据通货膨胀指数调整退休金"置于第一位给出高达四成的关注，在这点上保持住作为传统政党的格局。但"提高最低工资"和"重征巨富税"又使社会党与极端政党搅和在一起，前者是社会党与两个极端政党的共同主张，后者是社会党与极左翼政党的选择，这两项主张明显带有偏向底层民众而疏离顶层民众的倾向。更重要的是在关于街头运动的一系列调查中社会党坚定站在极端政党一侧，认为街头运动具有合法性，支持运动继续，对运动中暴力的出现也主要归责于政府和执法部门。法国如今的治理困境是历史积聚下来的沉疴，作为上届执政党，社会党似乎忘记其本身对此也难辞其咎，对当下政府本身和动乱时期政府戡乱行为的苛责，有失其作为曾经的执政党的风范，这也显示出其从主流政党向边缘政党的没落。

四、孤立无援的执政党

传统左右翼政党衰落伴随着法国中间派前进运动的崛起，马克龙和共和国前进运动创造了法国政坛奇迹，政治素人带领新政党一举拿下总统选举，这是法国第五共和国以来从未有过的先例。2017 年总统选举中传统政党出局后观察者普遍预言国民议会选举会出现支持率的反弹，认为选民在将总统职位换人之后仍会将国民议会给予传统执政党，也就是中左翼与中右翼政党仍将把持国民议会，国民议会的政治氛围将依然相对稳定。2017

---

① 《法国大选社会党候选人阿蒙——左派的希望》，参见今日头条 https://www.toutiao.com/i6411663475000476161/, last accessed on 4 June, 2019.

年国民议会选举猝不及防地让传统执政党一衰到底，与之形成鲜明对比的是新党前进运动以一党之力获得过半数306席，马克龙及政党坐拥总统选举与国民议会选举的双重胜利。①

前进运动显性大获全胜背后涌动着法国政党发展的危机。从政党发展来说，法国本已存在意识形态和主张差异极大的连续政党谱系，但前进运动崛起占据意识形态的中间位置，其"非左非右"的主张试图弥合法国社会分裂，但中间派的崛起本身就打破了法国两翼两党的传统执政格局，标志着法国政党意识形态差异的继续拉大。乔万尼·萨托利（Giovanni Sartori）在《政党与政党体制》中讲道："一个超越左右政党的中间政党，将有助于极端化升级的逐步增强，而不是其他。"② 左右对称的竞争体制意味着中间没被有形占据，左右两翼为执政都趋向中心性（centrality）竞争。而存在中间政党的多党体制下，对中心地带的有形占据意味着该政治体系的中央地带不存在竞争，中间政党的存在不鼓励向心性竞争，相反它带来的是逃离中心（center-fleeing）或离心性趋向，容易产生极端政治。

萨托利强调极化体制并不注定是软弱且最终走向毁灭，然而它却难以应对爆炸性的或源自外部的危机。③ 法国街头运动的出现某种程度上正是极化体制带来的弊端，这种体制压缩了议会与政党正常活动的空间，将原本应该在体制内的互动推到体制外，执政党与在野党、政府与民众在体制内的互动被迫发展为自下而上与自上而下的两场运动。也正是法国体制和政党活动再无法聚拢与表达民意，马克龙政府只好"以民意应对民意"，以全民大辩论来应对街头运动危机。但"以民意应对民意"这种非常规措施在紧急状态下或许有用，却无法转化为常规措施来发挥作用。

在这场离心性竞争里执政党被在野党孤立，在ODOXA对所有重要议题调查中执政的中间派前进运动既遭到极左翼"不屈法国"与极右翼"国民阵线"的反对，又遭到传统左翼政党社会党和右翼联盟的抵制，法国政治中大致形成"中间派-右翼联盟-社会党-极端政党"四股力量。无论在哪一种议题上执政党都处在一个极端与其他政党拉开距离，而不是像其宣称的那样代表中间意识形态处于中间位置。这种中间政党处于一端而左右翼政党处于另一端的竞争表明，中间派政党的政策并没有得到民众认可，这在总统选举时就初见端倪，马克龙赢得第二轮有效选票的66.1%，但这只

---

① https://www.interieur.gouv.fr/Elections/Les-resultats/Legislatives/elecresult_legislatives-2017/(path)/legislatives-2017/FE.html, last accessed on 4 June, 2019.

② 参见 G·萨托利：《政党与政党体制》，王明进译，商务印书馆，2006年第1版，第191页。

③ 参见 G·萨托利：《政党与政党体制》，王明进译，商务印书馆，2006年第1版，第200页。

占注册票数的 43.61%，政府与民意之间的距离并没有随着施政发展而缩短，反而在 ODOXA 的民意调查中体现为执政党被在野党一致孤立的局面。从极左翼到极右翼的法国各政党虽然立场与主张各不相同，但在反对政府上却能达成一致，本以中间立场团结左右翼的前进运动遭遇的却是左右翼的联合抵制，这对执政党来说不啻噩梦般的存在。

法国 2020 年选举先从地方三层级开始，蔓延到总统选举和议会选举，形成完整的选举周期。前进运动在街头运动和全民大辩论中的执政表现使其支持率严重下滑，地方选举中依然未能有所突破，总统选举由上次大胜变为本轮险胜，国民议会选举议席从绝对多数沦落为相对多数，因此只能与其他党派组建联合内阁。本轮执政期前进运动有两项工作亟待进行，一是全力发展地方基层组织，广泛听取民意要求化解代议制危机；二是制定切实可行的政策全力回应民众诉求，化解民众与政治精英的疏离。这两项任务皆任重而道远。

第三节　政党分化下的社会融合

多党制下政党不断分化与组合是正常现象，但法国众多在野党本身意识形态与主张差异巨大，却总能在反对政府上表现出一致性，即反对的理由各不相同但在反对的结果上总能达成一致，这就非常值得从政策、制度与理念上进行探讨。毋庸置疑，法国政党分化是多种因素共同角力的结果，长期以来各政党为争取选民不负责任的讨好性政策累积成法国的历史沉疴，这沉疴借助燃油税上调政策爆发出来，但燃油税上涨只是导火索，取消燃油税上调也只是扬汤止沸，不进行深水区改革就难以完成街头运动者的一揽子政治诉求，而进行深水区改革则要涉及包括政党制度在内的一系列制度改革，这注定了改革的艰巨性与持续性。而制度性改革一旦进行则要触及深层的理念问题，在当今欧美集体右转的浪潮中法国不得不考虑全球一体化下国内精英与民众间的疏离，这种疏离带来的是对代议制政治的质疑，是对民众直接参与政治的民族民粹主义的追求。代议制政治是政党存在与发挥作用的前提和平台，对代议制政治的质疑则直接质疑所有政党存在的必要性，这是法国所有政党都要面对的存亡难题。

一、政策方面：政党不负责任的讨好政策

积重难返的深水区改革是法国在为政党政治下不负责任的虚假繁荣

买单。政党政治选举阶段与执政阶段脱节，选举阶段为争取选民拉拢选票，竞选者无不夸以海口换取上台执政的机会，这种情况在多党制下尤为激烈。多党制下的小党难有出头机会，为吸取尽可能多的选票博取参与组织联合内阁的机会小党难免开出各种利好政策的空头支票，这种不负责任的政党行为具有传染性，在争相向选民许诺的政治氛围中大党也会罔顾现实取悦选民。法国的退休年龄被缩减为欧盟内部最低的 60 岁，希拉克时期将每周工时制从 40 小时修改为 35 小时，这些当时获取民心的措施被社会发展证实是不负责任的行为。社会保障方面的政策也是如此，保障与福利的发展本应与经济发展相关联，不幸的是多党政治下这些政策成为取悦选民获取选票的手段，哪怕经济下行期社会福利也难以向下调整。

社会福利上涨的代价是法国税收的居高不下，据经济合作与发展组织（OECD，以下简称"经合组织"）的税收统计数据显示法国逐渐占据发达国家税收与 GDP 比率的榜首位置。法国税收占 GDP 比率自 2000 年以来一直超过 42%，2013 年起超过 45%，到 2017 年达到 46.2%。其税率比在发达国家成员国中的排名更是逐年攀升，自 2000 年以来一直没出过前六位，2004—2010 年没出过前五位，2011—2016 年上升到第二名，2017 年更是成为发达国家群体中税负最高的国家。[①]

"更低税负"与"更高福利"之间的矛盾成为法国面临的难题，也是政党竞争中的焦点问题。但两种主张之间的矛盾以及两者所依赖的经济良好运转这一条件的缺乏，使得各党许诺的利好政策都大打折扣。在僧多粥少的情况下各党都为自己所代表的民众谋求最大利益，一派打着"公平"的旗号主张"一免一降一重征"，要求免征生活必需品增值税和降低社会普摊税但同时要求重征巨富税，这种主张受到中低收入人群的关注和偏爱。但社会党的奥朗德任期内征收"巨富税"结果造成富人的大量流失，法国十年来流失将近 5000 名应纳"巨富税"的纳税户，国库相应每年额外损失 2000 万欧元。另一派打着"平等"的旗号主张"一降一征一审查"，要求降低收入所得税，主张不论收入多少都应该纳税以培养公民责任意识，而且应该加大对领取社会救助金的资格审查，这种主张受中高收入者的偏爱。[②] 收入高低不同使得民意主张差异极大，进而造成政党政策的分散

---

① "Figure 1.4. Tax to GDP ratios in 2016 and 2017p (as % of GDP)", "Revenue Statistics 2018: Tax revenue trends in the OECD)", https://www.oecd-ilibrary.org/taxation/revenue-statistics_2522770x,last accessed on 4 June, 2019.

② Le grand débat national Rapport final, fiscalité et dépenses publiques, last accessed on 4 June, 2019, pp.76-77, pp.79-81, pp.84, pp.86-87.

化，在经济普遍不景气的国际背景下法国经济也是艰难前行，短时间法国政党的分散化难有改观的条件，温和"两翼两党制"向"多翼多党制"发展几成定局。

但即使政党分化难以避免，各党仍然有合作的条件，更有合作的必要性。就以社会退休金为例，2017 年经合组织的研究报告显示，法国不仅是所调查国家中退休年龄最低的国家，还是 65 岁以上可支配收入最高的国家。[①]但法国退休人员的情况并不乐观，据报道法国慈善组织天主教救济会 2016年 11 月公布的年度报告指出，向天主教救济会求助的 50 岁以上的人越来越多，这些老年人通常离群索居，退休金或最起码的养老金微薄，经常入不敷出。这种状况随着 20 世纪 60 年代的婴儿潮将在 2020 年后迎来大规模的退休潮将变得更加严重。街头运动中出现退休者走上街头要求提升其购买力的情况，ODOXA 民意调查中各党支持者在"调整退休金"基本达成一致意见，该项措施成为除"不屈法国"以外的所有政党排在前三位的优先选择，也是不分党派民意调查中排在第一位的优先选择。在全民大辩论中民众的要求更加务实，既要随着通货膨胀指数提高退休金，又要提高退休年龄以减少公共开支。政党既要以民意为指引又要有意识地引导与约束民意，若仅唯民意马首是瞻或被民意裹挟着前行，不是负责任的政党行为，只会讨好民意的政党不会有长远发展。经济困顿或下行期削减过高福利是经济上可行的减困措施，不宜太多从政治或道德层面来分析。

二、制度方面：多党制的弱政治整合能力

第五共和国以来法国一直是"两翼两党"为主的政党模式，组阁或右翼内部或左翼内部的联合。随着民粹主义的发展，左右翼内部分歧拉大，极端政党的崛起使法国逐渐滑向极端多党制，法国政党制度转变的内因是法国政党制度本身隐含的痼疾。

汉娜·阿伦特（Hannah Ardent）在《极权主义的起源》中分析英国两党制与欧洲大陆多党制的本质区别，认为"英国的两党制与大陆的多党制之间的表面差异背后，存在着一种关于政党在政体内作用的根本差异，它对于政党对权力的态度和公民在国家中的地位是举足轻重的"[②]。阿伦特认为两党制下执政党总是代表政府统治着国家，政府与国家之间没有根本

---

① https://www.oecd-ilibrary.org/taxation/data/oecd-tax-statistics/revenue-statistics-france-edition-2017-1_4aaf9669-en, last accessed on 4 June, 2019.

② （美）汉娜·阿伦特：《极权主义的起源》，林骧华译，生活·读书·新知三联书店，2008 年第 1版，第 339 页。

区别。多党制下各个政党都有意识地界定自身为整体中的部分，由政党领袖协商组成的政府只能是政党政府，明显不同于超越其上的国家。多党制联合政府暗含的逻辑是没有人或政党能负起全面责任，即便出现以绝对多数主宰议会的一党统治亦然，各党习惯于认为自己仅代表整体中的部分，自然害怕使用其权力。[①] 两党制下政党将自己界定为代表整体，只要赢得足够多数取得执政权自动代表政府和国家，各党以政策和主张争取选民。多党制下各党将自己定位于代表整体中的部分，需要为自己代表的部分利益与整体利益的一致做辩护，为此发展出各自的意识形态。

以政策和主张竞争的政党体制里各政党以执政为方向，无论执政党还是在野党各司其职，分别沿着负责任的执政党和负责任的反对党的逻辑运行，各自的主张和政策分别围绕执政和为下次执政展开。在中间派前进运动出现之前，法国两翼两党模式下也基本按照上述逻辑运行。政党作为社会整合的组织和框架发挥政党应有的政治整合力，通过向心性的竞争将松散的社会聚合成整体，各政党通过选举和议会活动将本党的主张和政策转化为国家法律，政党和议会是政治整合的工具和手段。政治整合侧重代议制的形式，以政党和议会的变动保持社会的稳定，但中间派前进运动的崛起改变了原有的政治运行逻辑。ODOXA 的民调显示包括执政党在内的各党派支持者对"黄马甲"运动都给出过半数的合法认定，也就是说法国民众对政党应有的政治整合能力持怀疑态度，期望通过动员民众参与进来的"运动"实现社会整合。面对燃油税上调政策，法国不是以政党和议会作为各方意见表达平台，而是民众走上街头直接以运动方式否决政策。对运动中出现的暴力除执政党被归于高达七八成的责任外，所有在野党也被认定有五六成的责任，不只是执政党而是包括执政党和在野党在内的所有政党为民众所抛弃，失去政党本该担负的作为民众代言人的职责。

阿伦特认为多党制政治总与国家保持比较疏远的关系，失去政党本来被期待拥有的政治组织化能力。大陆型政党以阶级社会所具有的社会整合力，取代政党和议会所应有的政治整合力。[②] 政治整合力对社会整合存在政治领域与社会领域的分离，政治变动不会引起社会动荡。缺乏政治整合力依靠社会整合力的社会，政治领域与社会领域绞合在一起，政治领域的

---

① （美）汉娜·阿伦特：《极权主义的起源》，林骧华译，生活·读书·新知三联书店，2008 年第 1 版，第 340 页。

② 阿伦特注意到多党制与"运动"之间暗含的联系。多党制下各党为发展不惜不负责任地挑动民意与舆情之争，以图以民意作为解决问题的最终手段，民粹主义倾向最终向滑向极权主义的危险。参见川崎修：《共和性的复权》，斯日译，河北教育出版社，2002 年版，第 43-47 页。

变动易引起社会的动荡，社会整合因缺乏有力的整合媒介只能将个人动员起来形成难以控制的潮流与运动。

三、理念方面：民粹带来的社会疏离

法国政党制度的转变与横扫全球的民族民粹主义有关。随着全球一体化的发展尤其是随着地区动荡大批难民的涌入，移民与难民政策成为法国左右翼对阵的焦点，这背后是民众对精英的不信任以及民众与精英的逐渐疏离，法国因此出现社会融合问题。

社会融入是各国现代化治理中面临的难题，一般指不同民族之间尤其是移民与接收国之间的融入问题，但在民粹主义冲击下扩展到接收国内部上层精英与底层民众间的社会融入问题。[①] 社会融入问题随着全球化与反全球化之争加剧而日益加深，这背后是认同政治对利益政治的挑战以及利益政治对挑战回应的结果。法国社会融入问题的出现既与民族民粹主义有关，又与对移民与难民采取的"同化模式"有关，更与精英与民众对全球化的认知分裂有关。法国 2015—2017 年选举周期杂糅了选举、治理与民族认同问题，是民族民粹主义形成和发酵的表现。

（一）民族民粹主义的发展

民粹主义一直与民族独立和复兴运动联系在一起，民粹主义的第一波发生在 19 世纪末的北美和东欧，"这种民粹主义要求在全社会实行一种广泛的政治动员，把全体平民无一例外地纳入统一的政治过程，独尊人民大众选举的至高性，排斥政治结构中的任何政治精英成分"[②]。早期强调政治过程的民粹力量将"选举问题"看作最大的政治问题，可谓是政治民粹主义。民粹主义第二波发生在 19 世纪六七十年代拉丁美洲的民族复兴运动，为取得普通大众的最大支持，政治改革者向下层开出许多空头支票，为提高社会福利无限制扩大政府职责和开支。经济民粹主义的最大问题是"社会福利"问题，事关社会福利的高低以及谁有资格参与福利的分享。[③]

从民粹主义的发展历程来看，前两波要么在未宪政化时期，要么在未宪政化地区，欧美早已完成的国家构建和共和政体作为民粹发展的阻燃剂，

---

① 参见梁波、王海英：《国外移民社会融入综合研究综述》，《甘肃行政学院学报》，2010 年第 2 期，第 18 页。本文使用的《社会融入》既包括移民与接收国之间的融入，也包括接收国内部精英与民众之间的融入。

② 参见李强：《历史地、全面地研究新自由主义（二）》，《当代世界与社会主义》，2004 年第 3 期，第 51 页。

③ 关于"经济民粹主义"参见李强：《历史地、全面地研究新自由主义（二）》，《当代世界与社会主义》，2004 年第 3 期，第 51 页。

一直将其控制在不影响大局的范围内，但这次民粹主义却在全球一体化中的经济衰退期在欧美国家互壮声势地发展起来，更因为移民与难民问题将民粹主义推到民族民粹主义的程度。产业、技术、资金以及人才的全球化配置在促进世界一体化的同时也造成国与国之间的分化，发达国家与后发展中国家收入差距的拉大。大量后发展国家民众通过各种方式涌向发达国家，外来技术移民的流入挤压发达国家底层民众的工作机会，动乱时期大量难民的涌入更是消耗接收国的社会福利。移民与难民对底层民众生活的影响要比精英大得多，极右翼政党要求脱离欧盟、严格限制移民资格、关闭接收难民通道的主张得到底层民众支持。感觉被精英背叛与抛弃的基层民众产生对代议制政治的疏离，民众不再愿意将权利让渡出去而是直接参与到政治中来，在政治民粹主义和经济民粹主义未能解决之前，出现将选举、治理（社会福利）与民族认同叠加起来的民族民粹主义（national populism）。

（二）同化的法国移民政策

在移民融入的政策与理论方面存在同化论与多元文化主义论之争。芝加哥学派系统阐述同化论，认为社会中的不同族群将放弃其特有的文化与认同，随着时间的推移移民将与流入地的主体社会融为一体，其结果是一个新文化的形成。[1] 同化论的乐观受到了多元文化主义的挑战，后者认为移民的融入或同化呈现多样化的特征，少数族群在适应新社会与文化环境的过程中，其原有的族群文化特征并不必然消失，相反移民更多地是在流入地重建自己的文化传统与关系网络。[2]

同化论与多元主义之争反映在欧美国家的移民政策中。英国在 20 世纪 80 年代后务实地采取居中的多元主义移民政策，既把移民当永久性居民又允许其保留原有的民族特征。德国以"过客或临时打工者"的模式走向一个极端，认为移民的主要目的只是暂时性地进入德国的劳动力市场，没必要强化移民的合法性政治地位，不需要按照德国本地居民的政策同等对待。而法国以"同化"模式走向另一个极端，尤其是在 20 世纪八九十年代社会党主政时期采取一系列积极的社会吸纳政策，通过赋予移民与本地公

---

① 参见梁波、王海英：《国外移民社会融入综合研究综述》，《甘肃行政学院学报》，2010 年第 2 期，第 81 页。

② 参见梁波、王海英：《国外移民社会融入综合研究综述》，《甘肃行政学院学报》，2010 年第 2 期，第 87 页。

民同样公民权的方式以期实现同化。[①]

　　法国的移民同化政策过于理想和乐观，忽视了几个重要问题。第一，移民愿不愿意被同化的问题。虽然同化强调的是移民与流入地社会融合形成一种新文化，但这新文化毕竟以流入地的主流文化为主，对移民来说同化带有"招安"的性质，移民和难民要真正融入异国社会，不仅要遵守当事国的法律与规则，还要真正接纳当地文化与习俗，政治身份的改变容易，宗教文化等民族身份的变化不易，不同宗教与文明之间的心理接纳绝非易事。第二，世界潮流的影响与冲击。如果说法国的同化政策取得一定成绩，那一定是在民族激进主义的影响扩展之前。最近几十年以"反西方、反全球化、反世俗化"名义出现的民族激进主义将利益政治拉向认同政治，此认同是对本民族与文化的认同与坚持，而不是对接收国与文化的认同，这种激进主义不仅在现实生活中威胁欧洲民众基本安全，更在制度文化层面上冲击和撕裂已进行的社会融合。

　　民族国家作为全球化下国际关系中的活动主体，当对国家的政治认同和对民族的文化认同不一致时出现"身份认同"问题。在这一轮的世界性选举中，英国从欧盟脱离出来加强对英国人自身身份的认知，特朗普的建墙计划以阻止墨西哥人的涌入，法国极右势力国民阵线的突起，意大利的五星运动，无不是在全球经济不景气的情况下，以国民身份作为社会福利享用资格的表现。民粹对选举的冲击看似是一国内部事务，但却是国际问题在国内选举中的反映。

　　（三）精英与民众认知的分裂

　　民族民粹主义思潮下的"身份认同"还表现在发达国家内部精英与民众间的身份认同。欧美发达国家大都早已通过"以国立族"完成国家的同质构建，国家作为"共同体"将精英与底层民众包揽其中，两者纵有差异但仍然处在"同质"社会和"同速"发展模式中。全球化突破国界造成严重两极分化，发达国家的精英作为全球化的最大受益者对产业的全球化配置持欢迎态度，其享受全球性的教育、医疗、工作及休闲方式，该阶层把持的高端产业只有凭借全球化才能得以展现优势，即便在当前全球化导致欧洲产业空心化的局面下，精英仍然主张产业链配置的全球化。

　　欧美底层民众的状况恰好相反，产业链的全球配置使得制造业、农业与矿业等劳动密集型产业转移到发展中国家，导致底层民众收入减少乃至

[①] 参见梁波、王海英：《国外移民社会融入综合研究综述》，《甘肃行政学院学报》，2010 年第 2 期，第 18 页。

失业。发达国家的底层民众已无力与精英阶层保持同质结构与同速模式，精英在全球化问题上的态度与主张促使底层民众产生背离和被抛弃的感觉，这种感觉在面对蜂拥而至的移民与难民时更是强烈。面对传统精英的"背叛"，民众不再将其看作委托人，而是选择主张本民族优先的极右翼政党。法国精英与民众之间的分歧在 2017 年的总统选举中清晰可见，荐举过程中精英对菲永的支持和捍卫，与公民投票中民众对勒庞的狂热形成鲜明对比。① 菲永所获得的荐举签名高居榜首，其中大部分签名来自其丑闻爆发之后，可见政治精英们以联名签署的方式表达对困境中菲永的支持。不幸的是精英的支持没能改变民众对菲永的厌弃，第五共和国总统直选以来中右翼候选人第一次无缘总统第二轮选举。极右翼的勒庞的荐举签名仅为菲永的六分之一，但其民调一直居前且又一次冲进选举第二轮。"传统民调和公民投票覆盖对象广泛，而候选人所获得的有效荐举人数代表着体制认可度，二者之间的反差反映了普通民众与精英阶层意见的巨大分歧以及左右两翼传统政治势力的强大。"②

尽管发达国家底层民众不再与精英保持同步与同构，但民众更不愿意与那些稀释其工作机会和社会福利的外来者形成同质结构，因此在社会融合方面出现精英、民众与外来者的隔阂。对接收国的民众而言，要接纳外来者不仅意味着包括社会福利在内的国民待遇的开放，而且要求心理上对不同文化不同习俗的接纳，能做到前者已经不易，后者更是难以企及。社会党阿蒙主张在地方选举中给予来自欧盟国家以外的外国居民投票权，在难民接待方面设立人道签证。③ 社会党未考虑当下欧美民粹主义泛滥的情况，法国财政和普通民众都不愿为外来者买单，社会党为选民所弃在所难免。

"黄马甲"运动以反燃油税上涨的形式重新揭开民众与精英的分歧，但两者的真正分歧不在国内政策方面。发达国家底层民众尽管不再与精英保持同步与同构，但民众更不愿意与那些稀释其工作机会和社会福利的外来者形成同质结构。接受外来者的人道主义信条作为欧洲的政治正确约束着真实民意的表达。精英对外来者的接纳既符合资源全球化配置的利益又

---

① 2017 年 11 位候选人按荐举人数从高到低依次是：菲永（3635 人）、阿蒙（2039 人）、马克龙（1829 人）、梅朗雄（805 人）、拉萨尔（708 人）、艾尼昂（707 人）、阿尔托（637 人）、勒庞（627 人）、阿塞利诺（587 人）、普图（573 人）、舍米纳德（528 人）。http://www.81.cn/gjzx/2017-04/06/content_7552614.htm, last accessed on 20 April, 2018.

② http://www.81.cn/gjzx/2017-04/06/content_7552614.htm, last accessed on 20 April, 2018.

③ https://www.toutiao.com/i6411663475000476161/ , last accessed on 20 April, 2018.

符合人道主义的政治正确，政治正确约束民众对精英接纳外来者的反对，这反对只能转移到具体的国内政策中。燃油税上涨提供了民意宣泄的出口，马克龙取消燃油税的措施也只是暂时平息这波街头运动，底层民众与精英分歧的消弭不是一朝一夕的事，这是各党共同面临的难题。

全球化一直是欧美积极倡导的原则，现在转向贸易保护主义和反移民的逆全球化运动，标明全球化分化了欧美国家的民众，产生相对的获利者与失意者，这使得全球化过程中的利益配置问题成为关注点。民粹主义兴起是精英阶层与底层民众分化的结果，是全球化导致利益分化以及随之而来的认知判断分化的结果。稳固的政治体制中权力为传统精英所把持，非主流精英为突破既有局面，以民主化为幌子借煽动极端化的民族主义与民粹主义来实现个人的目的。借直接民主对代议制合法性的宣战具有极大的迷惑性，结局往往既反民主又反自由，祸国又殃民。

四、政治逻辑：利益政治向身份政治的转变

法国政党制度从温和多党制向极端多党制发展，发展过程中有变化但更多的是延续性。变化的是各政党之间随着形势发展出现的力量对比，左右翼政党在几十年的发展中有着此消彼长的发展过程。但法国的政党问题更多的是政党作为整体发展中遇到的问题，无论是政党对选民的过度讨好性政策，还是法国政党难以达成的政治整合力，以及由此带来的民众对精英的疏离，对代议制政治的抛弃以及转向大众直接参与的民粹主义，这些都是法国政党制度本身内含的弊端。之所以在当今以街头运动形式爆发出来，是因为变化的与延续性的弊端在发展过程中累积叠加超出了政党的可控程度。法国政党问题的解决既要单个政党克服自身存在的问题，也要作为整体的政党做出适当调整。

纵然有街头运动以及暴力活动等因素，法国局面依然控制在政党政治的大框架内。法国局势的可控与法国政治中遵循的信服文化有关，法国的信服文化将政党政治和街头政治纳入其中，在这一理念的影响下执政党有执政的逻辑，在野党有在野党的逻辑，前者不能利用执政对后者进行打压，后者不能因为在野就采取不负责任甚至蛊惑民众的极端措施，法国政党虽然呈现分散化的不同组合，但无论执政党还是在野党皆要遵循各自的预定角色逻辑。法国政府和民众面对街头运动并没有太惊慌失措，既因各政党要在预定逻辑内行事，也因运动本身也要遵循所设定的逻辑，民众支持运动认为运动中的暴力不可避免，但在暴力出现加强趋势要超出运动所遵循的逻辑时，民众要求运动停止的呼声立即反超支持的呼声。

更乐观一点来说，只有分化了的政党才能精准地呈现出分化了的民意，在体现真实民意方面民众在多党制下要比只能在左右翼之间选择多得多，这改变两翼模式下政党面对选民呈现出来的高高在上的姿态，迫使各政党放下架子更加关注民意和引导民意。某种程度上法国这半年来进行了一场生动的民主实践，无论是 ODOXA 的民意调查还是全民大辩论有助于加深民众与政府间的了解，遍布线上线下的意见表达渠道提供民众畅所欲言的机会，马克龙政府回应民众诉求的一系列措施也在逐渐起效。纵向上下之间的互动拉近政府与民众距离使决策更贴近民意，横向各党派之间的较量与磋商有助于制止离心性竞争的进一步发展，通过运动与辩论法国有望又一次完成政策改进、体制完善和理念纠偏。

第十章　小结：多维度的法国

本章作为总结章节主要围绕三个问题展开，一是变与未变的问题，二是成与未成的问题，三是是与不是的问题。前者涉及的是法国是否已经走向第六共和国，在这个过程中有哪些变化与不变；中者涉及的是法国现代化治理体系的构建，在这个过程中有哪些事项与指标已完成，有哪些还处在继续发展与完善中；后者涉及法国现代化模式问题，亦即法国模式究竟是单一现代化模式的多样化特征，还是多元现代化模式之一的问题。

法国现代化治理体系的构建是个复杂而漫长的过程，宏观的国家构建与政府治理机制变迁，中观的府际关系与各级政府职责的发展，以及微观的选举与治理都是这复杂过程的一部分。在这一过程中变与未变并存，成与未成共在，是与不是兼具，本章将以这些问题为切入点回顾整本书的框架与逻辑，梳理研究中的关注点与困惑点以就教于方家。

第一节　变与未变：法国—"第六共和国"？

第五共和国的制度设计与第四共和国一脉相承，是以行政集权对议会集权的矫枉过正，以行政双头的形式解决了中央层级三权之间的关系问题，奠定了中央行政在整个体制中的主导与控制地位，但央地关系悬而未决，地方淹没在国家派驻的地方机构的双重领导之中。20世纪80年代开启的地方分权改革，是法国迈向治理现代化进程中的一大步，理念上，"渐行渐进"的改革逻辑取代"推翻重来"的革命逻辑，这在以革命著称的法国是一大进步。行动上，通过权力下放与地方分权两种方式，法国开始向驻地分支机构与地方行政机构转让权力，地方行政机构升级为地方自治政府。

延续三十多年的分权改革，在法国社会生活各领域留下或深或浅的痕迹，尤其是2003年开启的第二阶段改革，从宪法上确立了"分权化单一制"的国家结构形式。地方分权改革究竟对法国社会和政治结构产生了怎样的影响，法国国家结构形式与府际关系有哪些变化，地方层级结构和地方治理在改革前后有哪些新发展，法国是否如洛林质疑的那样已经走向"第六共和国"，[①]本节将围绕这些问题中的变化与未变回应这些问题和质疑。

一、国家结构形式的变与未变

罗伯特·艾吉尔在评价法国地方分权改革时提到，法国是由公民而非地方单位组成，地方单位的存在旨在确保公民获得共和国下的更多自由，若地方分权创造出威胁共和国单一性质的地方文化，必将招致反对。[②]艾吉尔提出一个事关法国国家结构形式的问题，这也是区分法国是否走向第六共和国的关键问题，那就是法国的组成单位是什么：公民、地方政府还是两者都是？要回答这个国家结构形式的问题，需要梳理改革前后法国地方单位性质是否发生质的变化（见第五、六、七章相关内容），二是回顾单一制与联邦制的区别（见第二、四、七章相关内容）。

（一）未变部分：依然是单一制

按照西方政治哲学中的社会契约理论，政府权力来源于公民让渡的部分权利。在单一制国家结构里，公民让渡的权利流向中央政府，为地方治理的便利，中央政府设立地方派驻机构，并授予其权力组成地方政府。在此政治权力流程图里，地方政府的权力源于中央授予，其权力也可以为中央政府所剥夺，地方政府晚于中央政府而存在，也不能独立于中央政府而存在。

地方分权改革前法国有地方行政机构无地方政府，表现在以驻地方国家代表为首的地方行政机构是国家在地方的派驻机构，地方行政机构权力来源于中央授权而非宪法赋予，缺乏地方民众直接选举产生的地方立法机关授权的合法性。按照"谁授权，服从谁"的权力来源规则，改革前地方行政机构唯中央马首是瞻。1982年开启的分权改革，直接选举产生的议会作为地方自治的决策机关。2004年的地方组织法以宪法形式赋予地方组织自治地位，至此地方政府所需的两个条件皆已具备，法国市镇、省级与大区政府成为地方自治政府。地方行政机构负责人由地方立法机构选举产生，不再是由中央派驻地方的代表兼任，其首要职责是地方行政事务的实施，这使得法国地方政府已经具有联邦制的某些特点。

但法国单一制下的地方自治与美国联邦制下的地方自治有质的区别。

---

① John Loughlin: Subnational Government—The French Experience, Palgrave Macmillan, 2007, p.203.

② Robert Elgie: Political Institution sin Contemporary France, Oxford University Press, 2003, p.236.

在美国最初的邦联结构里，公民让渡的部分权利构成州政府的权力。为抗击外来侵略，州政府再让渡部分权力组成邦联政府，邦联权力源于州政府权力的让渡，因此美国立国之初的邦联政府脆弱不堪。邦联政府不能穿透州政府直接作用于民众，无征兵权亦无征税权，因此无力应对国内外的复杂局面。这直接导致修宪会议改为制宪会议，邦联制改为联邦制。在联邦结构的权力流程图里，公民让渡的权利一部分指向州政府，一部分指向联邦政府。虽然联邦政府依然依赖州政府让渡的部分权力，但联邦政府与州政府都可以直接从公民获得合法性，改变了过去邦联政府完全仰州政府鼻息的局面。即便如此，从历史发展来说，州政府权力的确立早于联邦政府，从理论上来说州政府权力独立于联邦政府，这两点确保州政府相对于联邦政府既是独立的行政主体，某种程度上也是独立的政治主体，前者带来州政府独立的治权，后者带来部分主权。

回到国家的组成单位问题，如果以权力来源为来确定组成单位的性质，联邦制的美国是由公民与州政府共同组成的，单一制的法国依然是由公民组成的。美国立法机构中有代表公民的众议院和代表各州的参议院。法国立法机构也由两院组成，但参议院没有美国参议院那种代表地方的宪法赋权，而更倾向于代表共和结构中的精英阶层。法国地方分权改革并没有改变参议院的属性，并没有将地方政府提升到法国组成单位的高度，分权化单一制的法国依然在第五共和国确立的政治框架内，未能质变为第六共和国，这是法国地方分权改革后国家结构形式依然未变的部分。

国家职能扩张带来的国家权力扩张，无论单一制还是联邦制皆是如此。不同的是，次国家政府具有部分主权在法国是不可想象的。地方政府的地位虽然已经由宪法确认，但谋求消减地方层级的呼声依然存在，改革赋予法国地方政府的是治权而非主权。法国地方政府形式上的某些联邦特征，源于改革对法国集权特征的矫正，其本质上依然是单一制。美国政治结构形式向单一制特征的靠拢，以及权力向联邦层面的集权，并非本质上对联邦制的改变，这源于全球一体化背景下国家间竞争加剧，分权无力应对加剧的竞争，只能采取集权。

实践上改革前法国没有那么集权。地方分权改革前法国的旧体制普遍被认为是等级制、中央集权和多数决制，国家很强且中央控制地方。与之相对应，改革后的新体制普遍被认为更具多层次性、多样性和比例代表特征，国家中空而不具有集权特征。其实，新旧体制的差异并没有传统认为的那么巨大，旧体制并不具有那么强的等级特征、集权性和多数决制，国家和科层制更具碎片化特征，总统更多依赖政党制度来施政，并且存在竞争性的多党体制。更重要的是新体制也展现出某些等级制和集权特征，国家仍然在政治与社会生活中起着指导性作用。地方当局依然依赖中央政府提供资金、资源和技术帮助。[①]

艾尔吉认为国家的作用被夸大而科层制的影响被高估，[②]中央与地方存在多种沟通联系的渠道，改革前中央与地方早已交织纠缠和渗透在一起。首先，分权改革前国家代表体系作为一套政治制度，被刻意设计用来确保高度集权化的政府，其作为政治性官员未经允许不能擅自离开驻地，负责中央文件的下传以及地方事务的上报，是中央与地方联系的主要渠道。但国家代表与地方政治的契合程度远超出正式的组织权力所显示的那样，国家代表与地方精英之间有高度互动，代表们发现只有与地方议员合作他们在地方的工作才更有效率。因此驻地方的国家代表在与巴黎总部的会议上常常维护其地方合作者的利益。他们与地方精英不是敌人而是结成同盟关系。[③]谁对地方当局实施规则控制，谁就不能忽略地方的困难，谁就会迅速转身成为地方的代言人。某种程度上法国体制在实践中并不像其宣扬的那样高度集权化。

其次是体制设计中的参议院，法国宪法规定中央立法机关中参议院代表地方，以省选区为单位进行间接选举。前部长、前国民议会议员、落选的国民议员、落选的欧洲议会的候选人往往都能进入参议院。参议院因其间接选举选民基础落在市镇基层，选举参议员的代表约有95%由市镇议会任命，在参议员代表选举中身兼两职的市长拥有极大权力，甚至很大比例的市长本身会直接当选参议员，因而参议院成为市长在巴黎的人脉圈。参议院与地方的紧密联系使其成为联系中央与地方的纽带。

再次就是横跨中央与地方的兼职体系。法国为避免精英在地方坐大，历来就有将地方精英迁调到巴黎的传统，路易十六时就曾大迁地方贵族到巴黎。第五共和国也沿袭此政治传统，因此巴黎官员往往拥有地方家族。迁调本为中央控制地方精英的手段，结果这控制手段反被精英利用来影响中央与地方。地方分权后地方精英的兼职赋予其握有双重砝码，向下可以绕开国家代表从而对地方当选官员形成压力，侵蚀地方国家行政机关和地方自治机关的权力；向上可以挟持民意以地方在中央的民意代表自居要求从中央向地方分权。

① Robert Elgie: Political Institutionsin Contemporary France, Oxford University Press, 2003, p.241.

② Robert Elgie: Political Institutionsin Contemporary France, Oxford University Press, 2003, p.129.

③ Robert Elgie: Political Institutionsin Contemporary France, Oxford University Press, 2003, pp.219-220.

（二）变化部分：分权化的单一制

未能质变到第六共和国，并不意味着法国国家结构形式没有变化。事实上地方分权改革在国家结构形式上留下了深刻烙印，分权化改变了单一制内部的府际关系，改变了地方层级的抱团模式，地方政府间有层级无等级，各自发展为既竞争又合作的自治体。此处从理论和政治实践展开分析，先分析典型的单一制与法国分权化的单一制的差异，后分析地方分权改革前后的法国的情况对比。

理论上，在典型的单一制国家里，除却特别设置的地区，无论政府层级有几级，都是按照基层政府、中间政府、次级国家政府和中央政府的单线型模式设置，所有政府在一条纵贯线上。这一模式具有较强的等级性和集权性，并因此衍生出一些典型特征。一是上下之间贯通，自上而下的法规政策能穿透中间阶层影响到最基层，自下而上的民意和诉求能穿透中间阶层到达顶层。二是单一制模式地方政府层级的设置，既有地域性又有功能性，还有行政等级性，亦即存在辖域上的包含、功能上的垂直领导和行政上的等级领导。三是中央政府有权裁撤、合并和新设地方政府，这点区别于联邦制结构形式下的政府。各层级间存在等级关系，下级政府需服从上级政府的要求与安排，上级政府对下级政府存在连带责任。四是层级连带责任会造成信息失真和资源盘剥的隐患，在自下而上的民意与诉求上达中，地方层级最终呈现给中央政府的会是其想让中央看到的，损失因连带责任会被缩小和瞒报，诉求因层层加码会被扩大。在这种连带责任的逻辑里，每一级政府与其下属所有层级政府都存在对立的隐患，下属所有政府会形成抱团。

在法国分权化的单一制里，中央与地方之间不是一种模式，而是"中央—市镇""中央—省级"与"中央—大区"三种模式。集权性和等级性在这些模式中不明显，这些模式也衍生出一些典型特征。一是上下之间贯通，自上而下的法规政策能到达最基层，自下而上的民意和诉求也能到达顶层，但与单一制不同的是其不用经过中间层级，无论省级还是市镇都可以直接与中央政府联系。二是分权化单一制里的地方层级设置，地方自治政府是地域性的，中央派驻地方的机构是功能性的，功能性机构在分权改革后与地方政府关系密切，但其隶属于中央各部。三是派驻地方的功能性机构与中央政府是同一个行政法人，地方自治政府与中央政府是不同的行政法人，但中央政府依然有权裁撤、合并和新设地方政府。四是作为地域性机构的市镇、省级和大区不存在等级隶属关系，也就不存在连带责任和上级对下级的强制要求。中央政府与基层政府的沟通，无论是上命下达还是下情上传都会更直接和不失真。各层级作为职责定位各有侧重的政府，在地方治理中既竞争又合作，在向中央以及欧盟争取资源的过程中各显身手。

实际上改革后法国政治体制也没有那么分权，中央政府放权的同时也存在收权。[①]1982 年的改革无疑在一些方面削弱国家代表的权力，代表体制从"控制型"向"管理型"转变。地方执行权的转移代表行政权力重新洗牌，但这并不意味着国家代表权力的丧失。国家代表作为中央与地方的联系节点被赋予新职责，负责沟通职能部门的活动，所有地方与中央联系都要经过国家代表。此举在剥夺国家代表对地方控制的显性化权力的同时，又增加其隐性的实际控制权力，类似转出国家代表左手权力之后，扭头又新增其右手权力，而无论左手还是右手握有权力，其实都是代表国家对地方进行控制，某种程度上隐性化控制对地方的实际影响力更大。国家代表权力的此消彼长，也就是国家放权的同时伴随着收权。

地方分权改革对地方的影响主要表现在地方政策属性的变化，地方政策开始从实质性转向程序性。在分权改革后地方形成的新政治模式里，国家从"控制型"后退转化为"管理型"，不再像以前具有规制地方政策的能力。虽然国家代表的协调作用继续加强，国家在地方代表公共利益的能力却在削弱，也就是说国家在社会与政治方面的规制作用逐渐消失，伴随的是地方当局能力的加强。[②]国家在地方层级的影响，由强制性的规定转为协商性的参与，中央在与地方打交道过程中，要尊重地方当局作为行政法人主体的权力。地方分权改革法与 2004 年宪法修正案，将"分权化"作为重要成分添加进法国单一制的国家结构里，这成为地方自治抵御干预的尚方宝剑。

地方新模式的开启不仅影响相关各方的权力，更是改变地方当局、利益团体和国家所主张政策的实质。地方分权改革后地方政策成为非实质性的，不再是集权体制下事先确定好的，而是由各方利益相关者复杂协商后程序性的产物，国家专家、地方议员、地区性的行政人员和私人利益者都可以合法地声称利益，政策过程充满不确定性。这种不确定性表现在：一是协商讨价后很可能因无法形成具体政策造成政策难产；二是协商讨价后的政策很可能偏离利益相关者的主张与要求，形成的是大家都不满意的方案；三是协商讨价后的政策可能被利益集团绑架，偏离民众的要求与社会效益的最大化；四是因为政策的不确定性在政策实施过程中可能走走停停

①Andrew Knapp, Vincent Wright: The Government and Politics of France, Routledge, 2006, p.341. Robert Elgie: Political Institution sin Contemporary France, Oxford University Press, 2003, p.241.

②Negrier, E.: The Changing Role French Local Government, Western European Politics, 1999 (22): 126.

形成烂尾工程。最重要的是协商性政策缺乏最终拍板者也就难以对出现的问题追责与问责。

　　20 世纪 80 年代社会党改革在为地方注入活力的同时，也忽略了重要的两点。一是右翼执政下法国战后二十多年来的重建有长足的发展，其中行政集权功不可没；二是右翼集权下早已存在多种形式的分权。集权与分权本是现代化治理的手段，两者都服务于现代化治理多重目标的实现，但集权的显眼特性和对集权的误解致使法国忽视中央总体调控所需要的必要集权手段，误将分权提升成为改革的总目标，忽视对国家能力和地方自治能力的目标追求，被高置和误置的分权最终造成中央权力的空心化与民众参与的形式化。

第二节　成与未成：法国现代化治理体系构建

　　法国现代化治理体系的构建是个漫长而复杂的过程，这个过程涉及不同的治理领域和指标参数，对其进行评价不宜统而言之界定为已完成或未完成，宜分领域按不同指标参数界定不同领域的进程。此处分为地方、中央和社会三个领域，涉及的指标既有地方自治的权力与能力、民主化程度的底限与高限，又有公共产品与服务提供中的效率与效益等。本部分还回顾了法国制度化与非制度化的较量，也就是改革与选举作为一端，同革命与运动作为另一端的较量，并因此提出研究者的困惑以及后续研究的方向。

一、地方层级：自治权力与自治能力

　　评价法国地方改革的成效和地方现代化治理的程度，一个很重要的指标是地方自治。但关于地方自治存在一个误区，那就是自治权力与自治能力的混淆。毋庸置疑，地方分权改革在一定程度上厘清府际关系，确立起地方治理的主体，但地方自治主体获得的只是自治权力，自治权力并不能自动转化为自治能力。法国地方存在诸多因素，在自治权力下放后依然制约着自治能力的发展，混淆两者带来的认知偏差不利于地方自治的发展。

　　（一）纵向不同层级间：相互自治与辖域包含

　　地方分权改革后法国地方政府从低到高分别为市镇、省与大区，三级政府是有层级区别但无等级隶属关系的地方自治政府。2003 年法律从宪法层面确立起法国的分权化特征，问题是改革法可以从等级隶属关系上解放地方政府，却无法从辖域包含关系上解放地方政府。法国市镇、省和大区

政府在辖域上存在包含关系，也就是 A 市既是自治市，又是 B 自治省和 C 自治大区的一部分，不同层级的相互自治与辖域包含关系的协调成为问题。

针对这一问题，法国按不同领域采取不同原则，有些领域实行地域划分原则，比如公路维护，市镇负责市镇内部公路维护，省级负责省内市镇间公路维护，大区负责大区内省级间公路维护。如此一来，这类问题的主要责任就落在市镇身上，但法国有过半数的市镇人口在五百人以下，缺乏自治的客观条件，难以达成有效治理。有些领域按照发展程度的初高级划分，比如教育领域，市镇负责幼儿园和小学教育，省级负责初级中学教育，大区负责高中和职业类学校教育，中央负责大学类教育，这类负责包括课程的设定和校舍的维护等。问题是教育是个延续发展的领域，各级政府都被纳入其中，市镇负责小学教育可以自主决定小学课程设置，但省和大区负责初中和高中入学的测试，所学课程与所考课程分属不同自治主体管辖，在各自实行自治的市镇、省和大区三者间如何实行无缝隙衔接？

（二）横向同层级间：政策一致与辖域不一

法国地方政府网站统计数据显示，到 2018 年，法国有 35000 多个市镇，其中 85%以下的市镇人口在 2000 人以下，人口超过 10000 的市镇不足 1000 个，但就是这不足 1000 的大市镇生活着法国 50%的人口，人口过 100000 的 42 个市镇生活着法国超过 15%的人口。[①]由此可知，法国市镇数目庞杂，市镇人口规模不一，空心市镇与巨型市镇并存。

合并与缩减市镇历来是法国地方改革的目标，第五共和国甫成立德勃雷就鼓励市镇合并与重组，但在地方精英的抵制下改革不了了之。1982 年，社会党的地方分权改革也主张缩减市镇数目，依然遭到地方抵制没有进展。在 1950—2007 年欧盟 14 国市镇变化对比中，法国以两个重要指标异于大多数国家。一是市镇合并与消减的比例，大多数国家市镇消减数目都在 40%以上，德国消减 41%，英国消减 79%，而法国仅消减 5%。二是市镇的绝对数目法国当时以 36783 排在第一，远超出排在第二的德国 8414 和排在第三的意大利 8111，与英国 238 的市镇数目更是形成鲜明对比。[②]

市镇是法国民众的生活场所和情感归属地，对市民来说具体而熟悉的市镇要比抽象而遥远的国家重要得多，法国历次市镇合并改革折戟沉沙无不源于此。法国市镇面临政策一致与辖域规模不一的问题。按照政治结构中层级相同所享受政策相同的原则，法国所有市镇应该享有相同的治理法

---

① https://www.collectivites-locales.gouv.fr/files/files/statistiques/brochures/chiffres_cles_2018_0.pdf.
② 转引自上官丽娜：《走出治理破碎化困境》，人民出版社，2012 年版，第 144 页。

规与政策，但面对辖域规模差距巨大的现实，法国政策的制定面临以哪种市镇规模为标准的难题。绝大多数市镇人口在千人以下，如若政策的制定按照"少数服从多数"的原则，无法解决大脚穿小鞋（大市镇适用小市镇政策）的困境。比如巴黎这样人口过两百万的大城市，因辖域太大还需要市下分区治理，难以与小市镇共享相同的政策。如若按照大市镇的要求和标准制定，市镇作为最基层的地方自治政府要承担辖域内自治事务，无法解决小脚穿大鞋（小市镇面对大于本身规模所实施的政策）的困境。

小市镇面对分权改革下放的权力与责任往往无力应对，不得不转而向上层求助。但市镇与省级存在相互自治与辖域包含关系，两者的竞争使得市镇在实际治理中常常绕开代表地方自治的省议会主席，转向作为国家驻地方代表的省长求助。地方分权改革后省长本已让出地方行政权，但因手中掌握的各种资源以及处在地方与中央联系节点的位置，省长常在显性放权的同时又隐性地从地方收权。

（三）网状公务法人：自治助力或自治障碍

地域性公务法人是地方治理中最主要的公务法人，主要表现为形式多样的市镇联合体。法国地方层级虽已有市镇、省级和大区三级自治政府，但大部分市镇都在千人以下缺乏履行地方政府基本职责的人力、物力和财力条件，这些市镇的基本公务需要通过各种形式的市镇联合来解决。无论哪种形式的市镇联合与合并，都是对地方政府无力解决具体治理问题的拾遗补缺，治理所需是各类市镇联合机构的创设依据。

联合体一般系自愿参与，兼顾参与居民数与参与市镇数采用双重保障原则，要求两者必须是过半数与绝对多数的结合。要么是过居民人口的1/2配以市镇数的2/3，要么过居民数的2/3配以市镇数的1/2，从而最大限度确保联合机构的合法性。不同形式的市镇联合大致遵循地域逻辑，将不同的地域实体转化为可以量化的模式，面积和人口多的市镇有高比例的代表。

沿用地域逻辑建立起来的各类市镇联合面临三方面的质疑。第一，地域逻辑虽强调联合体所包括的所有市镇的利益，但更强调辖域面积和人口多的市镇的高代表比例，联合体对政治代表性的强调盖过其对经济利益的考量，公共产品与服务生产中的最佳"规模经济"不是各类联合体的首要考虑，这不符合其作为治理机构本应追求的效率与效益原则，有违作为地方自治政府力所不逮时拾遗补缺角色设置的初衷。第二，各类市镇联合体规避选举政治所带来的问责与追责。遵循选举政治逻辑运作的市镇、省与大区政府，需要回应民众的呼声接受问责和追责，而不被问责与追责的市镇联合体其合法性、专业能力、效率与效益都无从保证。第三，精简地层级和削减市镇数目一直是法国地方改革的目标，存在于正式层级之外的大量市镇联合体加大改革难度，旨在服务地方自治的各类联合体有成为法国地方自治障碍之虞。

综上所析不难看出，关于法国政治上是否完成自治的问题，难以断然给出肯定或否定的回答。法国地方层级通过分权改革获得自治权力，但并不能凭此自动获得自治能力。伴随自治权力下放而来的是自治职责，但法国绝大多数市镇缺乏承担自治职责的客观条件，缺乏公共物品与服务的提供能力。法国改革和社会治理未将公共物品与服务的生产职责与提供职责相分离，而是依然将生产活动误置在政治与行政领域进行，甚至为此不惜设立不同形式的市镇联合体，增加法国地方层级和地方治理的复杂性。

更重要的是，法国还存在地方自治与民众自治的混淆。法国社会治理主体只见群体鲜见个体，地方精英集团的统治将民众排除在参与之外，这种地方自治绝不是民众自治。民众自治要求实现自低到高的三个层次，公民有权选举代表和问责代表，当选代表能积极回应问责并允许民众参与到治理中来，长期将民众排除在社会治理之外为街头运动埋下隐患。这一点将是下文民主国家发展的底限与高限部分所重点分析的内容。

二、中央层面：民主底限与高限

中央层级的现代化治理主要涉及国家构建与政府治理机制问题，经历过共和与帝制的反复较量，法国中央层级的现代化治理问题已经基本解决。国家构建方面，法国已完成民族国家和宪政国家构建，正在向民主国家迈进；在政府治理机制方面，法国已历经科层政府和合同政府，正向协同政府发展。此处主要围绕法国迈向民主国家的不同发展阶段展开，而将协同政府置于社会层面分析，这源于社会治理的多头参与中，政府仍起着主导作用，而协同政府要协调的不仅是不同层级政府和不同政府部门的活动，而且也要协调政府部门与公务法人、市场以及市民社会的关系。

民主化是从低到高的系统发展过程，民主化的衡量指标也是全方位的体系，既包括硬性参与数量的要求，又包括柔性参与品质的要求，因此高度民主化至少包含三个维度，选举与投票是民主参与的第一步，问责和回应是民主参与的第二步，开放民众参与治理是民主参与的第三步。[①]

（一）民主参与的第一步：投票与选举

在当今世界的现代选举制度下，"被统治者的同意"意味着权力的合

---

① 武贤芳：《法国国家构建与治理现代化研究》，《理论界》，2016年第7期，第66页。

法性是通过民众投票方式按照法定程序选举来获取。这里暗含着两个关键点，一是"民众投票"，一是"法定程序"，两者共同确保统治权力的"正当化"。前者通过民众参与呼应"人民主权"原则，后者从强调"内容"到强调"程序"的转变，是近现代政治理念区别于古代政治理念转折点。某种程度上，现代政治理念有别于古代政治理念的关键，就是不那么纠结什么是好的统治，转而强调合法的统治，而合法的统治某种程度上又转变为符合程序的统治。选举投票作为现代社会最常用的程序将民众动员参与到政治中来。法国第五共和国正是在前面共和国的基础上，逐渐放开民选职位的层级，扩大民众政治参与的程度。

在中央层级政治中 1962 年法国总统从间接选举改为直接选举，将实权总统职位从政党操控中部分解脱出来交由民众直接决定。民意成为总统职位归属的决定因素，民意直接赋予总统合法性，总统更多地看民意脸色行事，提高总统对民众有所交代的程度。总统绕开议会程序把提案或者法案直接提交全民公决，把更多的决策权直接交到民众手里，以直接民主的方式而不是通过代议员间接的方式对国家大事作决定。

因此，迈向民主化的第一步是选举与投票，法国无论从哪个角度考察都表现不俗，法国公民投票参与事项的范围之广与层级之高，在西方宪政国家都名列前茅。从参与事项的范围来说，从总统、国民公会到地方各级议会都由公民直接选举产生，法国公民还有就国家重大事项进行公投的权力。从参与投票的比率来讲，高频率的投票行为并没有降低民众的参与热情，法国公民的投票大都保持在较高比率。从政治人物的比率来看，法国远高于欧盟其他国家，法国有欧盟最低的市镇平均人口数，有调查显示欧盟市镇平均人口数 5700，而法国只有 1600，不及欧盟平均数的 1/3，不及倒数第二的奥地利 3400 的一半，更是与爱尔兰 47200 有近 30 倍的差距。[①]各市镇作为最基层的自治单位，哪怕再小也要配备最基本的民选代表，这使得法国有超过 50 万的市镇议员。高议员比率带来公共财政开支的压力，这是法国历次地方改革要求合并市镇缩减市镇数目的缘由，也是马克龙大辩论中倡议削减地方开支的缘由。

（二）走向民主的第二步：问责与回应

民主参与有高限和底限之分，公民有权选举代表和问责代表，但这并不是民主的全部。仅有被统治者的同意还不足以支撑权力合法性的高限，还要求对被统治者有所交代与回应。某种程度上这避免民主成为一锤子买

---

① Ben Clift: Local Finance in the Fifteen Countries of the European Union, Dexia Edition, 2002, p.23.

卖，避免将民主直接等同于选举投票，民主的要求要比这高出许多，或者说民主的高限要求统治者回应民众要求，政策措施等统治行为需对民众有所交代。

分权改革法赋予地方民众直接选举产生地方议会的权力，中央层级的国民公会和总统早已获得公民直选，特别是法国公民还有就国家重大事项进行全民公投的权力，因此从直接投票频率上来说，法国在西方宪政国家都是高频的。更重要的是，法国存在 36000 多个市镇，100 个省级政府和 22 个大区（大区即将改革 13 个），法国地方议员与选民 1∶100，这比率远高于英国议员与选民 1∶1000 的比率。相比起一些国家因公民对政治冷漠不过半数的投票率，法国公民的投票率保持在 75%左右，显示出民众参与政治的热情。

但高投票频率、高投票率、高政治人物比率，这些形式上的高参与并不意味着法国拥有高民主化程度。法国民众对政治的高参与是以充当选举分母方式存在的，公民作为选举分母的高参与率支撑不起高民主化程度，民主最重要的是公民作为选举分子的概率，或者说公民个人胜选的概率。地方分权改革增强的民主不是民众通过参与地方政府表达意愿或者作为反对力量的民主，地方民众在整体上依然对分权无意识或者不感兴趣，[1]地方分权改革并未明显增强地方民主化程度。

民主由民众参与治理变为仅由民众选举代表实施治理，这部分选举出来的代表作为地方政治中的活跃人物大多长期在职，更因分权改革获得比在原有政治格局中更多的权力，成为分权与放权后的权力承载者，这在某种程度上促进地方精英贵族化，分权后的地方某种程度上成为地方精英的自治领地。民众对当选者的问责与当选者对民众的回应，是民主参与的第二步，但沉默的民众难以对这些权力承载者实施有效的监督和问责，缺乏监督和问责这一步，投票选举出来的治理者，并不见得比通过世袭或者其他方式上台的执政者更好。

（三）走向民主的第三步：开放民众参与治理

参与选举和对代表的问责属于代议制民主的范畴，但离公民亲身参与到治理中成为现代化治理的主体仍有很大距离。分权改革将权力赋予选举产生的地方官员和议员，但选举产生的官员与议员自成一个小集团，该集团或许回应民众的要求却不开放民众参与决策过程。地方新政治依然局限

① Vivien A. Schmidt: Democratizing France—The Political and Administrative History of Decentralization, Cambridge University Press, 1990, p.286.

在旧政治格局里，改革前后地方精英主体无实质性变化，新政治环境中的幸运当选者依然是那些从旧政治格局成功转换到新政治格局的人。

法国地方选举被政党与地方精英垄断，在大城市或者实行比例代表制的地方，政党通过提名获选人垄断地方政治；在小市镇或者实行两轮多数制的地方，地方精英人物主导地方政治。无论政党还是地方精英的控制，都是政客对地方民主发展的限制。少数精英在治理领域的活跃，掩盖不了大多数人在治理中的沉默，民主由民众参与治理改变为民众参与选举代表治理，按照霍布斯的主权在民理论，民众与权力间依然存在八竿子打不着的距离，改革在促进民主参与治理方面成效并不显著。法国民众尽管有选举的高参与率，但民众依然没有参与自治的权力，正常途径的参与被排挤掉后只能走向非正常的街头运动，2019年"黄马甲"运动的出现看似偶然，实则有必然出现的社会根源。

民众参与不了地方自治，一是无意愿，二是无能力。现代社会个性分殊，大多数人的志向并不在政治，同时现代选举是个复杂工程，需要大量时间、金钱与人脉投入，政治更是个经验累积的活计，持之以恒才能有成效，若单从成本收益来分析，参与政治对大多数人来说都不是划算的买卖，改革在促进民主参与治理方面成效并不显著。

艾尔吉表达了对改革所形成的地方文化的担忧，如果分权改革的结果是权力仅仅下放到地方政府，而民众依然没有参与自治的权力，这会形成比中央集权更糟糕的地方精英小集团的集权。地方精英小集团所形成的地方文化以地方而不是国家为忠诚对象，"国中有国"的局面将威胁国家的完整与统一。

三、社会层面：多头参与与政府主导

新公共管理运动下的改革要将"治理"职能从"统治"职能中剥离出来，也就是将传统由政府掌握的统治权分离为"统权"与"治权"，前者仍主要由中央政府行使，而后者按照所属领域分别由不同的主体行使，形成政府、公共组织、市民社会与个人等多头参与的局面。法国通过地方分权与权力下放转移分离的治权，但三十多年的改革实践证明法国并没有取得预期效果，社会治理领域活跃的依然是各类政府和公务法人团体，市场的力量、市民社会的活力以及民众的参与未能被完全激发出来，难以形成参与者的良性互动。

（一）政府职能扩展：公务法人模式

随着社会的发展和民众需求的提高，现代政府的职责不断扩张，扩张

后的政府职责超出政府机构的负荷能力。应对扩展后的政府职责主要有三种方式：一是坚持政府职责政府承担，不断设立新机构与扩大政府规模；二是政府职责向市场转移，借助市场化力量完成扩张的政府职责；三是设立非行政机构的行政主体，授权给行政主体部分政府职责。因此，政府职责大致发展出三种模式：直接行政行为模式、市场化运作模式和公务法人模式。当然，各国的公务活动很难仅靠单一模式完成，一般都是以某种模式为主其他模式为辅。法国的公务活动既不完全依赖政府，也没有大规模推向市场，而是以公务法人来联通政府与市场，完成公务活动的提供。这不符合规模经济的要求，与公共产品与服务提供中追求的效率效益有别。

基本公共产品与服务的提供是政府的主要职责，传统意义上政府一般通过自己生产来完成提供职责。随着社会的发展，民众所需的公共产品与服务越来越多，而且因偏好不同在类型上差异极大，即使政府职权一再扩张也难以满足扩大化的公共产品与服务的提供要求。问题的产生源于混淆公共产品的提供职责与生产职责，奥斯特罗姆等人认为现代政府存在的目的在于提供公共产品与服务，但这并不意味着政府一定担负起生产职责。

公共产品与服务的生产属于经济范畴，应该按照经济运行逻辑通过市场化运作来进行。按照规模经济的运行逻辑，不同的公共产品对应不同的最佳的生产规模，不同的公共产品应由不同规模的生产者提供，这样才能达到最佳效率与效益。各种产品与服务最经济的运营规模不一，固定规模的政府难以以最优的方式提供各种公共产品与服务。供应单位作为政府时其组织规模是固定的，而供应单位需要提供的产品与服务多种多样，不同的产品与服务按照规模经济的标准需要不同的组织规模。

在奥斯特罗姆等人看来，地方政府的生产活动大致可以分为两类，一类是资本密集型产业，比如供水、供电、供气等公共工程和公共设施，产量容易衡量管理因而容易确保规模经济，由单一生产组织提供不会产生规模不经济。但劳动密集型产业不同，这类产业的特点是绩效难以像资本密集型衡量产业那样加以量化和衡量。警察巡逻、社会工作和教育等都是与被服务者面对面的交流，通过行为准则管理要比绩效管理有效得多。问题是，要为这种面对面的工作设计出有效的行为准则也不是件容易事。[①] 劳动密集型服务如警察巡逻和教育，由小型和中型组织承担最有效率；资本密集型服务如污水污物的收集、处理和排放，则通常由服务于较大地区和

---

① 文森特·奥斯特罗姆等：《美国地方政府》，井敏、陈幽泓译，北京大学出版社，2006年版，第100页。

人口的公共设施来承担才最有效率。①

　　如果所有的地方公共服务与产品都由地方政府机构提供，很可能出现两种不经济的情况，一些机构以大于最经济的运营规模运行，而另一些机构则以小于最经济的规模运行，②这就出现"一"与"多"的矛盾，固定的组织规模与不同产品和服务要求的多样化组织规模的矛盾。解决规模经济问题的方式是生产模式与供给模式相分离，要解决规模经济问题就要将生产与供给分离，生产与供应的分离有助于供应单位调整不同产品与服务的组织规模。不同规模的生产组织才能更好地匹配不同种类的服务和产品。"由不同的交叠地方政府各自负责不同方面的服务就成了通行的制度安排。"③"多元化的政府格局要比那种包揽一切的单一政府安排更能准确地表达公民偏好，更能针对不同服务职能来确定恰当的边界范围。"④公共产品与服务外包和特许经营等方式，其实是将政府职责从生产领域脱离出来，摆脱直接生产的压力专职于提供职责，这样在公共产品与服务领域就出现生产与供应的分离。分离后的生产与供应通过不同政府、不同政府部门、政府与私人组织或者市场等形式连接起来，这种分离与连接一般通过改革政府职责来完成。政府通过购买或其他方式从不同生产者那里获得各种产品与服务，再作为统一的供应者提供给民众，民众根据自己的偏好通过税收、付费或者选票方式获得想要的公共产品与服务。

　　法国治理领域各类公务法人的大量存在，源于政府作为公共产品与服务的主要供给者能力的不足，从而将部分公共产品与服务的生产外包出去。公务法人因法律或行政机关授权而提供公务活动，但它本身并不是行政机构，只能作为其他经营主体。为确保其作为经营主体的非行政属性，与所经营的公务活动的公共性相一致，法国以行政主体概念将公务法人纳入规范化范畴，法国公务法人的行为是功能意义上的行政行为。即便不是行政机构，但准行政机构的身份使得公务法人的活动仍具有行政属性，缺乏市场化运作的务实与灵活。公务活动的市场化运作能有效避免行政困境和政治困境，通过将部分公务活动转移给市场，既可以避免行政机构扩张带来

---

　　① 文森特·奥斯特罗姆等：《美国地方政府》，井敏、陈幽泓译，北京大学出版社，2006年版，第90页。

　　② 文森特·奥斯特罗姆等：《美国地方政府》，井敏、陈幽泓译，北京大学出版社，2006年版，第102页。

　　③ 文森特·奥斯特罗姆等：《美国地方政府》，井敏、陈幽泓译，北京大学出版社，2006年版，第95页。

　　④ 文森特·奥斯特罗姆等：《美国地方政府》，井敏、陈幽泓译，北京大学出版社，2006年版，第95页。

的机构臃肿，也不会因连带责任拖累所有行政机构。更重要的是，公务活动的市场化运作能避免经济困境。

（二）多头参与的主导：协同政府

改革后法国治理过程中的政治类主体主要表现为"四横四纵"结构。四横是指从地方到中央的四个层级，市镇、省级、大区和中央政府。四纵是指改革后形成的四个分权领域，以派驻地方的国家代表（市长、省长和大区长）掌管的政治领域，以中央各部在地方的分支机构形成的职能领域，以地方民众直接选举产生的立法机构形成的立法领域，以地方议会主席为代表的地方行政领域。四横四纵加上总统共十七个治理主体是法国治理现代化中的主要参与者和最活跃部分。

除政治类治理主体，法国还存在四大类社会治理主体。第一类是大量存在的公务法人体系，其一就是如前所述的各类地域性公务法人；其二是工商类公务法人，如电力、煤气、石油开发研究等机构；其三是文教类公务法人，法国学术机构和文化团体如大学、图书馆、博物馆等大量采用公务法人的形式；其四是社会保障救助类公务法人；其五是职业类公务法人，如商会、农会、律师协会等。[①]第二类社会主体是各类独立机构，行政法院、审计院、财务监察机构、独立行政机构和调停人等，它们作为法国政治机构之外的独立存在，以其专业优势与超然地位在政治与社会间起着仲裁、审计、监察与调停等作用。第三类社会机构是咨询机构，如经济与社会委员会、大区行政会议、联盟市镇会议等，是兼具精英的智识经验与民众支持认同的组织，在地方治理中发挥辅佐政治机构的咨询作用。第四类社会机构是"多翼多党"的政党组织。法国存在极左翼、左翼、右翼到极右翼的政党分化，存在全国性政党和地方性小党，不仅在中央层面形成错综复杂的政党联合，在地方也形成错综复杂的执政党网络。

法国多元社会治理主体显性的有从中央到地方的四级正式机构以及欧盟、各种市镇联合体和各类公务法人，隐性的有多样化的政党组织以及各类型的精英团体，共同构成法国多中心的网状治理结构。不幸的是在网状治理结构里只有作为整体的组织与机构，鲜有公民个人的身影。在合同制政府的组织群体竞争下，存在部门主义、视野狭隘和各自为政问题，协同政府就是对合同政府各自为政所带来问题的回应。

法国地方分权改革既带来各级政府与各个政府部门的活力，也带来各自为政下的治理碎片化。新公共管理改革强调公共部门结构性分化，单一

---

① 王名扬：《法国行政法》，北京大学出版社，2007 年版，第 100-104 页。

职能机构存在专业化的分工，职能与角色的分化导致部门的碎片化和自我中心主义，缺乏合作与协调降低效益与效率。法国的结构性分权导致政治官员的双重损失，分权改革将中央政治与行政权力下放给管理机构、公共服务机构或国有企业，导致政治行政领导丧失了调控、干预和获取信息的途径，丧失掌握信息来源和施加影响力的能力。但想通过权力下放避免的责任却没能免除，容易遭受公众对中央政府政治上的批评与责难。协同政府重新强调中央权力，重新树立中央政府的协调统筹能力，法国在改革放权的同时又在收权。

有学者主张从不同途径来构建协同政府。一是同层级政府间合作，比如反贪部门与税务部门的合作，或是司法部门与金融部门的合作；二是跨层级政府间的合作，中央与地方或地方与地方之间，就某些共同或类似事务进行跨层级的合作；三是跨程序的政府合作，在政策的制定、执行与监督过程中加强合作，及时反馈政策实施情况；四是跨公私机构的合作，打破公共部门与私人组织的界限追求公正与效率的统一。合作政府既是组织机构的联合，也是组织运行机制的联合。①

协同政府通过不同方式统筹协调分化的各级政府与部门，以全局视野与局部活力盘活现代化治理。历经二十多年的新公共管理改革，公共部门改革的重点已经从结构性分权、机构裁减和设立单一职能的机构转向整体的协同政府。协同政府改革更注重全局，采取协作和整合战略应对改革所导致的碎片化状态，修正新公共管理的激进改革措施。协同政府在分权后重新进行机构整合与协作积极意义上旨在提高效率，消极意义上避免政策的相互抵触与拆台。相较于单一职能部门提供公共服务的效率，加强系统纵向整合并提高组织横向合作更能带来效率。政府部门通盘考虑重视信息共享，避免不同部门政策冲突影响政府效率与威信。

需要注意的是，政府运行机制从科层制、合同制到协同制发展，政府从占据主导性垄断地位，到放权让权退守核心职能领域，再到与市场和社会组织达成合作关系，这并不意味着政府职责不再重要。恰恰相反，在主权国家作为国际关系与国际交往主体的今天，无论对内事务还是对外事务，国家与政府仍然是一国治理现代化过程中最重要的因素，政府仍然是所有治理主体中最重要的一员。地方分权是现代化治理的目标之一，但这目标也只有作为国家现代化治理体系构建的总目标的手段才更有价值。否则，

---

① 曾令发：《合作政府：后新公共管理时代英国政府改革模式探析》，《国家行政学院学报》，2008年第2期，第95页。

排除手段价值只作为目标价值的地方分权改革可能带来的是中央无权、地方坐大、民众被排除在外的结果。

现代化治理离不开国家主导，国家可以将公共产品的生产通过市场化方式外包出去，但国家作为公共产品提供者的职责不可推卸，国家作为标准制定者与争议裁决者不可缺位。全球一体化背景下的竞争仍以民族国家为主体，国家的缺位直接导致本国竞争力的降低。法国政府机制能够随着治理问题的变化而变革，这促进了国家治理现代化。中东、北非和南亚一些国家社会动荡不安，与本国政府运行机制的不稳定有很大关系，政府机制稳定健全地运行方能为国家治理现代化提供制度保证。

第三节 是与不是：多元现代化模式之一

法国现代化模式是不是多元现代化模式之一，对这个问题不能断然作出是与否的回答。西方文化的同源性、地缘政治下的领土纠葛，发展过程中的共同经历，这些促成法国具有西方现代化发展的共性特征。同时，作为欧洲的"法兰西例外"，法国与海峡对面的英国相比，具有更长的封建时期的各种遗留，具有更浓重的罗马教廷的控制与影响，具有更多的理论思辨而不是政治实践的务实，具有身处欧洲大陆面临的历史恩怨与领土争端，具有国家构建中作为追赶者的困境与无奈，因此法国具有鲜明的法兰西个性，法国模式具有区别于英美模式的鲜明特征，法国现代化模式构成多元模式之一。

一、法国的共性与个性特征

法国政治体制具有发达民主国家的共性，又有凸显自己个性的"法兰西例外"。罗伯特·达尔和利普·哈特分别界定了民主国家的特征，无论从哪方面来说，法国都满足稳定的民主国家条件。达尔认为民主国家的基本条件是"基本的民主政治制度已经不间断地运行了相当长的时间，至少也有半个世纪，也就是自1950年至今"[①]。同时还要符合包括投票权和结社自由在内的8条标准，根据这些标准，达尔认为世界上有22个可称为"老牌民主""成熟民主""稳定民主"或"发达民主"的国家，法国赫然

---

① 罗伯特·达尔：《美国宪法的民主批判》，东方出版社，2007年版，第36页。

在列。①利普·哈特在《民主的模式》中关于民主国家的界定和选择，也把 1958 年后的法国作为稳定的民主国家包括在内。②既然达尔和哈特都把法国作为稳定的民主国家，那法国必定具备稳定民主的基本特征，这些特征作为民主国家稳定运行的必备条件，或显或隐地存在于法国的政治结构中，作为政治结构的底色和基调，确保法国现代化治理的进行。

同为权力制约与平衡的宪政国家，美国实行三权分立，英国实行议行合一，德国采用虚位国家元首的共和制，而法国实行半总统制半议会制。总统的强势形成并立的行政双头，导致法国政治结构内含集权的基因。地方分权改革前，法国最重要的政治行政特点是有地方行政机构而没有地方政府。这区别于盎格鲁-撒克逊传统下英美的地方自治，也有别于同属欧洲大陆的德国联邦制下的地方自治。国人在进行中西方比较时常将中西方作为比较的两端，但西方民主国家并非铁板一块，尤其是英美传统与大陆传统影响下的国家，其内部的差异并不小于中西方之间。国人以英美民主特别是美国民主为西方民主的代表，以美国的三权分立与制衡以及两党制为西方民主的代表，而忽略了法国所代表的另一种类型的民主。

利普·哈特以"多数模式"和"共识模式"为两端建立起民主模式的谱系，现实中的民主制度大多是处在两者间某点的混合模式。1962 年后法国总统选举撇开选举人团由全国公民直接选举产生，总统既不用对政党负责也不用看议会脸色而是直接对公民负责，总统有就某事项提交公民投票公决的权力，法国大部分选举都含有多数代表制的成分，因此具有"多数民主"的色彩。与此同时，多党体制决定法国的议会选举常缺乏组阁所需多数席位不得不组织联合内阁，各党派博弈之后的联合内阁比起单一制内阁更加包容和妥协，因此具有"共识民主"的特征。法国政治结构的质地和独特民主因素的混合，使法国呈现出独有的特色。

在 20 世纪七八十年代的地方分权改革潮流中，在地方自治程度较高的国家，尤其是英美和北欧等国，通过从政治向社会尤其是市场的转权与分权，以成本效益和产出导向取代原来的投入导向，通过合同制、特许生产、凭证生产和混合制等向市场要效率与效益。但像法国这样地方自治程度不高的国家，走的是从中央向地方政府转移权力和下放权力的道路，地方分权改革虽也以追求效率效益为目标，也有政治分权与各种公务法人的分权，但其更聚焦于地方自治权力的获得。合同政府主要弥补传统官僚政

---

① 罗伯特·达尔：《多头政治：参与和反对》，谭君久、刘惠荣译，商务印书馆，2003 年版。

② 利普·哈特：《民主的模式——36 个国家的政府模式与政府绩效》，陈崎译，北京大学出版社，2006 年版。

府效率的不足，而不是取而代之。

某种程度上这不同于英美那种主要以政治与社会以及市场为主的分权，法国地方分权改革主要仍然是政治与行政内部的分权，因此，在地方分权改革的世界潮流下，法国在两条路径上的选择上走的是"统治与自治"较力的路线，是"自上而下的支配意识与自下而上的民主意识"的拉锯战。地方分权改革在市镇、省级与大区的职责设置上，分别遵循"自治""统治"和"治理"之需，地方分权仍然是在政治与行政的架构与格局中进行。供水供电这种市场化程度较高的公共产品，仍由政府或准政府机构比如市镇联合体等提供，未能实现公共产品与服务的提供者与生产者的分离。这是法国地方分权改革有别于英美之处，而这与第五共和国单一制的体制密切相关。

法国政治结构和文化中那些从深层影响现代化治理的因素，包括治理过程中变化的和不变的因素，包括法国和欧美世界习以为常而其他语境里陌生的东西，或许正是这些共时性的东西才是法国治理的决定因素。就如民主所需的诸条件，所需的主权国家的支持以及各种制度条件，经过实践累积和时间沉淀，在西方民主世界已是老生常谈，已经是谈民主话语背后所必然隐含的前提和条件，是共识性的东西。这种共识性的内容，已经内嵌于公民思想和行为习惯中，已经成为学者心目中不言而喻的前提。在谈论民主时，这些共识性的内容不需要再搬出来谈论，而是作为继承来的社会政治遗产直接加以运用。但在后发展中国家，这些隐性条件还不是共识性的东西。因此，在后发展中国家迈向现代化国家的进程中，不应忽视这些共识性的东西，而应努力补全并夯实它，这样才能促进现代化治理的良性发展。

有人曾称法国为欧洲大陆的中国，中法两国在某些方面极具相似性。单一制的国家结构形式，政治对社会的集权传统，无不使两国改革的初始条件具有极大相似性。法国选择以政治和行政内部分权为主的改革，而不是盲从英美实行政治与社会的分权，某种程度上对转型期中国改革具有启示与借鉴意义。关注法国政治参与者的行事方式，而不是采取的具体措施，比如1982年改革中德勃雷对天时、地利和人和条件的把握，为达成共识所作的努力，先打框架后描细节的谋略，以及通过地方官员倒逼改革的策略的运用，这些都是在法国长期政治实践中摸索出的经验，都具有鲜明的法国特色。

二、研究中的困惑与后续研究

全书行文至此，对法国的分析已基本完成，但对法国治理中的困惑随着研究的深入反而更加强烈。法国现代化治理体系的构建，主要解决的是底层民意上传与顶层法规政策下达的问题，一是程序性的上下沟通是否顺畅，二是沟通后的实质性治理成效。本部分重新梳理法国的制度变革和逻辑发展，展示其中的困境并找出后续研究的方向。

法国是启蒙运动的重要起源地，启蒙思想的传播对法国社会产生重要影响。个体的解放使得个人逐渐立体起来，意识形态的多样化成为法国典型特征。卢梭的"人民主权"理论确立了人民的主人公地位，"由民作主"使得民主参与在法国广为人知，参与辩论、走上街头革命以及组建政党，成为民众积极参与政治生活的途径。这些途径大致分为两类，一种是非程序化的，比如街头运动和革命；另一种是程序化的，比如组建政党和参与选举。法国宪政发展的趋势之一就是程序性途径逐渐取代非程序性途径，共和国与帝国博弈并逐渐取而代之，"渐行渐进"的改革逻辑取代"推翻重来"的革命逻辑，通过选举参与政治影响社会生活，这些逐渐成为法国政治发展的主流。

在法国程序化的过程中，第四共和国向第五共和国的转变是重要拐点。第四共和国"议会至上"是"主权在民"的直接体现，制度中权力的重心在"民"这一端，选举制度是体现民意的比例代表制，这造成意识形态多样化下多党制，"党争"成为此时的典型政治特征，与之伴随的还有虚位的国家元首。这种程序上的极端民主制带来的是组阁困难与政局不稳定，第四共和国仅存在 12 年就难以延续下去。第五共和国的半总统制半议会制，要解决的就是第四共和国"议会至上"的弊端，但在解决问题的同时半总统制现在却成了法国问题的根源。

半总统制的首要目标就是制度中权力重心的上移，从重心在"民"的议会制转变为半议会制，第五共和国实现了制度中权力重心的上移，上到半总统制。虽然只是半总统制，但实权的总统设置限制了议会中政党的无序竞争，从 1958 年建立到 2017 年总统选举之前，法国政党呈现出"两翼两党"为主的多党制模式，所有党争被限制在制度框架内。但半总统半议会制下，总统与总理都是实权人物，两者分属不同的政党阵营会出现"左右共治"（cohabitation）。"左右共治"之争发生在意识形态差异极大的左右翼政党之间，两者的政治主张难以调和，解决之策通常为总统解散国民议会进行重新选举，新的选举中总统所在政党一般都能获得国民议会的胜选，政治实践中无论左右翼总统都是采取这样的措施。某种程度上，这是半议会制向半总统制的妥协，也是议会执政党向总统执政党的妥协。2002 年总统任期改为五年后"左右共治"问题得以缓解。

即使总统与总理属于同一政党联盟，不存在议会制向总统制的妥协，法国还会出现同一政党联盟内的妥协。在法国"两翼两党"为主的多党制模式下，在 2017 年总统选举之前，没有政党能单独获得组阁所需的过半数选票，为组阁在选举前立场相似的政党会联合竞选，在获胜之后会组成联合内阁。联合内阁的矛盾体现在意识形态相近的党派之间。联合内阁的组建源于党派间的妥协，同样联合内阁的解体源于各党派间矛盾的激化，造成第四共和国解体的问题在第五共和国时依然存在，联合内阁内部的掣肘依然制约着执政党政策的执行。

在"两翼两党"为主的多党制模式下，两翼的小党往往"客大欺店"，在联合内阁中要求超出自身分量的席位或利益，大党为组阁往往不得不妥协。法国选择多党制而非两党制，采用两轮多数制或比例制而不是一轮多数制，政党制度和选举制度本身是为尽可能地体现和反映民意而设，但联合内阁下的妥协无疑有违制度设置的初衷。

更重要的是，2017 年法国是"两翼两党"为主的模式，左右翼政党内部各自联合，两翼都会争取中间派的力量，竞选政策和策略向中间靠拢，形成左右翼的向心性竞争。但 2017 年总统选举中，中间派政党"共和国前进运动"的崛起，宣扬"非左非右"的竞选策略，占据中间的意识形态。乔万尼·萨托利讲道："一个超越左右政党的中间政党，将有助于极端化升级的逐步增强，而不是其他。"①左右对称的竞争体制意味着中间没被有形占据，左右两翼为执政都趋向中心性（centrality）竞争。而存在中间政党的多党体制下，对中心地带的有形占据意味着该政治体系的中央地带不存在竞争，中间政党的存在不鼓励向心性竞争，相反它带来的是逃离中心（center-fleeing）或离心性趋向，容易产生极端政治。法国政党开始朝向"多翼多党"的极化方向发展，政党各自为政的局面下极端政党的崛起成为必然，近年来极右翼国民阵线的发展就是证明。

问题不止极端政党的出现这么简单，非程序化的街头运动变得频繁。在 2017 年以前的五十多年选举里，无论是最初二十年的右翼独霸政坛，还是 1981 年左翼上台后的轮流执政，除了 1968 年的五月风暴，民众的诉求大部分都是通过政党和议会进行程序性解决，程序化成为第五共和国区别

---

① 参见 G. 萨托利：《政党与政党体制》，王明进译，商务印书馆，2006 年第 1 版，第 191 页。

于以前的主要特征。但中间派政党领导人执政后，法国 2018 年底爆发了持续半年之久的"黄马甲"运动，2019 年被迫举行了全民大辩论，法国民意诉求开始朝向非程序化的街头运动和全民辩论来解决，这与第五共和国以程序化代替非程序化的背道而行，显示法国政党发展与制度运行出现问题。

　　法国政党发展方面的问题不是一党一派的问题，而是整个政党体制的问题。一党一派出问题，会有别的政党填补其位置；整个政党体制出问题，就会给非程序化的街头运动提供发展机会。法国街头运动的出现是极化体制带来的弊端，这种体制压缩了议会与政党正常活动的空间，将原本应该在体制内的互动推到体制外，执政党与在野党、政府与民众在体制内的互动，被迫发展为"黄马甲"运动和全民大辩论两场运动。正是法国体制和政党活动再无法聚拢与表达民意，马克龙政府只好"以民意应对民意"，以全民大辩论来应对街头运动危机。"以民意应对民意"在紧急状态下或许有用，但这种非程序性的措施却无法转化为程序性的措施来发挥作用。政党体系与政治制度是民众与政府沟通的渠道，是凝聚与表达民意的程序性机制。作为程序性机制，政党与制度在反映民意方面是约束、过滤与引导民意减轻对抗，还是传递甚至放纵民意扩大对抗，这是研究者困惑与深思之处。

　　另一个困惑就是关于程序性和实质性的抉择问题，如何兼顾两者之间的平衡。法国的大部分改革都朝向程序化和民主化发展，这本无可厚非。但程序化偏重参与者的参与和民主化程度，达成怎样的目标甚至能不能达成目标不是其关注点。而在改革前集权体制下容易形成实质性决策，虽然决策可能来自上级，这样的决策或许不够民主，但毫无疑问这至少有具体的决策目标，而且在集权下动员所有力量极易实现定下的目标。在新冠肺炎疫情发展初期的预防措施中，关于戴不戴口罩以及封不封城的问题，在尊重民众自由的程序性还是看重治理的实际成效性之间，马克龙政府选择的是前者，而这被证明不是新冠肺炎疫情紧急状态下的优选。

　　本研究侧重宏观和中观层面的国家构建与制度变迁分析，在微观的具体治理方面偏重中央层面的治理，对法国地方的具体治理情况，以及新冠肺炎疫情下法国的具体治理措施等涉及不够。这一方面源于材料的收集不足，另一方面也因为笔者的法语水平和专业能力不足，这些会作为笔者的后续研究方向，在加大资料搜集力度与提高自身能力的基础上加以改进。

参考文献

中文文献

［1］王名扬. 法国行政法［M］. 北京：中国政法大学出版社，2003.

［2］郭华榕. 法国政治制度史［M］. 北京：人民出版社，2005.

［3］王养冲，王令愉. 法国大革命史［M］. 北京：东方出版社，2007.

［4］吴国庆. 战后法国政治史［M］. 北京：社会科学文献出版社，2006.

［5］吴国庆. 法国政党和政党制度［M］. 北京：社会科学文献出版社，2008.

［6］陈茹玄. 联邦政治［M］. 北京：商务印书馆，2013.

［7］陈文海. 法国史［M］. 北京：人民出版社，2006.

［8］楼邦彦. 各国地方政治制度　法兰西篇［M］. 北京：商务印书馆，2013.

［9］潘小娟. 法国行政体制［M］. 北京：中国法制出版社，1997.

［10］潘小娟. 发达国家地方政府管理制度［M］. 北京：时事出版社，2001.

［11］潘小娟. 中法中央与地方关系改革比较研究［J］. 国家行政学院学报，2005（4）.

［12］薄贵利. 集权分权与国家兴衰［M］. 北京：经济科学出版社，2001.

［13］张台麟. 法国政府与政治［M］. 台北：五南图书出版股份有限公司，2007.

［14］张芝联. 法国通史［M］. 沈阳：辽宁大学出版社，2000.

［15］许崇德. 各国地方制度［M］. 北京：中国检察出版社，1993.

［16］ 许振洲. 法国议会［M］. 北京：华夏出版社，2002.

［17］ 许振洲. 法国地方分权改革［J］. 欧洲研究，1995（1）.

［18］ 许振洲. 法国地方分权改革与效率、民主及自由的关系［J］. 国际政治研究，1994（4）.

［19］ 任进. 比较地方政府与制度［M］. 北京：北京大学出版社，2008.

［20］ 任进. 中外地方政府体制比较［M］. 北京：国家行政学院出版社，2009.

［21］ ［德］赫尔穆特·沃尔曼，等. 德国地方政府［M］. 陈伟，段德敏，译. 北京：北京大学出版社，2005.

［22］ ［法］约瑟夫·德·迈斯特. 论法国［M］. 鲁仁，译. 上海：上海人民出版社，2005.

［23］ ［法］米歇尔·克罗齐埃. 被封锁的社会［M］. 狄玉明，刘培龙，译. 北京：商务印书馆，1989.

［24］ ［法］皮埃尔·卡蓝默. 破碎的民主：试论治理的革命［M］. 高凌瀚，译. 北京：生活·读书·新知三联书店，2005 年版.

［25］ ［法］伊夫·梅尼，文森特·赖特，等. 西欧国家中央与地方的关系［M］. 朱建军，等译. 北京：春秋出版社，1989.

［26］ ［美］文森特·奥斯特罗姆，等：美国地方政府［M］. 井敏，陈幽泓，译. 北京：北京大学出版社，2004.

［27］ ［英］佩里·安德森. 绝对主义国家的系谱［M］. 刘北成，龚晓庄，译. 上海：上海人民出版社，2011.

［28］ 法朗西斯·德伦. 中央与地方政府的权力分配——谈法国经验［J］. 行政法学研究，1994（2）.

［29］ 玛丽·蓬蒂埃. 集权或分权——法国的选择与地方分权改革［J］. 朱国斌，译. 中国行政管理，1994（5）.

［30］ 胡康大. 欧盟主要国家中央与地方关系［M］. 北京：中国社会科学出版社，2000.

［31］ 董礼胜. 欧盟成员国中央与地方关系比较研究［M］. 北京：中国政法大学出版社，2000.

［32］ 江大树，赵永茂，等编. 府际关系［M］. 台北：元照出版公司，2001.

［33］ 金重远. 20 世纪的法兰西［M］. 上海：复旦大学出版社，2006.

［34］ 廖宝隆. 法国第五共和宪政背景之探究［J］. 兴大人文学报，

2004（34）.

　　［35］倪星. 法国地方政府的职能与机构设置［J］. 国外地方政府管理，1997（8）.

　　［36］孙柏瑛. 当代地方治理——面向 21 世纪的挑战［M］. 北京：中国人民大学出版社，2004.

　　［37］郁建兴，金蕾. 法国治理体系中的市镇政府［J］. 中共浙江省委党校学报，2005（4）.

　　［38］周明圣. 走向共和——近代法兰西共和制度确立研究［M］. 北京：中央编译出版社，2004.

外文文献

　　[1] Knapp A, Wright V. The government and politics of France[M]. London: Routledge, 2006.

　　[2] Vivien., Democratizing France:the political and administrative history of decentralization[M]. Cambridge: Cambridge University Press, 1990.

　　[3] Loughlin J P. Subnational Government: the French experience[M].London:Palgrave Macmillan, 2007.

　　[4] Collins. The state in early modern France[M]. Cambridge:Cambridge University Press, 1995.

　　[5] Elgie R. Semi-Presidentialism in Europe[M]. Oxford University Press, 1999.

　　[6] Elgie R, Moestrup S. Semi-Presidentialism Outside Europe[M]. 2007.

　　[7] Elgie R, Moestrup S. Semi-presidentialism in Central and Eastern Europe[M]. Macmillan, 2008.

　　[8] Herve Michel. Government or governance? The case of the French local political system[J]. West European Politics, 1998.

　　[9] Schmidt V A. Unblocking Society by Decree: The Impact of Governmental Decentralization in France[J]. Comparative Politics, 1990.

　　[10] Ben Clift. The Fifth Republic at Fifty: The Changing Face of French Politics and Political Economy[J]. Modern & Contemporary France, 2008.

　　[11] Walker D B. Decentralization: Recent Trends and Prospects from a Comparative Governmental Perspective[J]. International Review of Adminis-

trative Sciences, 1991.

[12] Duverger M. A New Political System Model: Semi-Presidential Government[J]. European Journal of Political Research, 1980.

[13] Elgie R. The Prime Minister's Office in France: A Changing Role in a Semi-presidential System[J]. Governance, 1992.

[14] Siaroff A. Comparative presidencies: The inadequacy of the presidential, semi-presidential and parliamentary distinction[J]. European Journal of Political Research, 2003.

[15] Shugart M S. Semi-Presidential Systems: Dual Executive And Mixed Authority Patterns[J]. French Politics, 2005.

[16] Protsyk O. Prime ministers' identity in semi-presidential regimes: Constitutional norms and cabinet formation outcomes[J]. European Journal of Political Research, 2005.

[17] Meny Y. Decentralisation in Socialist France: The politics of pragmatism[J]. West European Politics, 1984.

[18] Mény Y. France: The construction and reconstruction of the centre, 1945–86 [J].West European Politics, 1987.

[19] Nakano K. The role of ideology and elite networks in the decentralisation reforms in 1980s France[J].West European Politics, 2000.

[20] Negrier E. The changing role of French local government[J]. West European Politics, 1999.

[21] Schmidt, A. V., The changing dynamics of state reaction[J]. Western European politics, Vol.22.

[22] Cole A. Decentralization in France: central steering, capacity building and identity construction[J]. French Politics, 2006, 4(1).

[23] Cole A, Jones G. Reshaping the state: Administrative reform and new public management in France[J]. Governance, 2005, 18(4).

[24] Knapp A, Galès P L. Top-down to bottom-up? Centre-periphery relations and power structures in France's Gaullist party[J]. West European Politics, 1993, 16(3).

[25] Knapp A. The cumul des mandats, local power and political parties in France[J]. West European Politics, 1991, 14(1).

[26] Wollman Hellmu. Local government systems: from historic divergence towards convergence? Great Britain, France and Germany as cases in

point[J], Government and Policy, Vol. 18.

[27] Collins. State Building in Early-Modern Europe: the Case of France[J]. Modern Asian Studies, 1997, 31(03).